베트남 사회문화 교육의 이해:
호치민을 중심으로

정용교 지음

교육과학사

| 프롤로그 |

글로벌화는 우리가 생각하는 것보다 훨씬 바쁘게 진행된다. 글로벌화의 경향 중에서 베트남은 우리에게 가장 핫한 나라로 다가서고 있다. 2018년 한국인의 베트남 방문은 350만 명이었는데, 2017년의 230만 명에 비해 무려 120만 명이나 증가했다. 2019년 1월, 2월 기준으로 77만 명 이상의 한국인이 베트남을 찾았다고 한다. 이런 추세라면 2019년 한국인 450여만 명이 베트남을 방문할 것으로 예상된다. 이에 비해, 베트남인은 하루 5,000여 명에서 12,000명이 호치민 영사관에 한국행 비자를 신청하고 있다. 한국에서 공부를 하거나 혹은 일을 한다고 하면 곧 그것은 베트남에서 커다란 성취를 가져다줄 것으로 여겨진다고 한다.

한국기업의 베트남 진출은 한층 활성화되고 있다. 호치민에 거주하는 한국인은 공식통계로는 10여만 명에 가깝지만 현지기업인에 따르면 15여만 명에 이를 것이라고 하며, 호치민과 인근 지역에 진출한 기업의 수도 3,500에서 3,700개쯤에 이른다고 한다. 베트남 전체는 6,500개에서 7,000여 개 기업이 진출하고 있으며, 한국 기업에 취업하여 일하는 것은 베트남 대학생이 추구하는 이상이 되고 있다.

이런 상황에서 베트남 사회에 대한 관심도 점증하고 있다. 베트남사회는 어떤 특성을 띠며, 그리고 어떤 작동원리에 의해 움직이는가에 대한 궁금증도 커지고 있다. 우리와 다른 사회를 이해하려 할 때 어떤 준거와 어떤 입장에 근거해서 그 사회를 바라보아야 할 것인지에 대해 한번 쯤 생각해볼 필요가 있다. 외면적으로 유사한 특성을 띠며 경제와 관광 등에서 활발한 교류와 왕래를 한다고 하더라도 그 내면적으로 들어가면 우리가 잘 파악할 수 없었던 새로운 측면이 있을 수 있기 때문이다.

우리가 한 사회를 제대로 파악 · 이해하려면 현지사회의 입장에서 현지인을 사랑의 눈으로 바라볼 수 있을 때 가능할 것이다. 현지사회를 애정과 사랑의 시각으로 바라본다는 것은 현지인의 입장에서 그 문화맥락을 수용 · 인정할 수 있는 포용력을 키우는 것과 통할 것이다. 한국적 시각에서 잘 열리지 않았던 것이 현지사회를 사랑의 눈으로 바라볼 수 있었을 때 비로소 열리게 되었다는 어느 한국기업가의 말에 깊이 공감할 수 있었다. 그에 의하면, "베트남에 정착해 살아가려면 베트남을 제대로 사랑할 수 있을 때 가능하다. 베트남에서 생활하면 한국에서 잘 경험할 수 없는 사실들에 깜짝 놀랄 때가 많다. 큰 쥐들이 도심 곳곳을 돌아다니며 바퀴벌레도 생각보다 훨씬 많고 (작은) 도마뱀과 비슷한 벌레들이 사방에 늘려 있다. 가끔씩은 방의 천장까지 도마뱀이 들어와서 머리 바로 위로 떨어질 때가 있는데 그 경우에도 크게 놀라거나 당황하지 않고 이 사실을 받아들일 수 있는 준비가 되어 있으면 베트남문화를 받아들일 자세를 갖추고 있다. 이런 상황을 받아들이면서 베트남 생활을 즐길 수 있으면 베트남을 사랑할 만큼 이해력이 증진되었다"고 하였다.

그 작은 도마뱀은 베트남 사람들에게 상서로운 동물로 알려져 천장이나 방안에 다녀도 쫓아내지 않는다. 도마뱀은 여러 해로운 곤충을 잡아먹어서 사람들에게 이로움을 가져다주는 것으로 현지인들이 바라본다는 것이다. 이런 문화차이를 받아들이면서 현실의 삶으로 실현할 수 있을 때 베트남을 사랑하는 단계에 이르렀다는 것이다. 이 정도가 되면 베트남에서의 삶을 즐길 수 있다고 했다. 이처럼 베트남 사회를 이해한다는 것은 현지사회를 사랑과 애정의 눈에서 바라볼 수 있어야 하며, 이를 통해 현지문화에 대한 안목을 넓힐 수 있을 때 가능할 것이다.

이 책은 베트남사회의 있는 그대로의 모습을 현지관찰과 면담을 통해서 자료를 수집하였고 현지인의 입장에서 현지문화를 파악하고자 하였으며, 무엇보다도 베트남 사회와 베트남인에 대한 사랑의 시선을 갖도록 하는 데 노력하였다. 2019년 연구년을 맞이하여 2월에서 5월 동안에 걸쳐 호치민 현지에 체류하면서 관련되는 여러 전문가를 만났으며, 그리고 현장방문과 답사의 과정을 거쳤다. 한국에서 파견된 몇몇 기관의 주재원들과 현지기업인들을 만났으며, 또 호치민 소재 대학에 적을 둔 여러 명의 교직원과 학생들을 두루 만날 수 있었다. 이 책을 통해 어떻게 하면 베트남 사회를 좀 더 잘 이해할 것인가에 관심을 두고 다양한 측면에서 베트남 사회에 접근하려 하였다. 기업인을 비롯한 많은 한국인들이 베트남을 찾는 이유가 무엇이며, 또 왜 베트남의 수많은 사람들도 한국에서 새로운 기회를 찾고 한국문화를 좋아하는지에 대해 밝히려 하였다. 다시 말해, 이 책을 통해 어떻게 하면 베트남 사회를 사랑과 애정의 눈으로 바라볼 수 있을 것인가를 다각도의 측면에서 모색하여 베트남 사회를 바라보는 이해의 폭을 넓히고자 하였다.

이미 베트남사회 관련 다수의 저서들이 출판되었으며, 또 유튜브나 그 밖의 몇몇 매체를 통해 베트남 관련의 다양한 내용들이 소개되고 있는 것으로 알고 있다. 이런 상황에서 또 하나의 베트남 관련 내용을 덧붙인다는 것이 또 다른 사족으로 보일 수 있지만, 이 책의 곳곳을 통해 현장차원에서 바라본 베트남 사회문화, 그리고 학교교육의 있는 그대로의 모습으로 전하려 하였으며, 이에 의해 베트남 사회를 바라보는 인식의 새로운 지평을 여는 데 보탬이 되도록 노력하였다는 데 의의를 둔다. 이런 작은 노력을 통해 베트남의 사회문화와 교육현상을 좀 더 종합적으로 파악 · 이해하는 데 조금이나마 보탬이 되기를 바랄 뿐이다.

한 가지 밝힐 점은 이 책의 내용이 베트남 사회문화와 교육의 전반적 상황을 모두 짚어낼 수 없는 한계를 갖는다는 사실이다. 짧은 기간 동안의 한정된 관찰과 소수 몇 명과의 면담에 의해 작성되었기에 베트남 사회의 전반을 다 담아낼 수 없었으며, 또 부분적으로 서로 다른 의미를 띨 수 있는 한계에서도 자유롭지 않다. 무엇보다도 현지사회의 복잡다단한 현상을 저자의 주관식 시각에서 파악하고 해석했다는 한계에서 자유로울 수 없다. 독자 여러분의 너그러운 이해와 양해를 구하는 바이다.

2019년 8월

정용교

차례

제1장
호치민 경제현황과 과제

1. 한국 기업가가 바라본 베트남 경제

〈첫째 사례〉

코트라 윤○○ 관장이 바라보는 베트남 경제 관련 이야기를 들어본다. 호치민 주재 한국무역관에 50여 명의 직원들이 파견되어 있는데 이는 세계 각지에 파견된 기관 중에서 큰 규모에 속한다고 했다. 보통 15명 정도로 무역관을 꾸며나가는데 비해, 이곳은 해야 할 업무가 많은 관계로 직원의 수가 많다고 했다. 베트남과 한국 간의 관계를 엿볼 수 있는 대목으로 무역측면에서 베트남이 차지하는 비중이 점점 커지고 있음을 볼 수 있다.

경제지표상에서 현재 베트남 경제는 안정국면을 보인다고 하였다. 2018년 베트남은 무역흑자 70억 불, 외환보유고 600억 불을 달성하였고, 경제성장율 6-7%대의 고도성장을 보인다. 인구규모에서도 1억 명 가까우며 인구구조의 측면에서도 젊은층이 두터워 노동조건이 좋으며, 대졸 초임이 400-500불 정도로 임금조건도 양호하다. 한국의 임금조건에 비해 4-10배 정도까지 저렴하여 한국의 많은 기업들이 이곳에 진출하고 있다. 이런 외형적 조건에서 한국기업들이 앞다투어 진출한다는 것이다. 경제활동에서도 외국자본 유입에 크게 규제를 두지 않으며, 아파트를 비롯한 토지매매에서도 외국자본이 허용되고 있다.

호치민의 경우 베트남 전체 일인당 GDP가 2,600불인데 비해

6,300불 정도에 도달하며 하노이와 더불어 가장 핫한 지역으로 꼽힌다. 한국인이 많이 사는 푸미흥 지역은 한국상점이 즐비하고 한국인들로 넘쳐난다. 호치민 안의 한국타운을 형성할 정도로 많은 한국인이 호치민에 진출하고 있다. 윤 관장은 세계 몇 곳에서 일을 해보았는데 호치민은 가장 역동적 곳에 속한다고 했다. 한때 한국을 가리켜 '다이나믹 코리아'라고 했던 것이 이제 '다이나믹 베트남'이라 한다.

다른 한편에서 베트남 경제가 마냥 긍정적인 측면만을 뛰지는 않는다. 베트남 성장과 발전의 상당 부분이 외국요인, 곧 외국자본에 의해 이루어진다는 점을 지적하였다. 베트남 자체의 내재적 요인에 의한 발전과 성장이라기보다 외생적 요인에 의해 이루어진다는 측면에서 위험요인이 도사리고 있다. 다시 말해, 언제 어떤 요인에 의해 쉽게 위험국면을 맞이할 수도 있다는 것이다. 베트남 당국에서도 이 점에 대해 알고 있으며 그래서 내부적 측면에서 경쟁력을 향상시키려는 노력을 하고 있다고 했다. 그 하나가 여러 나라에 유학생을 보내고 있으며 이를 통해 새로운 돌파구를 찾으려 한다는 것이다. 그렇지만 여전히 이 점에서도 상당한 한계를 보인다고 했다.

언제 어떤 요인에 의해 위기가 올 수 있지만 현재 베트남보다 더 나은 경제적 활력을 갖춘 나라를 찾기 어렵다고 하였다. 아직은 아주 매력적인 곳으로 당분간 이런 추세가 지속될 것이라 하였다. 그런 점에서 한국인들과 한국기업들이 베트남에 엄청난 관심을 보일 수밖에 없으며 그런 추세는 상당기간 계속될 것이라고 했다.

이렇게 베트남이 핫한 지역으로 부상한다는 것은 한국에 두 얼굴로 비칠 수 있다. 한편에서 베트남 진출은 기업의 경쟁력을 높이는 측면으로 작용할 수 있지만 다른 한편에서 국내고용의 측면에서 어려움을 줄 수 있을 것이다. 고임금에 압박을 받는 기업들의 상당수는 신흥시장인 베트남에 대한 관심을 가질 수밖에 없을 것이다. 실제로 삼성과 LG 등의 대기업은 물론이고 수많은 중견 및 중소기업들이 베트남에 진출하였으며, 그런 베트남 진출은 앞으로 당분간 계속될 것이라고 하였다.

<둘째 사례>

한국에 모기업을 두고 베트남 법인(하노이, 호치민 두 곳)을 운영하는 박○○ 회장이 바라보는 베트남 경제상황을 들어본다. 자신의 회사경영 관련 이야기부터 시작하였다. 중국에 100억 투자했다가 실패하고 호치민, 하노이에 진출하여 재기의 발판을 마련할 수 있었다고 했다. 그런 점에서 베트남은 자신에게 고마운 나라이며 이곳 베트남을 발판으로 인도, 폴란드에까지 법인을 내게 되었다고 하였다.

베트남과 한국경제는 나름대로의 장점이 있기 때문에 당분간 성장할 것이라는 낙관적 시각을 갖고 있었다. 한국의 경우 정치영역이 제대로 뒷받침되면 세계경영 환경에서 결코 뒤지지 않을 근성을 갖고 있다고 하였다. 실제로 얼마 전 폴란드를 방문하여 대형프로젝트를 진행할 수 있었다고 하면서 이미 폴란드에 한국의 여러 기업들이 들어와 많은 성과를 내고 있다고도 했다. 몇몇 한국기업들은 수십조에 이르는 대형사업 프로젝트를 진행할 예정에 있거나 실제로 진행하는 곳도 있다고 했다.

베트남에서 삼성전자가 성공할 수 있었던 몇 가지에 대해서도 이야기를 끄집어냈다. 베트남은 기업활동에 장애가 되는 규제를 대폭 풀어주고 기업하기에 좋은 여건을 제공하였다. 삼성입장에서도 양손을 다 사용할 수 있는 베트남인의 근면성을 높이 사서 하노이 인근의 박닌성에 대규모 전자회사를 지었다. 박닌공장은 10만 이상의 종업원을 고용하고 있는 첨단회사로 베트남 젊은이들이 가장 취업하고 싶은 곳이라고 하였다.

일주일에 몇 천 명의 젊은 인력을 고용할 수 있는 곳이 베트남의 인력여건이다. 한국에서는 생산직 종업원을 구하려면 쉽지 않은데 베트남에서는 수천 명을 일주일 안에 구할 수 있을 정도로 젊은 인력이 풍부하다. 임금도 한국의 5배에서 10배 정도가 낮다. 기업입장에서는 베트남에 끌리지 않을 수 없다는 것이다. 공산당이 지배하는 국가로 규제를 푸는데도 결정을 쉽게 내리며 세금에서도 혜택을 주어 기업유치에 힘쓴다. 이처럼 인건비가 저렴하며 사회간접자본을 비롯한 각종 경제사회적 인프라가 비교적 안정적으로 갖추어져 있으며, 일정 수준까지 종업원의 근면성이 따르기 때문에 기업입장에서 베트남을 선택한다는 것이었다.

미얀마, 라오스, 태국 등은 중국과 국경을 맞대고 있어 헐값의 중국제품이 쉽게 밀수로 유입될 수 있다. 이렇게 밀수를 통해 원자재를 들여오면 정상적 통로로 만든 제품이 경쟁에서 밀리게 되는데, 베트남의 경우 중국제품의 밀수를 엄격히 차단한다는 것이다. 베트남은 중국과의 좋지 않은 관계로 국경관리를 엄격하게 하는 편이다. 이런 여건에서 한국산 제품들이 경쟁력을 갖고 있으며 당분간 이런 기조가 이어질 것이라고 하였다.

최근 자동차부품 업체들이 베트남 진출에 공을 들이고 있다고 하면서 몇몇 회사는 이미 공장을 건축 중에 있으며, 그밖의 몇몇 업체들도 베트남 진출을 타진하고 있다고 했다. 섬유와 봉제중심 기업이 인건비 상승에서 어려움을 겪고 있는데 비해, 자동차부품 산업의 경우 나름대로 경쟁력이 있다고 했다.

베트남 관련 재미있는 이야기를 들려주었다. 한국 헌법의 제1조는 "대한민국은 민주공화국이며, 모든 권력은 국민으로부터 나온다"고 명시되어 있는 데 비해, 베트남 헌법의 제1조는 "베트남 영토는 본토와 부속도서로 한다"로 되어 있다고 하였다. 그 어떤 가치보다도 현재의 베트남 영토를 지키고 수호하는 것에 최고의 가치를 둔다고 했다. 그런 점에서 베트남은 프랑스, 미국, 중국 등 초강대국과의 전쟁에서 이길 수 있었고, 이런 영토수호의 정신은 지금도 변함이 없다고 했다. 바로 그것이 중국에 대해 강력하게 대응하며 국민적 공분을 이끌어 낼 수 있는 원천이었다고 하였다. 모든 권력이 국민으로부터 나온다는 점에서 한국은 정치권력 문제에 관심이 많은 데 비해, 베트남은 공산당 중심으로 국토를 통일하고 국민적 힘을 결집시킬 수 있었다. 그런 국민적 힘에 바탕하여 공산당에 권력을 몰아주고 또 공산당이 중심이 되어 국토를 통일시킬 수 있었다는 공로를 베트남 국민들의 상당수가 인정한다고 하였다. 그래서 공산당이 하는 일에 대해 국민들이 크게 반감을 갖지 않으며, 일정수준까지의 권력독점에 대해서도 당연한 것으로 받아들인다고 했다.

기업경영자의 입장에서 바라본 현장경험 관련 이야기를 이어갔다. 어느 사회든 소수의 혁신가로부터 새로운 변화가 시작되며 그것이 일반으로 확산되어간다. 베트남에서 사업하는 사업가들은 혁신가로서 이들이야말로 한국과 베트남을 동시에 이끌어가는 선구자라 하였다. 수많은 난관을 이기며 베트남에 나와 기업을 성공적으로 이끌어 많은 성과를 내는 것은 쉽지 않다고 하였다. 말이 쉬워 베트남에서 사업을 하는 것이지 현장에서 부딪치며 기업을 성공적으로 이끌어간다는 것은 엄청난 도전을 감행하지 않고서는 불가능하다고 하였다.

그러면서 한국의 장래를 위해 행정고시와 같은 제도를 빨리 정비할 필요가 있다고 했다. 행정고시로 인적카르텔을 형성하여 그들끼리 고위직을 독점하는 것은 현대와 같은 고도자본주의 시대에 맞지 않는다는 것이다. 현장에서 기업경영을 해보고 무엇이 어떤 형태로 돌아가는지를 제대로 파악할 수 있을 때 그에 적합한 행정영역을 열 수 있는데 현재의 행정고시 제도로는 그런 능력을 발휘할 수 없다는 것이다. 지금처럼 한국의 많은 젊은이들이 공무원이 되려는 것도 이해가 가지 않는다고 했다. 젊은이들이 좀 더 진취적이며 새로운 성취를 만들어낼 수 있는 영역에서 일해야 하는데 지금처럼 안정적 영역에서 보신주의의 생각에 젖는 것은 국가미래를 위해 별 도움이 되지 않는다는 것이다. 이런 점에서 기업영역에 더 많은 젊은이들이 들어와서 세계적 차원에서의 혁신적 일을 배우고 실행할 수 있을 때 국가미래가 밝을 수 있다고 강조하였다.

현재까지의 경험에 비추어 볼 때 한국경제는 낙관적이라 강조하였다. 한국이 정치영역을 잘 풀어갈 수 있으면 경제적 측면에서 기업가들은 새로운 활력을 만들어낼 수 있는 역량을 갖고 있다고 했다. 한국인들은 기질상 자본주의가 갖는 효율성의 측면을 충분히 잘 활용할 수 있다는 것이다. 그것은 베트남에서 한국인이 보여준 경영능력에서 잘 드러난다고 하였다. 30년 전 미국발 비행기표 가격이 150만 원 정도였는데 지금도 거의 비슷한 가격이 형성되고 있다고 하면서 그것이 바로 자본주의가 갖고 있는 혁신의 힘에서 나온다고 했다. 적절한 경쟁을 붙이면서 효율성을 키우면 모든 사람에게 커다란 혜택이 돌아갈 수 있는데, 그것이 자본주의이기 때문에 가능하다는 것이다.

베트남은 공산주의를 하면서도 우리보다 더 자본주의적 측면을 띤다고도 했다. 한국에서는 사업에 필요한 절차를 갖추려면 규제가 보통이 아니며 세금 또한 만만찮다. 이에 비해 베트남은 기업하기에 좋도록 규제를 과감히 철폐하며 기업친화적 세금제도를 마련하고 있다. 더 나아가 외국기업에 대해서도 상당히 우호적이다. 베트남이 앞으로 어떻게 나갈 것인지에 대해서 확신할 수 없지만 현재까지는 그런 경향을 띤다고 하였다. 다양한 측면에서 개방성을 띤 베트남은 자신에게 행운의 나라였으며 경제적 측면에서 더 많은 도전을 던진다고 하였다.

〈셋째 사례〉

심○○ 대표는 15년 전에 호치민에 진출해 회사를 경영하고 있다. 한국인의 호치민 이민사에 대해 소상하게 알고 있었으며, 또 한국인의 현지기업 현황에 대해서도 잘 알고 있었다. 아래의 내용은 심 대표와 나눈 대화를 중심으로 재구성하였다.

호치민 한인촌은 세 영역에서 형성되었다고 하였다. 현재의 탄손낫(Tan Son Nhat) 공항 부근은 한인 1세대들이 정착한 곳이었고, 다음으로 현재 한인들이 가장 많은 푸미흥 지역에 정착하였으며, 현재는 호치민시의 5군 지역으로 그 영역이 확장되고 있다고 했다. 현재 호치민 소재 한국인은 최소 10만에서 최대 15만 정도일 것이라고 하면서 한국인 자체만으로도 독자적 상권을 형성할 정도로 성장했다고 하였다.

호치민에 15년 동안 거주하면서 호치민 한인들의 삶을 지켜보았는데 인구 8만 명 선까지는 교민들끼리 서로 의지하며 화합할 수 있었는데, 10만 명 이상으로 인구가 증가하면서 교민회 자체 내에 내부 갈등과 반목이 생기기 시작하였고, 15만 명까지 증가하면서 호치민시 한인회는 회장을 뽑을 수 없을 만큼 내부 균열이 심화되었다고 한다. 이곳 교민들 사이에는 국내정치와 연동하여 '대사모(대한민국을 사랑하는 모임)'와 같은 단체를 만들어 활동하고 있으며 이런 모임들이 생기면서 이념갈등도 만만찮다고 한다.

현지한인들은 정부에서 파견한 기관에 대해서도 좋은 시각을 갖고 있지 않았다. 총영사관을 비롯해 각 지자체에서도 주재관을 파견하여 기업활동을 돕고 있지만, 그것은 생생내기에 그치며 실질적 도움으로 와닿지 않는다. 2-3년 주기의 순환제로 파견되는 공무원들이 현장기업 활동을 잘 알 수 없으며, 현지의 공무원 상황을 잘 알 수도 없다. 주재관의 형식으로 파견되어 있지만 현지기업 활동에 그다지 도움이 되지 않는다. 현지상황을 잘 알고 현지에서 무엇이 필요한지를 정확하게 파악할 수 있어야 하는데 그런 준비 없이 파견되는 경우가 많다고 했다.

베트남은 경제발전이 되면서 새로운 위기현상을 맞이하고 있다. 특히 임금수준이 오르면서 기업들이 몇 가지 한계상황을 맞이하고 있다. 그래서 작년 베트남 정부에서 최저임금을 최저수준인 5.6% 수준으로 동결시켰다. 최저임금이 오르면 제조업 중심으로 베트남에 진출해 있는 기업들이 비용압박을 받아 인근의 미얀마나 캄보디아 등지로 기업을 이전할 수 있다는 우려가 반영되었다는 것이다. 실제로 베트남에 진출해있는 봉제중심의 제조업체들은 임금상승에 따른 상당한 압박을 받고 있다. 현재 호치민에 한국계 기업 4,000개 정도가 진출해 있으며 이들이 고용한 현지인은 4-5만명에 이른다. 4인 가족으로 환산하면 15-6만 명을 부양하는데 이들 기업들이 갑자기 외국으로 빠져나가면 베트남 입장에서 감당할 수 없는 영역이 될 수 있다.

베트남의 경우 18인으로 구성된 공산당 최고상임위원회의 만장일치에 의해 국가의 핵심과업들이 결정되는 데 위원 중 한 사람만 반대해도 결정될 수 없는 구조로 되어 있다. 그래서 베트남에서는 북한과 같은 일인독재에 의해 국가 일이 결정되는 구조와 근본적으로 다르다. 위원회는 국익과 인민에 우선을 둔 결정을 많이 내린다. 무엇이 국익에 도움이 되는지에 대해 종합적 검토를 한 뒤 18인 위원의 결정이 내려진다. 일본정부에서 호치민에서 하노이까지 아주 좋은 조건으로 고속도로 건설을 제안했는데, 위원회에서는 이런 제안을 거절했다고 하였다. 그것은 베트남 국민정서에 맞지 않으며 언젠가 베트남 국민의 힘으로 건설해야 한다는 입장이 받아들여져 그 제안을 거부했다고 하였다. 국민적 자존심이 걸린 문제에 대해서는 경제적 이익에 우선하여 바라보는 것이 베트남의 근성을 보여준다고 하였다.

베트남은 미국과의 전쟁에서 미군 6만 명이 희생된데 비해, 베트남 군인과 주민을 합쳐 약 300만 명에 이르는 희생자가 발생했다. 이런 아픔을 딛고 이후 1995년 미국과 수교를 하였다. 미국과 18개 항목에서 협상을 하였는데, 그중의 핵심관건이 1975년 월남패망 당시 조국을 버리고 미국으로 떠난 보트피플 문제가 현안이었다. 18위원회에서 조국을 버린 이들을 어떻게 처리할 것인가를 놓고 치열한 토론을 벌렸다고 했다. 미국입장에서는 미국에서 이룬 그들의 경제적 성취를 토대로 베트남 경제발전에 중요한 발판을 마련할 수 있다고 보았는데, 베트남 입장에서는 조국을 배반했다는 이유에서 쉽게 받아들일 수 없었다. 18인 위원회에서는 이 문제를 같은 베트남인의 입장에 서서 바라보고 당시 상황을 이해할 수 있다는 명분으로 선회하여 국민통합의 발판을 마련하고자 하였다. 심지어 이들에게 특별 예외조항을 만들어 모국 베트남에 투자를 할 경우 그들에게 영주권까지 부여하며 동포기업인으로 대접하였다. 이처럼 베트남 공산당 위원회는 유연한 의사결정구조를 갖고 사안을 바라보고 있다고 하였다.

베트남은 국민적 반목과 증오와 같은 적대적 현상이 잘 나타나지 않는다. 동존상잔의 비극을 겪었고 이념적인 대립으로 심한 분열을 겪었던 사회라 할 수 없을 정도로 국민통합의 측면에서 돋보인다. 한 때 서로가 적대체제를 구축하여 죽이고 죽임을 당하는 전쟁의 잔혹성을 겪었으면서도 극단적 분열상태로까지 잘 가지 않았다. 그런 통합의 밑바탕에는 이 나라 국부인 '호치민 정신'에서 찾을 수 있다는 것이었다. 호치민은 자신이 죽으면 화장하라고 하였고 자신의 재를 북부와 남부에 고루 뿌리라고 하면서 통일 이후에도 남부사람들을 적대시하지 말고 포용하며 함께 살아야 한다고 자신의 부하들에게 당부하였다. 실제 통일 후 남쪽 정부 핵심요원들을 감옥에 가두고 박해를 하였지만 아주 심하게 증오심을 느낄 정도로까지는 하지 않았다는 것이었다.

베트남 통합정신은 종교현상에서도 잘 볼 수 있다. 종교의 자유를 잘 인정하지 않고 종교활동을 박해하였던 일반적 공산국가와 달리, 베트남에서 종교활동이 활발하며 많은 베트남인들이 불교, 토속신앙, 가톨릭 등의 종교를 자유롭게 믿고 있다. 그것은 호치민의 종교관과도 관계 있다고 했다. 호치민은 독실한 불교신자로서 공산주의 활동을 하였는데, 공산주의 활동 중에서도 불교신자로서의 의무를 저버릴 수 없었다고 하였다. 공산주의를 믿고 공산주의에 의해 인민을 통합하려 했지만 불교신자로서의 의무를 저버릴 수 없었다. 이런 호치민의 삶에서 공산주의와 여러 종교의 공존이 가능하였다고 했다. 물론 베트남인들의 사상체계는 공산주의와 관계없이 깊은 신앙심이 놓여 있음도 부정할 수 없을 것이다.

호치민에는 '그랍(grab)'이라는 택시제도가 아주 활성화되어 있다. 호치민은 인구 1,000만 명 혹은 그 이상이 살아가는 대도시로 늘 교통이 막힌다. 인구밀도가 촘촘한 호치민에서 그랍제도는 대중의 편리한 발이 되어주면서 서민의 직장창출에도 많이 기여하였다고 했다. 앱 다운을 받으면 누구나 쉽게 이용할 수 있다. 현재 위치한 곳에서 목적지를 입력하면 바로 택시와 연결되며 요금, 택시번호와 전화번호, 기사사진 등이 화면에 뜬다. 이후 2분, 4분 혹은 5분 후에 출발지에 도착한다는 메시지가 온다. 운전기사 관련의 신상이 드러나기에 속일 수 없고 심지어 물건을 차에 놓고 내려도 쉽게 찾을 수 있다. 차만 그런 것이 아니고 그랍 오토바이도 있으며, 음식주문과 그밖의 배달까지 가능하다. 사용한 뒤에서는 기사에 대한 평점까지 주도록 되어 있어 운전자가 속일 수 없다.

그랍제도는 베트남의 큰 도시, 곧 호치민, 하노이, 다낭, 하이퐁, 껀터와 같은 대도시에 다 도입되어 있다. 이 제도가 도입되면서 많은 일자리가 창출되었고 경제에 활력을 불어넣을 수 있었다. 실업자 상태에 있던 많은 사람들이 그랍을 통해 일자리를 얻을 수 있었고, 무엇보다 자동차 할부제도가 활성화되어 차 구매자들이 증가하였다. 심지어 오토바이 하나만 있으면 그랍을 통해 최저임금 이상을 올릴 수 있다. 이렇게 그랍이 도입되는 데 기존의 택시업체에서 반대가 심했다고 했다. 이 때 정부는 그랍에서 나오는 이윤의 상당부분을 택시업체에 제공하도록 하여 택시업체의 반발을 무마할 수 있었다. 일종의 사회적 타협을 통해 업체 간의 이익을 창출하면서 국민적 혜택을 제공할 수 있도록 했다.

이런 사회적 타협이 쉽지 않을 것인데 정부조정 능력이 어느 정도이기에 가능할 수 있는가에 대해 물었는데, 아직은 베트남 정부의 조정과 타협에 대해 국민들 대부분이 수긍을 하며, 그리고 우리와 같은 사회단체(시민단체)와 언론 등에서의 저항이 그렇게 크지 않다고 했다. 무엇보다 정부는 기본적으로 국민을 위해 일한다는 국민적 믿음을 주고 있기 때문에 대부분의 국민들이 정부의 정책에 크게 반기를 들지 않는다고 하였다.

2. 호치민 경제, 날개를 달다

2월 20일 자정을 넘긴 시각 호치민 탄손낫(Tan Son Nhat) 공항에서 베트남 경제의 비상하는 모습을 볼 수 있었다. 밤 12시가 넘었는데 공항에 왜 그렇게 많은 사람들이 붐비는지에 놀랐다. 호치민은 베트남의 관문도시로 큰 도시이지만 이 늦은 시간까지 공항 대기실은 인산인해였다. 더 놀라운 광경은 사람마다 그렇게 많은 짐을 갖고 들어온다는 점이었다. 다소 허름한 옷차림을 한 것으로 보였지만, 사람마다 커다란 몇 개의 가방과 박스를 갖고 짐 검사를 받았고 포터로 밀며 이동하고 있었다. 다소 나이 많은 할아버지로 보이는 분도 몸에 겨운 큰 가방을 끌고 힘겨워하고 있었다. 베트남인들에게 외국산 물건은 선망으로 보일 것이다. 한 때 우리가 그랬던 것과 비슷할 것이다. 이런 모습에서 현재 베트남 경제의 현주소를 엿볼 수 있다.

탄손낫 공항의 광경은 승천하는 용처럼 비약하는 베트남 경제의 관문임을 느낄 수 있게 했다. 수많은 사람들이 들어가고 나오며 한 사람으로 감당할 수 없을 정도의 큰 짐꾸러미를 밀고 당기며 움직인다. 몇 차례 더 탄손낫 공항을 가볼 기회가 있었는데, 공항규모에 비해 수많은 사람들로 붐비고 있었다.

공항인근의 식당에서 바라본 공항광경에서도 놀라운 모습을 보았다. 식당은 호치민시 공항으로 비행기들이 지나는 길목에 있었다. 비행기는 2분, 3분, 4분의 시차를 두고 착륙하였다. 너무도 신기했다. 어떻게 저렇게나 많은 비행기들이 꼬리에 꼬리를 물고 착륙을 하는지, 어떻게 그 많은 비행기를 다 착륙시킬 수 있는지 궁금했다. 옆에 앉아있는 베트남인 항(Hang)에게 물었다. 늘 이렇게 비행기가 많이 착륙하느냐고. 공항 바로 인근의 아파트에서 사는 항은 매일매일 수도 없는 비행기가 이착륙을 하여 일상생활이 쉽지 않을 정도라고 했다.

공항규모는 그렇게 커 보이지 않았다. 작은 규모의 공항에서 그많은 손님들을 어떻게 다 처리할까하는 생각을 가져보았을 정도였다. 우리 같으면 당장 큰 공항을 다시 짓거나 리모델링을 시도할 것이다. 꼬리에 꼬리를 물고 내리는 착륙현상을 보며 새롭게 부상하는 호치민의 모습을 잘 볼 수 있었다.

수많은 사람들이 호치민에 들어오고 또 나갈 것이다. 현대인들이 모이는 곳은 대형 컨벤션센터, 백화점과 슈퍼마켓, 공항의 대합실, 대형 오락실 등이라는 사회학자 지그문트 바우만의 지적을 생각해 보았다. 오늘날 공항대합실은 세상과 세상이 만나는 접점역할을 한다. 현대인은 어느 한곳에 머물지 않으며 여행을 한다. 그들은 국내 영역을 넘어서 세상의 곳곳을 넘나든다. 그들은 사업을 위해, 공부를 위해, 관광을 위해 등등의 목적으로 유랑한다. 이른바 현대판 노마드로 삶을 살아간다.

바로 호치민은 현대적 의미의 노마드들이 이합집산을 거듭하는 곳으로 보인다. 동남아 지역의 허브역할을 하면서 베트남의 경제사회를 주도하고 있다. 이른바 집적효과를 극대화하는 것으로도 볼 수 있다. 한 지역으로 집적할 수 있을 때 경제사회가 한층 활력을 띨 수 있다는 사실을 증명하는 듯하다.

역동성과 에너지 넘치는 호치민의 모습은 곳곳에서 드러난다. 시내의 타이거, 하이네켄, 사이공 등의 대형 맥주 집들에도 손님들로 늘 만원이다. 시내 곳곳에 있는 커피숍들에도 아침부터 밤늦게까지 사람들로 가득 차 있다. 골목 어디를 가더라도 오토바이와 차, 사람들이 순식간에 몰려나와 깜짝 놀랄 때가 한 두 번이 아니다. 어느 학교를 방문하더라도 학생들 수가 장난이 아니며 젊음의 열기를 내뿜는다. 대형쇼핑몰에도 사람들이 항상 북적거린다. 소위 말하는 호치민의 가장 번화가로 알려진 1군 지역은 늘 외국관광객들이 붐비며 여기가 국제도시임을 보여준다. 호치민 시청 앞 광장은 저녁이 되면 인산인해일 정도로 축제의 장이다. 호치민의 명물 벤탄시장은 발디딜 틈이 없을 정도로 수많은 사람들이 오고가며 흥정이 벌어진다. 외국인 거리에는 수많은 젊은이들이 왕래하며 축제의 재미를 즐긴다.

호치민 시 외곽지역은 공장지대로 수많은 외국계 기업들이 몰려들고 있다. 외국계 기업들이 몰려오면 땅값이 올라가고 일자리가 생겨나며 그렇게 생겨난 일자리로 인해 소득이 창출되어 소비증대로 이어진다. 일단은 싼 임금을 토대로 많은 외국계 기업들을 끌어들여 일자리를 제공하여 그것을 소득창출로 이어가는 선순환 구조를 하고 있다. 이런 저임금에 바탕한 경제구조가 언제까지 지속될 것인지를 알 수는 없으나 현재까지는 상당한 성과를 거두고 있는 것 같다. 소비진작이 일어나면서 생산의 활성화로 이어지는 확실한 선순환 구조를 가진 것으로 보인다.

바야흐로 호치민 경제는 날개를 달고 비약 중인 것으로 보인다. 적어도 현재 호치민은 수많은 국내외 사람들을 끌어들이며 용광로처럼 모든 것을 녹여내는 듯하다. 호치민 시민들은 외국인에 대해 별다른 거부감을 갖지 않는다. 어디를 가나 한국에서 왔다고 하면 웃으며 반갑게 반긴다. 외국인은 물론이고 외국산

물건, 그밖의 등등에 대해서도 상당히 수용적 태도이다. 바로 이런 이들의 개방적이면서 유연한 태도는 경제의 활력소로 작용하며 더 큰 도약을 위해 한층 보폭을 넓히고 있다.

일찍이 인류역사에서 보아왔듯이 물질적 당근은 사람들의 역동성을 춤추게 하였다. 경제적, 물질적 혜택이 돌아갈 때 사람들의 성취동기가 시작되며 거기에서 새로운 활력이 쏟아날 것이다. 이곳 사람들이 성장과 발전의 의미를 알게 될 것이고 그것은 필연적으로 '인간에게 인간이 늑대이다'의 세상으로 이어질 수도 있을 것이다. 그것은 자본주의 역사가 보여 온 필연의 과정이자 결과였기 때문이다. 호치민 탄손낫 공항에서의 모습은 활기차면서도 역동성을 띤 베트남 사회의 내일을 보여주는 상징처럼 보였다.

3. 호치민의 신흥부촌, 푸미흥(Phumyhung)과 랜드마크 81(Landmark 81)

호치민 7군에 속하는 푸미흥 지역은 호치민의 고급주택가이면서 국제학교들이 밀접해 있다. 그래서인지 외국계 식당과 상점들도 곳곳에서 볼 수 있다. 각종 대형 건물들이 들어서 있고, 또 새로운 건물들이 건축 공사 중에 있었다.

이곳은 각종 국제학교와 외국계 시설들, 고급주택들이 들어서 있는 일종의 신흥부촌으로 볼 수 있다. 외국계 중에서도 한국인들이 집중적으로 거주하며 한국계 식당과 커피숍, 호텔 등의 각종 고급 시설들이 들어서 있었다. 한국어 간판이 수두룩했고 한국어를 사용하는 많은 사람들을 볼 수 있었다.

20여년 전 이곳은 평범한 시골 마을이었고 쌀 농사짓고 가축을 키우던 호치민의 평범한 외곽지역에 불과하였다. 이런 한적한 곳이 개발붐을 타면서 호치민 최고의 주택가로 발전했다. 고급 주택의 가격은 10억 이상 나가는 곳이 대부분이라고 한다. 이른바 한국에서의 성장 경험이 베트남 호치민에서도 비슷하게 일어난 지역으로 볼 수 있다. 베트남인들에게 푸미흥은 상전벽해와 같은 느낌을 준다고 했다.

푸미흥은 외국계 학교들이 많이 들어서 있다. 한국국제학교를 비롯해 타이완, 캐나다 등 여러 국제학교가 들어와 있어 교육중심지로도 잘 알려져 있다. 베트남에서 국제가 붙으면 학교든 병원이든 좋은 시설을 갖추고 있고 주로 부유층이 이용한다. 그런 의미에서 푸미흥은 호치민의 경제발전을 잘 보여주는 상징으로 통한다.

베트남은 투 트랙으로 운영되며 그런 투 트랙이 사회적으로도 인정되는 것 같다. 정치적 측면에서 사회주의를 채택하고 있고 공산당 유일 정당체계를 하고 있으며, 경제적 측면에서 시장경제를 도입한 개방체계를 구축하고 있다. 푸미흥 지역은 개방경제가 성장과 발전에 얼마나 중요한지를 잘 보여준다. 외국의 다양한 영역들이 들어와 상호경쟁을 하며 상호교류를 할 때 경제적 활력이 생기며 그것이 다시 새로운 사회로 나아가기 위한 동력이 된다는 사실을 잘 보여준다.

호치민은 이런 점에서 돋보이는 도시이다. 베트남 전체의 일인당 GDP가 3,000불 수준인데 비해 호치민은 7,000불 수준이며 내년에 1만불 수준까지 도달할 것이라는 뉴스를 보았다. 이런 돋보이는 호치민 경제발전에 개방의 효과가 큰 영향을 준 것으로 보인다. 시장개방의 효과가 이렇게 극적으로 나타날 수 있다는 사실이 놀랍다.

푸미흥을 거점으로 외국자본을 모을 수 있었고, 이를 호치민 경제발전의 동력으로 삼는 것이 인상적이었다. 이렇게 다문화적 상황이 공존하며 다양성을 인정할 때 경제사회는 한층 활력을 갖게 되며, 그런 활력이 선순환 구조를 형성하여 더 많은 외국계 자본과 다문화 현상을 끌어들이면서 호치민의 성장동력으로 활용하는 것 같았다.

지금도 푸미흥의 기적은 계속되는 것 같다. 고층건물이 계속 건설 중에 있으며 외국계의 식당과 상점들, 그리고 국제(international)가 붙은 교육기관들(정규 및 사교육기관)에서 이곳 푸미흥의 진화 · 발전은 계속되고 있었다. 사회주의 체제에서 푸미흥의 모델은 경제에서 개방성과 다양성이 어떤 효과를 낳는지를 보여주는 중요한 사례일 것이다.

〈푸미흥 지역의 국제학교 모습〉

학생들과 함께 랜드마크 81 지역을 찾았다. 사이공 강을 배경으로 81층짜리 건물 주변에는 5-60층쯤 되는 여러 동의 아파트가 거대한 군을 이루며 들어서 있었다. 랜드마크 81 인근의 사이공 강가는 다른 지역에서 잘 찾을 수 없을 정도로 정비가 잘 되어 있었다. 열대수 나무들과 잔디밭을 배경으로 인조가공물들도 가지런하게 정비되어 있었다. 사이공강에는 큰 배에서 작은 배에 이르기까지 많은 배들이 부지런히 왕래하고 있었고 간혹 유람선들도 지나고 있었다. 강 건너편의 주택가들도 그림처럼 아름답게 보였다. 이곳이 베트남의 여느 지역이라기보다 잘 사는 유럽의 여느 도시와 비교해도 손색이 없어 보였다.

〈랜드마크 81〉

〈랜드마크81 주변 호화주택가〉

우리는 벤치에 앉아 이런저런 이야기를 나누었다. 한낮이었는데 그렇게 덥다는 생각이 들지 않았다. 쉼 없이 바람이 불어왔고 습도가 낮아서인지 후텁지근하지도 않았다. 학생들은 자기들끼리 뭐가 그리 좋은지 조잘조잘하며 이야기를 나누었고 벤치에 앉은 채 잠시 잠에 빠졌다. 공기도 상큼하고 깨끗하였으며 녹지조성이 잘 되어 있던 관계로 호치민에서 가장 편안함을 느낄 수 있었다. 이렇게 한참을 보냈다.

랜드마트 81건물 안으로 갔다. 밖에서도 멋진 고급스런 모습이었는데 실내는 아주 화려했다. 각종 명품가게에서부터 실내 아이스링크, 동전노래방, 그밖의 즉석 기념사진 촬영 등의 문화시설에서부터 슈퍼마켓과 각종 음식점, 찻집 등을 갖추고 있었다. 일종의 잘 가꾸어진 종합 콤플렉스관이라 할 수 있을 것 같다.

호치민 경제가 호황을 누린다는 것은 랜드마크 81과 같은 곳의 출현과 맞물릴 것이다. 호황을 누리며 큰 부를 얻었다는 것이 이런 고급아파트 지역을 가능하게 하였으며, 이곳에 들어온 사람들은 명품을 구매하면서 고급외제차를 몰고 성장의 열매를 향유할 것이다.

호치민에 부자들이 많이 늘어났음을 상징적으로 볼 수 있다. 이런 정도의 아파트에서 살 수 있으려면 보통의 부를 갖지 않고는 불가능한 것으로 보인다. 외국인도 많이 살 수 있겠지만 대부분은 호치민 현지사람들일 것이다. 그동안의 경제발전 과정에서 경제흐름에 동행했던 수많은 부자들이 생겨났다는 것을 잘 보여준다.

이곳을 오고가는 사람들은 옷차림에서부터 얼굴 모양 등에서까지 뭔가에서 다르다는 느낌을 받게 된다. 세련된 옷차림과 몸차림을 하고 있으며 얼굴에서도 환한 모습이다. 공산국가 베트남에서 이런 세련된 현대식의 자본주의가 꽃피고 번성한다는 것이 놀라울 뿐이다. 이곳의 부자들이 누리는 삶의 일면을 엿볼 수 있다. 개방경제에 따른 성장의 열매를 잘 수확하여 누리는 삶일 것이다. 경제가 성장한다는 것은 소수의 경쟁력을 갖춘 자들에게는 무한한 가능성을 제공하였고, 그에 따른 엄청난 부를 누릴 수 있게 하였을 것이다.

이런 모습은 그것이 자본주의의 의미를 넘어서서 인간본성의 아주 밑바닥에 작용하는 근본욕구일 수도 있을 것이다. 더 많은 재산을 가지고 더 좋은 환경에서 다른 사람들보다 더 멋지게 살아보겠다는 것이야말로 인간의 가장 기본적 본성의 하나일 것이다. 이런 본성이 있는 한 체제가 자본주의든 공산주의든 막기 힘들 것이기 때문이다. 모두가 평등하게 고루 잘 살아가려는 사회주의 혁명 하에 사회주의 체제를 만들었던 베트남에서도 이런 인간본성을 막을 수 없었고, 오히려 이런 본성을 적절하게 표출시킴으로써 경제성장의 동력으로 삼고 있는 것으로 볼 수 있었다.

랜드마크 81의 5층 찻집에서 바라보는 일대의 풍경은 이곳이 베트남 호치민의 모습이라기보다는 서구의 여느 발전된 대도시의 모습에 가까웠다. 사이공 강으로 펼쳐지는 잘 가꾸어진 조경과 5-60층대의 현대식 아파트는 자본주의 최첨단의 모습을 보여주기에 부족함이 없었다.

문제는 이렇게 자본의 힘이 강력해지면서 새로운 사회적 자본을 형성할 수 있느냐일 것이다. 서구의 경우에서도 그렇고 우리의 경우에서도 비슷하게 제기되었던 시민사회적 역량이 가능할 것이냐일 것이다. 경제적 부의 성취는 그에 걸맞은 정치적 권력에 대한 관심을 가질 수밖에 없도록 할 것이다. 이런 시민적 생각을 갖는다면 주권의식이 강해질 것이며, 인권과 자치의식도 더 직접적으로 표출될 것이다.

경제적 부를 바탕으로 다양한 외국의 정치상황에 눈뜨게 되고 그런 상황을 현실여건으로 실현하려는 주장이 제기될 수 있을 것이다. 이런 상황 또한 역사적 사실이었으며 동시에 인간성의 본성일 수 있다. 이런 상황에서 베트남 정부의 고민도 깊어질 수밖에 없을 것이다. 더 많은 경제적 자유를 주면서 개방하여 큰 경제적 성과를 거두는 것도 사실이지만 도래할 새로운 정치상황에 어떤 대응을 할 것이냐도 쉽지 않은 과제일 것이다.

4. 서비스 산업이 베트남경제를 이끌다

빈콤몰은 호치민 중심가에 위치해 있고 많은 사람들이 드나든다. 호치민에서 빈그룹이 갖는 위상이 상당한 것을 볼 수 있었고, 그것보다 현지인들의 소득이 늘어나는 것과 관련 있을 것이라는 생각을 했다. 빈콤몰 바로 인근에 호치민 시청, 오페라하우스, 그밖의 많은 유명호텔들이 밀집해 있다. 몰 지하의 커피숍과 상점들에 사람들이 꽉차있다. 평일 낮부터 주말 밤까지 자리 찾기가 쉽지 않다. 각국의 세계인도 수없이 모여드는 것 같다. 빈콤몰 주변은 국제도시 호치민의 위상을 보여주듯이 수많은 외국인들이 왕래를 거듭한다.

경제가 성장한다는 것은 어디에서 어떻게 체감할 수 있을까? 호치민 경제성장의 바로미터는 호치민 중심가 빈콤에서 시작되는 것 같았다. 빈콤몰 지하의 오토바이 주차장에서 그 중요한 근거를 찾을 수 있다. 지하매장을 타고 한참을 내려간 곳에 오토바이 전용주자장이 있는 데 그곳에 주차된 오토바이의 수에서 놀라운 모습을 목격할 수 있었다. 그 넓은 주차장에 수많은 오토바이들이 빽빽하게 주차되어 있었다. 같이 오토바이를 타고 들어가서 주차했던 현지인은 나올 때 주차한 자리를 찾지 못해 한참 동안이나 애를 먹었다. 오토바이 전용주차장의 크기에 놀랐고 또 주차된 오토바이 수에 놀랄 수밖에 없었다.

호치민은 국제도시답다. 국제도시로서의 호치민의 외현은 호텔산업에서 잘 드러난다. 호치민 시청을 중심으로 한 광장 주변에 고급 호텔들이 밀집되어 있다. 렉스, 인터콘티넨털, 하야트, 카라벨, 매제스틱, 롯데 등 이름난 호텔들이 즐비하다. 시청 바로 인근의 렉스호텔은 그렇게 화려한 외관은 아니지만 위치와 역사성에서 단연 으뜸으로 보였다. 호텔 내 명품점인 샤넬, 버버리, 구찌 등이 입점해 있으며 커피숍도 멋지다. 명품점의 가격은 한국보다 더 높아보였는데 이런 비싼 물건들이 호치민에서 판매된다는 것이 놀라웠다. 많은 외국인들이 드나들 것이지만 베트남 국내인의 소비도 만만찮을 것이기 때문이다. 그만큼 현지 부자들의 구매력이 커지고 있음을 말해준다.

베트남 서비스산업의 활황은 휴양도시 달랏(Da Lat)에서도 잘 볼 수 있었다.

호치민에서 달랏까지 가는 길은 쉽지 않았다. 거리상으로는 300km이지만 가는 길은 6-7시간 걸린다. 2차선 도로를 차와 오토바이, 사람 등이 함께 다니는 관계로 교통상황이 좋지 않다. 동나이 지역을 지나는데도 꽤 시간이 걸렸다.

달랏은 꽃의 도시이면서 밤의 도시이다. 도심 곳곳에 꽃들이 화려하게 피어있고 또 잘 가꾸어놓았다. 기후조건도 온갖 꽃들이 피는데 좋다고 한다. 관광객들은 아침 일찍부터 꽃을 배경으로 사진을 찍는다. 낮에는 평범하게 보였던 곳인데 밤이 되면 화려하다. 밤이면 화려한 조명을 쏘아 도심을 새로운 옷으로 갈아입도록 한다. 보통의 평범한 건물도 밤이 되면 요술궁전으로 탈바꿈한다. 그 가장 극적인 곳이 달랏 중앙시장이다. 낮에는 조용한 곳이다가 밤이 되면 수많은 사람들이 모여들며 거대한 인간시장으로 변한다.

한적한 시골의 휴양도시인 달랏에 이렇게 많은 사람들이 모여든다는 것이 이해가 되지 않는다. 어디에서 그 많은 사람들이 왔는지, 그렇게 많은 물건 파는 사람들은 어떻게 그런 물건을 가져왔는지 궁금할 정도였다. 수많은 가게들 중에서 어물가게를 지날 때는 놀라움을 금치 못했다. 수산물 가게의 규모에도 놀랐고 엄청난 손님들이 자리를 차지하고 먹고마시는 모습에도 입을 다물지 못할 정도로 놀라웠다. 대도시의 큰 시장이나 상점에 많은 사람들이 모인다는 것은 이해할만하지만 달랏같은 산골의 휴양도시에서 그렇게 큰 규모의 가게가 있다는 것이 놀라웠고, 또 엄청난 사람들이 모여든다는 것에도 신기할 따름이었다.

이렇게나 많은 사람들을 어떻게 모아들일 수 있을까? 특별하게 내세울 수 있는 기반시설을 찾을 수 없었다. 무엇이 달랏에 이렇게나 많은 사람들을 모을 수 있을까하는 것에 흥미가 갔다. 달랏은 연중 무더운 호치민과 달리 기후조건이 좋다고 한다. 기후조건이 좋다고 마냥 사람들이 모여들까? 그밖에도 동나이성을 지나 바오락에 이르는 람동성이 갖는 수려한 자연환경에서도 그 원인을 찾을 수 있을 것이다.

더 중요한 요인은 프랑스가 남겨준 문화를 잘 보존하고 관리하였다는 점에서 찾을 수 있을 것이다. 현대인의 휴가지향 문화와 합쳐지면서 이곳은 전통문화의 의미를 잘 살리면서 현대인들이 좋아할 휴양조건을 갖추고 있다. 손흥 호숫가를 배경으로 풍광이 아름다우면서 멋진 골프장을 갖추었고 프랑스 통치시절의 흔적들을 많이 볼 수 있다. 이런 몇 가지 조건들이 합쳐져 달랏은 베트남의 최고 휴양지로서 각광을 받는 것 같다. 사람들이 많이 찾아온다는 것은 도시발달에 큰 활력이 되는 것 같다. 도시에는 곳곳에서 새로 건축되거나 재건축 및 증축되는 건물들을 많이 볼 수 있었다. 식당마다 사람들이 가득 차 있었고 주인들은 바쁘면서도 흥이 나듯 신나게 일을 한다. 상점마다 물건이 가득차 있었고, 어떤 상점은 손님들로 발디딜틈조차 없다. 이곳을 찾는 관광객들이 많아지면서 달랏은 작년에 찾았을 때와 또 다른 모습이었다.

달랏 중앙시장의 야간풍경에도 놀라움을 감출 수 없었다. 낮에는 한산한 것으로 보였는데 밤이 되자 어디에서 그렇게 많은 사람들이 나왔는지 발디딜 틈이 없을 정도였다. 중앙통로를 중심으로 양쪽으로 수많은 가게와 상점들에서 물건을 팔고 있었다. 일요일 저녁이어서 그런지 인산인해 그 자체였다. 손흥 호숫가와 인접해있고 목 좋은 호텔들이 시장을 에워싸고 있었다. 중앙시장의 어느 수산물 상점의 크기가 어마어마했다. 이렇게 큰 가게에 사람들이 빽빽이 들어차 있고 연이어 호객행위를 하고 있었다.

〈달랏 중앙시장의 야시장 풍경〉

5. 베트남에서 경제윤리학 전공자를 만나다

호치민시 경제대학교(University of Economics Hochiminh City) 경제학부에 재학 중인 안(An)은 경제윤리학을 주제로 박사학위 논문을 준비하고 있었다. 호치민에서 경제윤리학으로 박사논문을 쓴다는 것이 신기했다. 성장사회 상황에서 경제윤리학을 공부한다는 것 자체가 신선했다.

한국에서도 경영윤리는 몰라도 경제윤리학을 공부하는 것이 흔치 않으며, 또 경제윤리학 영역으로 박사학위를 준비하는 것이 쉽지 않을 과제로 보였기 때문이다. 경제학이면 수리계량 영역이 일반적이며 경제이론 및 경제관련 실천 등의 일반 경제학 영역에 관심이 많을 것인데, 안은 베트남에서 경제윤리학으로 박사논문을 준비한다고 하여 다소 의외였다.

안의 안내로 호치민시 경제대학교를 방문하였는데 오랜 역사성을 느낄 수 있었다. 프랑스 때부터 내려온 대학전통을 토대로 오늘의 베트남으로 이어지는 것 같았다. 최근 신설된 신생대학에서 볼 수 없는 연구기능을 갖춘 것으로 볼 수 있었다. 우리처럼 대학의 캠퍼스가 크고 넓지는 않았지만 깔끔한 건물에 교수연구실과 회의실, 여러 명의 부총장실, 세미나실 등등을 고루 갖추고 있었다. 이곳이 왜 호치민에서 명문대학인지를 분위기와 감으로도 느낄 수 있었다. 안은 아직까지 학생 신분이어서 학교 곳곳을 안내하는 데 한계가 있다고 하며, 여러 가지에서 조심을 많이 하는 것 같았다.

안에게 호치민 경제대학교에서 배웠던 경제윤리학은 주로 어떤 내용으로 구성되느냐고 물었다. 그녀에 의하면 자신은 경제윤리학이라고 이름이 붙은 과목은 배운 적이 없다고 했다. 그런데 어떻게 경제윤리학으로 박사논문을 준비하게 되었느냐고 했을 때 경제는 사회적 책임과 밀접한 관련을 가져야 한다고 보기 때문이라고 했다. 베트남 경제현실에서 사회적 책임으로 대표되는 경제윤리학이 강조되지 않는 부분에 안타까움을 갖고 이에 대한 준비가 필요하다고 강조하였다. 사회적 책임은 인간 삶의 질을 어떻게 향상시키며 생태환경을 어떻게 조화롭게 보호할 것이냐에 관련된다고 하였다.

경제에서 인간의 얼굴을 실현할 수 있느냐가 중요하다고 하였드니, 구글 검색을 통해 이와 관련되는 많은 주제들을 볼 수 있었다고 하며 새로운 사실이라며 놀라워했다. 이런 주제에 대해 생각해보지 않았고 접해볼 수도 없었다고 하면서 앞으로 좀 더 관심을 갖고 공부해볼 것이라고 하였다.

사회적 책임 관련 공부를 왜 하는지에 대해서도 생각이 분명했다. 베트남은 현재 가난한데 인근의 잘 사는 말레이시아와 인도네시아처럼 발전시킬 필요가 있다고 보았고, 그런 잘 사는 사회처럼 가려면 단순히 경제적 성장을 넘어서 사회적 책임에 토대한 경제사회적 뒷받침을 마련해야 한다는 것이었다. 베트남 사람들은 사회에 대한 책임을 잘 갖지 않으며 상당히 자기중심적으로 살아간다. 한 마디로 사회적 책임을 다하지 않고 개인의 이해관심을 지나치게 추구하는 경향이 있다고 하였다. 이런 점에서 사회적 책임을 경제윤리학의 차원에서 공부하여 베트남 경제사회의 건전한 발전에 이바지해보고 싶다는 것이다. 아직 베트남은 나아가야 할 길이 한참 멀었다고 하면서 경제발전에서 사회적 책임이 동반될 때 지속가능사회가 실현될 수 있다고 하였다. 베트남에서 아직은 경제윤리에 대해 다룬 논문이 적은 관계로 자신의 논문을 통해 경제윤리학에 더 많은 관심을 갖기 바란다는 생각을 피력하기도 하였다.

사회적 자본은 사회적 책임과 어떤 점에서 다르며 베트남 상황에서 어떤 의미를 던질 수 있느냐에 대해 질문하였다. 사회적 책임이나 사회적 자본 둘 다가 사회와 경제발전에 중요한 요인이라고 보면서 현재 베트남 경제사회 상황에 필요한 것으로 본다고 했다. 그런 점에서 어떤 인간을 키울 수 있느냐가 경제사회 변화의 관건이라고 하였다. 경제발전에 걸맞은 사회적 책임을 다할 수 있는 인간성을 어떻게 키울 수 있느냐가 베트남 미래의 핵심이라고 하였다.

사회발전에서 구조변화를 선행시키느냐 인간요인을 더 강조하느냐는 늘 논쟁일 것이다. 안은 베트남 경제사회 발전영역에서 인간요인을 통해 새로운 가능성을 찾을 수 있으며, 따라서 베트남의 미래는 사회적 책임에 민감성이 있는 개인을 어떻게 육성할 것이냐에 모아진다고 하였다.

호치민 곳곳을 다니면서 시민적 차원에서 베트남 사회가 지향해야 길이 좀 더 남았다는 생각을 해보았다. 경제적 차원에서 더 잘 살고 부유해지는 것과는 별개로 베트남 사회가 갖고 있는 좋은 점에 더해 새로운 질서프레임을 짤 필요가 있을 것 같았다. 안의 설명처럼, 사회적 책임에 대해 깊이 성찰할 수 있는 사회를 만들 필요가 있을 것이다. 시민으로서 사회적 책임의식을 갖는 것은 어느 사회든 당면한 대전제이자 현안일 것이다. 안의 고민에 공감하며, 사회적 책임에 대해 새롭게 되새겨볼 수 있는 성찰사회를 만들 필요가 있다는 생각을 해보았다. 이런 성찰사회를 만드는 것은 베트남이나 한국사회 모두에 적용되는 현안의 과제일 것이다.

6. 한국인의 눈에 비친 베트남 기업문화

베트남에서 사업하는 한국기업인들은 베트남 현지인의 직업인으로서의 자세와 태도에 대해 아쉽다는 감정을 드러냈다. 그들은 베트남에 와서 힘겹게 사업을 하며 정성을 다해 종업원과 좋은 관계를 맺으려 하는데 문화차이에서 오는 간극을 극복하기 어렵다고 했다. 베트남에서 사업을 하고 있는 기업인들의 대부분은 현지종업원들이 썩 주체적으로 일처리를 하는 경우를 잘 보지 못했다고 한다. 상부에서 지시하고 시키는 일을 잘하는 데 비해 스스로 일을 찾아서 기획하여 문제해결하는 경우를 잘 볼 수 없다고 하였다. 한창 업무가 진행 중인데도 퇴근 시간이 되면 끝나지 않은 일거리를 둔 채 퇴근을 한다는 것이다. 일에 대한 책임의식이 잘 따르지 않는다고 했다.

자본주의가 발달한 대부분의 사회에서 투철한 직업정신을 찾을 수 있다. 이른바 사회적 자본으로 대표되는 철저한 공익정신을 갖추고 있다. 천직으로서의 직업의식을 갖고 기술력을 키우고 나름대로의 장인정신을 발달시켰던 것으로 볼 수 있다. 일찍이 막스 베버가 이야기했듯이, 자본주의가 칼뱅주의 윤리의식과 밀접한 관련성이 있다는 주장과 같이 철저한 직업정신이 있을 때 경제사회의 상황이 한층 건강하며 그래서 경쟁력을 갖춘 사회로 나아갈 수 있을 것이다.

직업인으로서의 사명은 주어진 시간 동안 열심히 일하고, 자신에게 맡겨진 일에 대해 책임을 지는 자세일 것이다. 베트남에서 회사를 경영하는 분들의 한결같은 이야기는 현지인들이 이런 직업정신에서 상당히 느슨하다고 지적하였다. 그런 과정에서 이직도 아주 잦게 일어난다고 했다. 일에 좀 익숙해지고 능숙해져 중간관리자 일을 맡겨도 될 만큼이 되면 이직을 감행한다는 것이다. 조금만 좋은 조건을 제공하는 회사가 있으면 이제까지의 인간관계와 일에의 숙련도 등에 관계없이 다니던 회사를 그만두고 다른 회사로 이직한다는 것이다. 현지 기업인은 이런 이직상황에서 가장 큰 어려움을 겪으며 그 때 문화차이를 크게 인식하게 된다고 했다.

특히 기능직에서 이런 일이 자주 발생한다. 현지인들은 임금조건을 가장 중요한 요인으로 바라보면서 임금에 당근을 걸면 바로 새로운 직장으로 이직하는 경우가 대부분이라는 것이다. 현 직장에서의 의무감 같은 것을 잘 찾을 수 없다고 했다. 철새처럼 왔다갔다하는 일자리 상황이라고 했다. 조직에 조금의 의무와 책임을 갖지 않으며 현재의 임금을 어느 정도로 주느냐에 따라 이직을 감행하는 일자리 문화 내지 관행이 정착되어 있다는 것이다. 또 다른 한편에서 한국에서처럼 주어진 일을 마치지 못하면 야근을 해서라도 일을 완성해놓으려는 악착스러움을 찾기가 어렵다고 하였다. 퇴근시간이 되면 하던 일을 멈추고서라도 곧바로 퇴근한다는 것이다. 일을 바라보는 인식차이에서 오는 현상일 수 있지만 한국경영진의 입장에서 잘 이해될 수 없는 부분이라고 했다.

현지직원이 일하는 자세 내지 모습에서도 크게 만족스럽지 못하다고 했다. 일을 하는지 하지 않은지를 구분할 수 없으며, 일은 하는 것 같은데 일의 진척상황을 잘 확인할 수 없다고 하였다. 이런 식으로 일을 해보고 문제가 잘 해결되지 않으면 다른 식으로 생각해보면서 문제해결의 방식을 궁리해보려는 시도 자체를 잘 하지 않는다는 것이다. 현지 중간관리자에 의하면, 처음 부임해서 이런 현지종업원의 자세를 잘 이해할 수 없었는데 지금은 그런 경향을 어느 정도까지 이해할 수 있게 되었다고 한다. 베트남인은 일을 대하는 자세에서 한국인과 다르며, 또 일을 바라보는 관점에서도 다르다는 것을 알게 되면서 현지인의 업무태도를 이해할 수 있게 되었다고 했다.

오랫동안 베트남에서 사업했던 현지 한국경영인에 의하면 베트남인은 이전에 잘 볼 수 없었던 형태로 한국회사를 바라본다고 한다. 요즘은 현지인들이 정보를 얻는 통로가 여러 군데여서 어느 회사는 어느 정도의 월급을 주며, 그리고 어떤 일이 힘든지 그렇지 않은지를 비교하면서 가능한 좋은 조건을 찾아 옮긴다고 한다. 그리고 교육수준이 전반적으로 높아지면서 사회전반의 정보력이 좋아지게 되었고, 그에 따라 더 나은 삶을 누리려는 경향이 커지고 있다고 한다. 더 나은 삶을 누리려면 소득향상이 불가피한 측면이 있어 임금에 관심을 많이 가질 수밖에 없다는 것이다.

이처럼 이직이 많다는 것은 지식과 기술 및 업무축적에 한계를 가져올 수 있다는 사실이다. 아무리 4차 산업혁명의 시대가 도래한다 해도 사회제반 기술과 제도의 축적은 사회의 중요한 자산일 것이다. 작은 기술이라도 축적을 통해 현지에 적합한 토착 기술화할 수 있어야 할 것이다.

이런 점에서 시민역량을 어떻게 키워야 할 것인가는 중요한 관건이 될 것이다. 고연봉을 받는 입장에서 고도의 전문지식에 따른 몸값을 받아 이 회사 저 회사로 이동하는 것과 저임금의 받는 영역에서 이곳저곳으로 이동하는 것은 차이가 있을 것이다. 나름대로의 기능능력을 키우고 학습하여 기술력을 축적할 수 있어야 할 것이다. 이런 축적을 이룰 수 없다면 그 어떤 사회도 고유의 브랜드를 구축할 수 있는 산업기반을 다질 수 없을 것이기 때문이다.

현지한국인에 의하면, 병원의 경우도 신뢰하기 힘든 것이 많다고 한다. 의사가 되는 것이 상대적으로 쉬운 것 같고, 의학 관련 표준화된 제도를 도입하지 않고 있으며 의과대학을 졸업하면 곧바로 의사직을 수행할 수 있다. 그래서인지 의사의 질 수준에서 차이가 심하다고 하였다. 어떤 특정한 질병이 있을 경우 운이 좋아 좋은 의사를 만나면 살 수 있지만, 혹 제대로 된 의사를 만나지 못하면 큰일을 당할 수 있다고 한다. 현지에서 일하는 대부분의 한국인들이 이런 경험을 하였고 그래서 병원 선택에서 아주 신중하게 접근한다고 하였다.

외국생활에서 아플 때가 제일 힘들다는 것이다. 어떤 병원에서 어떤 치료를 받는 것이 좋을지가 망설여진다고 했다. 호치민에는 외국계 병원이 많으며, 그래서 돈 많은 현지인들조차 외국계 병원을 찾는다고 한다. 외국계 병원은 현지병원에 비해 진료비와 치료비에서 몇 배가 비싸다고 한다. 그렇게 큰 가격 차이가 있는데도 외국계 병원을 찾는 것은 다 이유가 있어서 그렇다고 했다.

대체로 베트남에 주재해 있는 한국의 주재관들은 베트남 경제상황을 낙관적으로 바라보고 있었다. 지금추세로 가면 베트남의 국민소득이 1만 불까지는 무난하게 갈 것이라고 한다. 통계인용마다 조금씩 차이가 있겠지만 호치민시의 GDP는 7,000불이고, 전체 베트남 GDP는 3,000불 정도라고 하는데 지금처럼 정책을 이어가면 전체 1만 불까지의 달성도 머지않을 것이라고 했다.

일단 공산당 중심으로 정치가 안정되어 있는 점이 큰 장점이라고 했다. 정치가 불안하고 정책의 일관성이 보이지 않으면 외국자본은 금방 빠져나갈 수 있다고 한다. 현재 상황에서 주변의 여러 나라를 보면 베트남만큼 투자여건이 좋은 나라가 당분간 나오기 어려울 것이라고 한다. 이런 점에서 베트남 경제는 호황을 맞을 것이며, 긍정적 측면이 많을 것이라고 하였다.

문제는 경제적 차원에서 어떤 혁신이 나올 수 있느냐가 관건이라는 것이다. 지금처럼 소비재 중심의 서비스 산업으로는 새로운 혁신이 어렵다는 것이었다. 빈그룹을 비롯한 몇몇 대기업이 있긴 하지만 부가가치를 창출할 수 있는 기업을 만들어낼 수 있느냐에 베트남의 미래가 걸려 있다고 했다. 지금까지 베트남에서의 경험을 미루어볼 때 이런 기업을 육성하는 데까지 정책이 이르지 못하는 것으로 보인다고 했다.

실제로 정부정책으로는 외국기업과의 합작조건으로 베트남 현지기업 참여율을 의무적으로 명시하여 베트남 기업활동을 장려하려고 한다. 그렇지만 실제 기업현장에서 베트남 기업에서 만드는 제품이 질이 한참 못미처 실제의 공장활동으로 이어지기 어렵다는 것이었다. 예컨대 볼트의 30%를 베트남제품으로 공사현장에 조달하기로 협정을 맺었지만 실제공정에 사용할 때

질이 따라가지 못해 잘 사용되지 못한다고 하였다. 현재 베트남 기업수준이 이런 정도에 있어서 기업현장 활용도에서 아직은 많이 떨어진다고 하였다. 그런 점에서 베트남 기술교육과 기능교육의 중요성을 지적했다. 호치민에 몇몇 과학기술계 대학들이 있지만 그 교육의 질적수준이 아직은 많이 부족하다고 했다. 우리의 폴리테크닉 대학과 같은 기술교육기관 도입이 필요할 것이라고도 제안하기도 했다. 이곳 기술계대학의 수준은 우리의 전문대와 기술계고등학교 수준에 미치지 못하는 것으로 보인다고 했다.

베트남 경제가 한 단계 도약하기 위해서는 베트남제의 고유브랜드를 어떻게 만들어낼 수 있느냐가 관건인 것으로 보였다. 이를 위해서는 대학교육을 비롯한 사회총체적 차원에서의 혁신이 필요할 것이다.

제2장
베트남, 사회문화의 특징

1. 베트남, 사회통합은 어떤 모습인가

베트남은 역사적으로 평화보다 전쟁시기가 더 길었다고 한다. 베트남 근대역사를 보더라도 프랑스 식민통치 약 100여 년, 남북 베트남 전쟁 등으로 갈등과 분열을 경험하였다. 국토의 길이도 남북으로 1700여 Km 이상이 되는 긴 나라이며, 54개 인종이 함께 살아가는 다인족, 다민족 국가이기도 하다. 북쪽의 공산진영과 남쪽의 자유진영 간에 치뤘던 수십 년간 전쟁으로 국민통합이 쉽지 않았으며, 1975년에 북쪽에 의한 통일을 이룬 뒤 40여 년을 지나고 있다.

베트남은 다양하게 얽히고설킨 복잡한 상황을 비교적 잘 해결해가는 듯 보인다. 공산당 중심으로 각종 다양한 이해관심을 수렴하여 하나의 베트남을 지향하고 있다. 베트남은 인구 1억에 가까운 큰 나라로 지정학적 및 경제적 국제역학 관계를 적절히 활용하면서 국가발전을 도모하는 것으로 보였다. 무엇보다 2006년 '도이모이(새롭게 바꾸다)' 정책을 도입한 이래 경제적 차원에서의 개방정책을 추진하면서 외국자본을 유치하고 있으며 또 외국계 기업들과의 다양한 경제교류를 실시하고 있다.

경제차원에서 괄목할만한 성과를 내면서 호치민은 동남아 거점도시로서의 비약적 발전을 거듭하고 있다. 이곳 사람들의 일상적 삶에서도 자신감이 곳곳에 묻어나고 있으며 더 잘 살겠다는 강렬한 의지를 볼 수 있다. 호치민 골목 어디를 가더라도 사람들로 북적거리며 차와 오토바이로 뒤엉켜 움직이는 것을 볼 수 있다. 말 그대로 활력과 에너지가 넘치는 도시가 바로 호치민이다.

남베트남 시절, 이념갈등으로 스님이 분신자살을 하였고, 정치문제로 인해 수많은 사람들이 대통령 퇴진을 요구하는 시위를 벌였다는 사실이 새삼스럽다. 남북통일 뒤는 이전보다 더 많은 사회갈등 요인을 안고 있겠지만 현재 외형적으로 그런 내부적 분쟁이나 갈등이 잘 드러나지 않는다. 무엇이 현재의 베트남 사회통합에 영향을 미쳤는지가 궁금하다.

베트남 통합의 중요한 정신적 가치는 호치민 정신에서 찾을 수 있다. 지금까지 베트남은 호치민 정신에 의거하여 국가통합에 노력하고 있다. 학교에서부터 관광서 등 어디를 가든 호치민 동상이 있으며, 호치민 사상에 근거한 국민통합을 시도하고 있다. 일종의 유훈정치의 모습이기도 하다.

호치민 곳곳을 다니다 보면 프랑스 식민지 때 지어졌던 수많은 건물들을 볼 수 있다. 그들은 프랑스 식민통치에 대해 반감이나 적대감이 그렇게 크지 않다. 왜 그들은 프랑스 식민통치에 대해 크게 반항하지 않았을까. 한국이 일본에 대해 갖는 반일감정과는 비교가 되지 않는다. 프랑스의 베트남 식민통치 정책이 일본의 한국 시민통치와 비교할 때 좀 더 유화적이었고 포용적이어서 그런지 아니면 베트남인들이 프랑스 식민통치를 바라보는 시각에서 한국인이 일본을 바라보는 시각과의 차이 때문인지는 확실하지 않다.

프랑스는 베트남을 통치할 때 일본이 한국을 통치할 때보다

문화적 차이성을 더 많이 인정한 측면이 있는 것으로 보이며, 그런 과정에서 베트남인의 프랑스에 대한 반감도 그렇게 크지 않았을 것이다. 베트남인들은 프랑스 식민통치에서 많은 것을 배울 수 있었고, 자신들 삶의 질을 향상시키는 데 나름대로 기여한 것으로 바라보는 것 같다. 한국의 경우 역사적으로 오랜 시간동안 일본보다 우위에 있었던 자부심이 일본통치로 송두리째 빼앗긴 데 대한 상실감이 클 것이다. 후진국이었던 일본으로부터의 지배에 대해 인정할 수 없을 정도로 민족적 자부심에 상처를 받았을 것이다. 베트남의 경우도 후에를 중심으로 한 응우엔 왕조는 강력한 국가였으며 문화국으로서의 자부심이 큰 것으로 볼 수 있다. 그렇지만 한국이 일본에 대해 갖는 우월감 만큼이나 프랑스에 대한 문화적 우월감을 그렇게 크게 갖지 않았을 것이다.

호치민 소재 프랑스 문화관에 대한 호치민 젊은이들의 관심이 아주 크다고 한다. 베트남인들은 불어 배우기를 좋아하며 프랑스와의 문화교류에도 활발하다. 많은 학생들이 자발적으로 프랑스에 관심을 갖고 유학을 준비하고 있다.

종교의 측면에서도 프랑스로부터 영향을 받아 베트남에 많은 성당이 있다. 현재 전 국민의 약 20% 정도가 가톨릭 신자로 특히 호치민 주변에서 많은 성당을 볼 수 있다. 가톨릭이 호치민을 중심으로 크게 활동할 수 있었던 것은 당시 월남 대통령이 지원을 했었다는 설도 있고, 또 북부지역에서 공산당을 피해 신자들이 대거 남쪽으로 내려왔다고도 한다. 무엇보다도 프랑스 식민통치가 호치민을 거점하여 이루어졌다는 사실과도 관련이 클 것이다. 현재 베트남인들이 사용하는 문자의 경우도 프랑스 신부에 의해 만들어졌다고 한다. 일반 베트남인들이 말을 하는데 문자가 없어 불편해하는 모습을 보고 현재의 문자를 만들어 보급했다는 것이다. 그래서 베트남 문자는 유럽식의 알파벳 형태와 아주 비슷하다.

호치민시에 있는 역사성을 띤 상당수의 건물들은 프랑스 식민통치 때 지어진 것이라 한다. 그 때 지어진 집들을 지금까지 잘 유지하며 오늘에 이르고 있다. 통일궁, 호치민 시청 등의 국가기관 건물은 지금도 잘 보관 · 유지되며 사용 중에 있다. 그 밖에도 그때 지어진 많은 건물들을 곳곳에서 볼 수 있다. 프랑스를 바라보는 느낌이 일본을 바라보는 우리의 자세와 상당히 다른 것 같다. 그들의 민족성이 우리처럼 강력하지 않아서 그런지 아니면 프랑스 통치가 비교적 포용적이었는지에 대해 자신있게 말할 수 없지만 여하튼 수용력, 포용력에서는 돋보인다.

이런 역사사회적 특성이 현재 베트남식 사회통합에도 일정한 영향을 미치는 것 같다. 나 아닌 타자입장을 받아들이면서 자신의 특색을 드러내는 것이 베트남식이다. 남쪽의 경우도 북쪽과 다른 정치체계를 경험하며 많은 박해와 어려움을 겪었을 테지만 북쪽 정치체계에 동화되어 큰 갈등을 보여주지 않는다.

북쪽 하노이 정부는 하나의 통합사회를 만들기 위한 다양한 노력을 했을 것이다. 공산당 이념을 중심으로 한 이데올로기 차원에서 통합을 시도했을 것이다. 특히 국가당국은 호치민 사상에 토대하여 공산당 중심의 집단지도체계를 구축하였으며, 이에 근거하여 정치권력의 정당성을 세워갔을 것이다. 인민중심의 통치체계를 구축한 뒤 경제차원에서 자본주의를 도입하였고, 현재는 공산당 중심의 공산주의 정치체제와 시장원리를 도입한 자본주의 체계라는 이원체제에 근거해 나라를 운영해가고 있다.

"문제를 삼지 않아서 그렇지, 문제를 삼으면 다 잡아낼 수 있다"라는 말이 있을 정도로 베트남 사회도 이념문제가 도사리고 있다고 한다. 1975년 통일 이후 북쪽 중심으로 정치경제의 틀을 운영하면서 남쪽 사람들에 대한 경계를 게을리 하지 않았고, 지금도 그런 경향은 여전할 것이다. 먹고사는 문제가 해결되고 나면 경제적 현안보다 사회문화적 현안이 더 크게 부각될 수 있다. 경제에 관해 관대하지만 정치에서는 엄격한 잣대를 대면서 체제안정을 도모할 것이다.

2. 빈부격차, 어떻게 볼 것인가

Hoang Loi, Ngoc Truc의 두 명의 학생이 찾아왔다. 러이는 아명으로 Elan(plant)을 사용한다고 했다. 자신의 장점은 늘 활발하게 웃으며 긍정적이라는데 있다고 한다. 놈축은 pond의 애명을 쓰는데 웃는 모습이 예쁘다. 사회복지과 학생으로 어제 이곳 선생님으로부터 한국교수가 왔다는 소식을 듣고, 베트남의 빈곤과 그 극복이라는 과제를 어떻게 준비하면 될 것이냐에 대해 조언을 구하려 찾아왔다고 했다. 사회복지과 학생으로서 빈자에 대한 관심을 가져야 하며, 그것이 사회복지학을 공부하는 학생으로서 마땅히 가져야 할 관심사여야 한다고 했다. 빈자문제의 해결은 가능할 것이냐의 물음을 두고 이야기를 나누었다.

어려운 질문이다. 이 문제는 간단하고 명쾌하게 해결하기 어려울 것이다. 이곳 학생들로부터 받은 첫 질문으로 어느 사회나 당면한 가장 본질적 문제일 것이다. 다만 이 문제에 대한 답을 찾으려면 더 많은 공부를 해야 하며, 특히 선진사회는 이 문제에 대해 어떻게 접근하여 그 해결책을 찾고 있는지를 조사할 필요가 있다고 했다. 그래서 이 문제에 대한 답을 찾으려면 미국, 호주, 일본, 한국 등에 유학을 하여 그 나라들에서는 어떻게 이 문제를 바라보고 어떤 식으로 해결책을 모색했는지에 대해 공부해보라고 했다.

빈자들을 둘러싼 문제해결이란 어느 나라든 쉽지 않은 국가적 과제일 것이다. 자립심을 키워 스스로 살아갈 수 있도록 의식전환을 시도할 수도 있고, 또 국가개입에 의한 일자리정책, 교육혜택 제공 등 복지제도의 확대를 시도할 수 있다. 빈민구제는 어느 나라 어느 정부를 막론하고 이의 해결을 어떻게 할 것이냐를 놓고 온갖 국가적 정책을 실시해온 대과제였을 것이다.

호치민은 극적인 도시이다. 부자와 빈자가 함께 어울려 잘 살아가는 듯 보인다. 프랑스 때 지워진 고풍스러운 유럽식 스타일의 집들이 곳곳에 있고, 이곳 부자들이 사는 모습은 어느나라 부자 못지 않아 보인다. 좋은 차에 멋진 식당을 드나들며 아주 풍요롭게 잘 살아간다. 빈탄지역은 고층아파트와 녹지대가 잘 갖추어져 겉으로 보기에 이곳이 부자지역임을 알 수 있다. 그렇지만 다른 한편에서 빈자들은 작은 가게를 열고 장사를 하며 심지어 길거리에 잠자리를 편 채 목숨을 겨우 연명하는 듯한 삶을 살기도 한다. 상점의 규모에서도 천차만별이다. 어느 사회이든 빈부격차가 있겠지만 호치민에서 바라본 빈부격차는 자본주의 한국에 비해서도 더 크게 보였다. 사회주의 국가인 베트남에서도 이런 큰 빈부차가 인정되고 큰 갈등 없이 살아간다는 것이 다소 역설적으로 느껴질 정도였다.

빈부격차가 커다란 사회갈등으로 번지지 않는 것은 왜 그럴까? 우리 같으면 이런 환경에 대해 잘 수용가능하지 않을 것 같은데, 이곳은 이 문제를 크게 문제시하지 않으며 강하게 사회문제로 제기하지 않으며, 무엇보다 그렇게 할 수 있는 뒷받침이 잘 되지 않는 것으로 보인다. 그것이 국가통치 이념에 의한 강력한 통치체제에 길들려져 그럴 수도 있고, 아니면 아직은 사회문제로서 의사소통을 열 정도까지의 국민의식이 성숙되지 않아 그럴 수도 있을 것이다. 문제의식을 갖지 않은 다수의 사람들로 사회가 구성되어 있을 때 지배층은 더 많은 혜택을 누리며, 현행의 지배구조를 유지해가기가 한결 쉬울 것이다.

강력한 지배구조 위에서 일사분란하게 사회를 이끌어갈 때 사회는 안정된 모습을 보일 것이며, 경제적으로도 더욱 효율적으로 성장, 발전해갈 것이다. 이런 강력한 지배구조가 없다면 중남미 나라들처럼 붕괴직전으로 내몰 수도 있을 것이다. 그것은 이미 월남시절에 경험한 바가 있기 때문이다. 현재의 지배층들이 이런 현상을 모를 리가 없을 것이다.

학생들은 왜 필리핀, 태국, 그밖의 많은 나라가 있는데 베트남에 왔느냐고 물었다. 한국인에게 베트남은 특별히 관심이 많다고 했다. 한국은 베트남에 대한 경제차원의 투자를 많이 하고 있으며, 두 나라 간의 관계성도 다른 나라에 비해 상당히 좋다고 하였다. 무엇보다도 베트남에 머물면서 베트남 사회와 문화에 대한 이해의 폭을 넓혀보고 베트남 현지의 다양한 현상을 경험해보고 싶다고 하였다.

엘런 학생은 영어를 유창하게 하였는데 그 비결이 외국에서 공부하지 않고도 영화, 드라마, 인터넷 등에 자주 접해 자연스럽게 영어를 익힐 수 있었다고 했다. 그런 과정에서 한국의 영화와 드라마, 그리고 노래 등에 대해서도 잘 알 수 있었다고 했다. 영화와 드라마를 보고 거기에 익숙해지면서 영어를 능숙하게 할 수 있었다는 것이다. 성격이 밝고 긍정적이어서 어떤 일을 하든 잘할 것 같다. 앞으로 잘될 수 있을 것이라 했더니 아주 만족해하며 돌아갔다.

3. 서로 다른 세상, 함께 공존하다

빈탄 랜드마크 81을 다시 찾았고 이곳저곳을 둘러보았다. 들어가는 입구에 람보로기니의 고급승용차를 전시해놓아 이곳을 찾는 사람들에게 이 지역이 갖는 의미를 느낌으로 알도록 보여주는 것 같았다. 최고급차인 람보로기니와 벤트리를 각각 2대씩 입구에 전시하고 있었다. 아마 이런 고급차 전시를 통해 이곳이 어떤 곳인지를 상징적으로 보여주려는 듯하였다. 이곳은 아무나 드나들 수 있는 그런 지역이 아니라 일정수준까지의 경제적 부를 갖추지 않으면 들어올 수 없다는 것을 보여주는 듯 보였다.

〈랜드마크 81 람보르기니 자동차 전시〉

호치민에는 두 세상이 공존한다. 한쪽 영역은 빈탄의 랜드마크 81과 같은 고급주택가와 고급호텔을 배경으로 살아가는 부자들의 세상이며, 다른 한쪽은 아침부터 카페에 진을 치고 길거리 음식을 사 먹어야 하는 가난한 사람들의 세상이다. 두 세상이 큰 마찰 없이 그럭저럭 공존하는 것으로 보인다. 이곳을 드나드는 사람들은 얼굴표정과 옷차림 등에서부터 차이가 난다.

이른바 삶의 방식과 양식에서 상당히 다른 형태를 보인다. 여유 있으면서 부족함 없이 살아가는 사람들로 보인다.

한쪽이 일방적인 독점세력을 유지하기 위해서는 다른 한쪽의 상당한 희생이 있을 때 가능할 것이다. 호치민에서 경험한 바로는 이곳이 사회주의 사회인지, 자본주의 사회인지 잘 구분할 수 없다. 어느 한쪽이 일방적으로 독주를 하며 레이스를 이끄는 형태의 사회로 볼 수 있다. 정치적 차원에서 공산당 일당지배인 공산주의 통치를 하면서도 경제적 차원에서 시장논리를 극대화시키는 측면을 볼 수 있다. 소수의 승자가 다수의 보통 사람들을 돈으로 통치해가고 있다. 이런 시장논리에 의한 자본의 통치가 인정되는 곳이 베트남 사회로 보인다.

부자들은 인터네이션이 붙은 학교에서 아이들을 교육시키며, 인터네이션 병원에서 비싼 돈을 지불하며 진료를 받는다. 이를 통해 자녀들이 부모의 부를 자연스럽게 세습하도록 하며, 좋은 의료시설에서 좋은 치료를 받으며 건강을 보장받는다. 그리고 그들은 고급주택가에서 일반사람들과 상당히 다른 소비패턴을 하면서 그들만의 세상을 열어간다. 여기에 비해 보통의 일반사람들은 그런 부자들을 위해 경비를 서야 하며, 음식점 종업원으로 일당을 받고 일하며 살아간다. 불평등하게 살아갈 수밖에 없는 구조적 장벽에 갖혀 살아간다. 싼 인건비와 식료품비 등을 배경으로 부자들이 누리는 삶은 한층 여유를 갖는다.

베트남 사회가 한 단계 더 도약하기 위해서는 교양시민을 어떻게 키울 것이냐에 관건이 달린 것으로 보인다. 살기 좋은 사회는 교양시민성을 갖춘 많은 중산층이 성장할 수 있을 때 가능할 것이기 때문이다. 교통질서에서도 공동체 유지에 필요한 공적 질서의식을 중요시하면서 신뢰구조를 형성할 수 있어야 할 것이며, 음식점에서도 청결과 위생의식을 갖고 타인과 공존하는 식사문화를 만들 수 있어야 할 것이다. 그밖에도 신뢰, 협력, 네트워크 등과 같은 사회적 자본을 형성하여 안정적으로 공존할 수 있는 사회적 여건을 만들 필요가 있을 것이다.

4. 베트남식 사회질서구조를 다시 생각하다

호치민은 몇몇 곳을 제외하고 사람이 걸을 수 있는 도시여건이 아니다. 상점이 도로를 점령해 있고 오토바이로 인도를 막아놓아 사람이 다니기에 불편한 점이 많다. 사람이 걸어야 할 인도에 거물 같은 것을 치고 누워 있는 사람도 곳곳에 있다.

공적질서가 잘 작동되지 않는 듯 보인다. 우선 먹고살기가 급해서 그런지 개인도 그렇고 국가영역에서도 용인해서인지 공동체에 필요한 질서가 잘 지켜지지 않는다. 사람이 사회 속에 산다는 것은 나와 나 밖의 타인과의 적절한 조화가 필요할 것이다. 그런 점에서 어느 사회든 공적질서를 만들고 그런 틀 안에서 살아갈 것을 장려한다.

호치민에서 경험한 바에 의하면 공적질서란 어떠해야 하는지에 대해 잘 볼 수 없다. 무엇이 사회여야 하며, 그런 사회를 이루는 근본정신은 어떠해야 하느냐에 대한 성찰이 부족한 것 같다. 인간이 사회 속에 산다는 것은 개인적 이해관계를 일정수준에서 멈추고 자신이 속한 집단의 안녕과 유지에 관심을 가질 수 있어야 한다. 사회 속에서는 함께 사는 공동체적 가치를 인정할 수 있어야 하며, 그런 공동체 가치를 인정하고 유지할 때 개인적 가치도 안정되게 실현될 수 있기 때문이다.

베트남 지식인들에 의하면, 베트남에서 공적질서란 어떤 모습이어야 하며, 어떻게 그런 질서를 창출하여 국민차원으로 추진해갈 것이냐에 대한 논의를 잘 찾을 수 없다고 한다. 이방인의 눈에 비친 호친민시 곳곳의 풍경에서 시민적 질서구조 수립이 무엇보다 시급함을 느낀다. 쉽게 이루어질 수 없는 대전제일 수 있겠지만 이런 모습에서의 반성이 일어나지 않는다면 경제차원의 성장도 큰 의미를 갖지 못할 것이다.

호치민에서 시민으로 시민답게 사는 것이란 어떤 모습일 것인가에 대해 생각해본다. 시민이란 자신이 살아가는 삶의 조건과 생활의 환경에 대해 생각해보고 어떤 삶을 열어갈 것이냐에 대해 따져볼 수 있어야 할 것이다. 어떤 삶의 조건이나 환경에 대해서 당연시하고 일상적으로 받아들인다면 시민적 자세에서 거리가 멀 것이다. 보통 사람들이 살아가는 데 불편이 없는 삶의 여건과 환경을 만드느냐 그렇지 않느냐는 시민적 참여와 관련이 있을 것이기 때문이다. 왜 우리는 삶의 조건이 좋지 않으냐에 대해 물음을 제기할 수 있을 때 사회적 차원의 의사소통이 열릴 수 있을 것이다.

시민으로서 어떤 삶을 살 것이냐에 대해 아직은 관심이 덜한 것 같다. 인간 삶의 조건을 여는 데 중요한 생활환경은 정부영역으로만 열리지 않을 것이다. 민간차원에서의 관심이 뒤따를 때 시민적 삶의 여건이 마련될 수 있을 것이다.

대학교육에서도 이런 조건형성에 관심이 별로 없는 것 같다. 경제적 차원에서의 효율성 향상에 주로 관심이 많은 듯하다. 시민적 차원에서의 관심은 경제적 차원과 비례하지 않을 것이다. 호치민시 고급아파트 모습에서 경제적 관심에 대한 과잉관심을 잘 볼 수 있었다. 한국화폐 가격으로 12억 하는 아파트가 나오고 있다고 한다. 사회주의 호치민에서 빈부차이가 극명하다. 이미 가진 자들은 부동산을 비롯해 돈이 될만한 곳에 집중적 투자를 하며, 그런 부를 후대에 물려주기 위해 갖가지 편법까지 성행할 수 있을 것이다. 돈 앞에서 사회주의냐, 자본주의냐는 큰 의미를 띠지 않는다. 경제적, 물질적 혜택을 맛본 사람들은 부를 찾아 더 분주히 움직일 것이다. 1986년 도이머이 정책이 도입된 후 자본주의는 불가피하였고, 호치민의 경제는 더욱 자본주의를 향해 질주해갈 것이다.

외국자본도 물밀 듯 밀려온다. 성장가능하며 이후 경제적 성공이 보장된다는 믿음이 있는 한 외국자본은 더욱 밀려들 것이다. 현재도 거대도시 호치민은 그 범위를 확대해가며 공룡 도시로 발전해가고 있다.

호치민에서 거리의 공안이 아주 짧은 시간에 여러명의 교통질서 위반자를 단속하는 것을 목격했다. 4-5명의 교통경찰이 사거리에서 좀 떨어진 곳에 서서 신호위반자를 적발하고 있는

데 위반자들이 연신 걸려들었다. 차와 오토바이 운전자들은 순식간에 여러 명이 단속에 걸려 벌금딱지를 받았다. 신호가 바뀔 때마다 몇 명이 걸려든다. 경찰에게는 황금어장인 셈이다. 질서를 지킬 수 없는 상황을 만들어놓고 질서위반자를 잡아내는 듯한 느낌을 받았다. 그렇게 복잡하게 뒤엉켜 요리조리 곡예를 하듯이 운전해야 하는 상황에서 질서지키기란 쉽지 않아 보였다. 단속에 걸린 사람의 표정에서 '하필 내가 왜 걸렸나', '오늘 재수가 없다'의 어아해하고 당혹스러워하며 억울해함을 볼 수 있었다. 그러면서도 경찰단속에 순응하며 특별한 이의를 제기하지 않았다. 짧은 시간인데도 여러 명이 걸려들었다. 경찰은 이곳저곳을 순회하며 단속을 한다. 몇 차례 그들의 단속현장을 보았다. 단속하는 쪽의 입장과 단속을 당하는 쪽의 입장이 다를 것이다.

이런 현상을 당연시하는 것이 이곳의 사회질서구조인 것 같다. 그런데 시민이 주역을 담당해야 할 시민사회는 시민의 권리 주장에서부터 시작되어야 할 것이다. 부당한 공권력에 맞서 시민사회를 이룩했던 서구에서 시민은 자신의 권리침해에 대해 권력과 맞섰기 때문이다. 시민은 자신의 권리를 찾고 자신의 주장을 제기할 수 있는 시민적 역량을 키워야 할 것이다. 무엇이 부당하며 그래서 자신의 권리를 어떻게 찾아야 할 것인가에서 시민정신을 찾을 수 있기 때문이다. 이런 점에서 동양사회는 서양사회에 비해 시민적 권리와 주장에서 성찰이 부족했다고 볼 수 있는데 이런 사실은 호치민에서도 비슷한 양태로 드러났다.

다른 한편에서 어느 베트남인에 의하면 베트남 문화의 장점은 융통성에서 찾을 수 있다고 했다. 베트남은 어느 나라의 문화가 들어와도 베트남화하는 능력이 탁월하다. 일방적으로 어느 문화를 따르지 않으며 베트남 현지여건을 반영하여 베트남화하여 받아들인다는 것이다.

흔히 외부인의 시각에서 교통질서를 지키지 않으며 혼돈스럽다고 한다. 그렇지만 베트남인의 입장에서 보면 그럴 수밖에 없는 환경이 있다는 것이다. 예컨대, 오토바이와 차가 뒤섞여 운행하는데 일정한 질서체계가 필요하다고 한다. 그런데 호치민과 같은 현지여건에서 신호를 체계화하고 질서에 맞추도록 하면 도시 전체에 더 큰 교통혼란이 일어날 수 있다고 한다. 대신 운전하는 각자가 그때그때 상황을 파악하여 융통성 있게 운전하면 그것이 더 효율적이라는 것이다.

외국인의 시각에서 보면 차와 오토바이가 뒤섞여 거리를 가득 메우며 곡예운전을 하는 것이 무질서한 것처럼 보일 수 있다. 그렇지만 이곳에서 이런 모습에 익숙해져 일상으로 사는 사람들에게 그것은 무질서가 아닌 융통성 있는 운전으로 보인다. 일종의 무질서 속에서도 나름의 질서가 작동한다는 사실이다. 도로가 막히면 일부 오토바이는 도보를 타고 가기도 하며 심지어 일방통행으로 된 도로에서 역주행을 한참 동안 하다가 중앙선을 가로질러 반대편으로 가기도 한다. 각자가 상황을 잘 읽어 서로에게 피해주지 않는 범위 안에서 적절하게 잘 판단해서 운전하면 된다는 식이다. 이런 융통성 있는 운전에 대해 교통경찰도 크게 관여하지 않으며, 그리고 운전자들끼리도 서로 간에 양해를 한다는 것이다. 베트남인들은 이런 운전관행에 익숙해 있는데 외국인들은 자신들의 시각에서 베트남 운전질서가 엉망이라며 이상한 시각으로 본다고 했다.

사회질서를 바라보는 시각에서 대체로 이와 비슷한 현상으로 바라본다. 법으로 규정하여 일률적으로 경직되게 지키도록 하는 것보다 현장 상황과 여건을 반영하여 적절하게 잘 대처하는 것이 더 낫다고 본다는 것이다. 이렇게 해도 크게 문제되지 않는데 왜 굳이 법과 규칙을 만들어 일률적으로 대응할 필요가 있느냐고 반문할 정도였다. 우리는 어느 사회를 이해할 때 그 사회의 입장에서 그 사회문화 현상을 바라볼 필요가 있을 것이다. 늘 우리의 잣대로 다른 문화를 바라보면서 우리 식으로 바라보는 자문화중심주의 시각에 익숙할 뿐이다.

이런 문화의 특수성을 인정하면서도 미래지향적 베트남의 시민사회란 어떤 모습을 하여야 할 것인지에 대한 사회차원의 성찰이 필요할 것이라는 생각은 지울 수 없었다.

5. 중간층, 어떻게 살릴 것인가

박○○ 씨는 ○○대학 화공과를 졸업하고 호치민 주변의 한국계 회사에서 1년여를 근무하였는데, 미래비전이 잘 보이지 않아 회사를 그만두었고, 지금은 베트남어를 공부하면서 베트남에서 여러 가지 형태로 사업을 모색 중에 있다고 했다.

대학재학 중 공대를 다니면서도 외국유학생들과 친해질 수 있었다고 했다. 외국인 학생들이 공부하는 숙소에서 조교를 하면서 여러나라 외국인 학생들을 많이 알게 되었고, 자연스럽게 그들과 친분을 쌓을 수 있었다. 공대에서 공부하면서도 화공학에 관련된 내용보다 행정과 관리, 외국학생들과의 관계 등에 더 관심을 두었다. 부모님의 반대를 무릅쓰고 베트남 주재 회사에 들어가서 중간관리자로써 호치민 부근 롱안(Long An)지역에 파견되어 1년 정도를 근무했다고 했다.

롱안 현지공장에 기숙하면서 1여년을 보냈는데 생각했던 것보다 훨씬 많은 어려움이 따랐다고 했다. 현지에서 일어나는 일의 상당부분을 본인이 처리해야 할 수밖에 없다는 것이었다. 윗선과의 격차가 컸고 그들이 퇴근하고 나면 한국인 관리자가 자신밖에 남지 않는데 어떤 일이든 발생하면 자신이 달려가야 했다고 하였다. 월급은 베트남어가 어느 정도 가능했고, 영어를 할 수 있었기에 제법 많이 받을 수 있었다. 그렇지만 한국돈 300여만 원 이상이 넘으면 베트남의 고소득자에 해당되기 때문에 그만큼의 세금을 많이 내야 했다. 월급에서 약 20% 정도의 세금을 내고 나면 그렇게 넉넉하게 느껴지지 않았다.

베트남 현지인들의 관리도 만만찮았다고 하였다. 현지근로자들의 근무태도에서 어려움을 많이 느꼈으며, 특히 한국에서 기대했던 근로자세와 많이 달랐다고 했다. 일에 대한 성실성이 기대에 미치지 못했고, 흔히 우리가 생각하는 일을 바라보는 개념과 많이 달라서 이들을 어떻게 다룰 것인가에서 많은 고민을 했다는 것이다. 봉제, 섬유업과 같은 단순 노무직들이 근무하는 곳이어서 이직률도 아주 높았다고 하였다. 명절 한 번 지나면 20에서 30% 정도의 노동자들이 회사를 그만둘 때도 있으며, 그 밖에도 수시로 입사하고 퇴사를 거듭한다고 했다.

이런 상황에서 사람관리하기가 쉽지 않았으며, 무엇보다 베트남인 중간관리자를 육성할 수 없는 한계를 가졌다고 했다. 대부분의 한국기업들이 겪는 어려움은 바로 현지의 중간관리자층을 어떻게 키울 수 있느냐로 모아진다고도 했다. 중견회사원으로 키워놓았다 싶은데 조금의 빈틈이 생기면 다른 회사로 옮긴다. 미래를 위해 현재의 어려움을 겪으려는 현지인을 찾기가 어려웠다. 지금보다 조금만 좋은 조건을 제시하면 지금까지 해왔던 일의 숙련도에 대해 생각하지 않은 채 이직을 시도한다는 것이었다.

일반 베트남인들에게 이런 현실사회 추구형 삶의 태도가 일반적이라 하였다. 힘들게 돈을 벌고 모아서 브랜드가 좋은 상품을 사는데 모은 돈을 사용하는 경향이 있다고 한다. 베트남에서 명품브랜드 가격이 상당히 비싼 편인데, 이런 명품의 브랜드 상품소비를 통해 자신을 드러내려 한다. 그래서 그들은 힘들고 어렵게 일해서 번 돈을 하루아침에 써버리는 경향이 의외로 많다는 것이었다. 이런 사실에서 보듯이 베트남에서 중간계층 형성이 쉽지 않다고 했다. 미래를 위해 저축하고 욕구를 보류하는 중산층의 특성을 잘 찾을 수 없다는 것이었다.

호치민 등 대도시를 중심으로 땅 값이 갑자기 오르면서 벼락 부자가 된 경우가 많다고 하였다. 이처럼 갑자기 부자가 되는 것은 사회적으로 커다란 위화감을 갖게 할 수 있다. 열심히 성실하게 일하고 노력해서 부자가 되기보다 어느 날 갑자기 부자가 되는 것에 관심을 갖는다고 한다. 그것이 바로 복권문화와도 관계있다고도 했다. 호치민 곳곳을 다니면 수시로 복권 판매하는 것을 볼 수 있다. 차집에 조금만 앉아 있으면 3-4차례 복권판매상이 지나가며, 길거리에서도 복권 판매하는 경우를 많이 볼 수 있다. 또 많은 사람들이 복권을 사준다고 한다. 그것이 복지혜택을 위해서든 말 그대로 복권을 위해서든 복권을 사는 사람들이 의외로 많다.

복권당첨금이 한국돈 1000만 원 정도밖에 되지 않는데 사회적으로는 쉽게 큰돈을 벌 수 있는 기회로 보기에 복권을 통해 큰 행운잡기를 기대한다는 것이었다. 사회주의 베트남에서 큰 부자들이 누리는 삶의 방식은 가히 상상을 넘어선다고 한다. 람브로소와 같은 화려한 차를 몇 대씩 몰고 대저택에서 여러 명의 경비와 가정부를 두고 호화스럽게 생활한다는 것이다. 이런 몇몇 부자들의 삶이 대부분의 일반 베트남 사람들에게 큰 영향을 미치면서 일거에 일확천금을 노리려는 현상이 확산되고 있다고 했다.

호치민 경제발전에 따라 수많은 부자들이 탄생하고 있다. 이런 상류층 부자들은 멋진 집과 좋은 차를 타고 국제(인터네이션)라는 이름이 달린 병원을 이용하며, 또 그런 학교에 자녀를 보낸다. 호치민 곳곳에 고풍스럽고 멋진 문화재급 건물들이 아주 많다. 서구풍에 역사성을 간직한 관공서와 상점들, 그리고 개인 저택들을 여러 곳에서 많이 볼 수 있다. 호치민은 수많은 고층 아파트단지들과 고층빌딩들도 즐비하다. 병원도 대체로 두 종류로 운영된다고 한다. 인터네이션이란 이름의 각국 병원들이 많이 들어와 있다. 이런 국제병원은 입원, 치료비가 상당히 비싸며, 보통의 사람들이 이용하기란 그림의 떡이다. 이곳의 돈 많은 부자들이 이용하는데 항상 손님들로 차고 넘친다고 한다.

학교의 경우도 마찬가지이다. 호치민에는 15개의 국제학교들이 있다. 영국, 호주, 미국, 태국, 한국 등의 이름을 단 15개의 국제학교가 그것이라고 한다. 영국, 미국, 호주 계 구미여러나라의 국제학교는 학비가 연 3만 불에 달하며, 한국 국제학교의 경우 7,000불쯤 된다고 한다. 이런 국제학교에 대기자가 줄을 서서 기다린다. 숙소 인근에 호주계 국제학교가 있는데 등하교 때 모습이 놀랍다. 국제학교 전용차들이 학생들을 학교로 데려오고 있지만 학부모들이 직접 아이들을 태워다주고 태워오는 경우도 많았다. 등하교 때 일대의 교통이 마비될 정도로 혼잡하다.

호치민에서 일반서민들은 외국이름이 붙은 음식점을 잘 이용할 수 없다. 가격이 한국의 고급식당과 큰 차이가 없을 정도라 한다. 외국인들과 현지부자들이 이용하는데 늘 손님들로 북적거린다는 것이다.

다른 한편에서는 일반서민들이 일상의 평범한 삶을 살아간다. 먹고 살 정도이지만 더 큰 꿈을 가질 수 없다. 그들은 빵, 국수, 커피와 음료를 거리음식점에서 마시며 스마트폰에 빠져

일과를 보낸다. 그들은 국제가 들어간 병원을 이용할 수 없으며, 국제가 붙은 학교에 자식을 공부시킬 수 없다. 한식과 일식 등 외국계 식당을 이용하는 것은 먼 나라 세상의 이야기일 뿐이다. 수많은 일반 서민들은 하루하루의 생계를 걱정하며 살아간다. 그들의 삶의 방식은 하루하루를 연명하며 살아가는 데 있을 뿐이다.

이런 수많은 서민들을 생각해서 베트남 정부는 작년 최저임금을 역대 가장 적은 폭인 5.6% 인상으로 동결했다고 하는데 이해가 가는 대목이다. 아직 산업이 크게 발전하지 않았고 또 나름의 산업기반을 다지지 않은 상태에서 계속 최저임금을 올리면 봉제와 섬유, 신발산업 위주의 외국계 기업들이 경영압박을 받게 되어 베트남을 떠날 것이라는 우려에서 그렇게 하였다는 것이다. 저임금에 바탕해 들어와 있는 외국기업들이 임금에 부담을 느껴서 미얀마 등지로 둥지를 옮길 때를 대비해 선제적으로 최저임금을 동결했다는 것이다. 임금인상이 자칫 수많은 서민들에게 폐해를 줄 수 있다는 우려를 했다는 것이다.

이곳에 오래 체류하고 있는 이○○ 교수는 한국에서 공산주의에 대해 잘못 배웠는지 공산주의 베트남을 어떤 시각에서 어떻게 봐야 할 것인지 헷갈린다고 한다. 386세대로서 학교에서 배운 공산주의는 토지를 국가가 소유하며 개인이 영리활동을 할 수 없고, 또 사유재산을 가질 수 없다고 배웠다는 것이었다. 그런 제도여서 당의 간부와 국가의 핵심간부들만 부를 독점하며 대부분의 일반인은 비슷한 형태로 살아간다고 생각했다는 것이었다.

그런데 베트남 사회의 속모습을 경험하면서 호치민에 부자들이 왜 그렇게 많은지에 놀랐고, 아파트 값이 한국의 여느 지역에 못지않게 비싸다는 점에서 충격을 받았다고 하였다. 우리의 공산주의에 대한 교육이 잘못되었는지, 베트남 공산주의 체계가 유연성에 바탕한 통치체계를 마련했는지 알 수 없다고 했다. 분명한 사실은 적어도 호치민의 경우를 보면 이곳의 경제사회 구조는 부자들과 일반서민들이 살아가는 삶의 형태가 극명하게 다른 이중구조를 드러낸다는 점이다. 다른 말로 하면, 중간계층 곧 중산층의 토대가 미미하며 그 위세가 아주 약하다는 사실이다. 최근 외국유학생이 급증하고 외국계 기업들이 많이 들어오면서 중산층이 다소 두텁게 형성되고 있는 추세를 보이긴 하지만 아직은 대세를 이루지 못한다고 했다.

6. 베트남, 문화적 지능은 어떤 의미인가

호치민시 경제전문대에서 주최했던 문화적 지능관련 특강에 학생 20여명과 함께 참석하였다. 싱가폴에서 교수생활을 하고 있는 강사는 "오늘날 베트남에서 문화적 지능이 왜 필요한가(Why Cultural Intelligence(CQ) Matters in Vietnam now)"의 주제로 특강을 하였다. 베트남 사회에서 경제차원을 넘어서 문화차원의 시민성이 요청된다는 내용으로 이해할 수 있었다. 이 사실은 베트남에서 필요한 것을 넘어 어떤 사회에서든 요청될 것이다.

그가 했던 강의내용의 일부를 잠깐 소개한다.

현재 베트남은 호치민을 중심으로 외국계 은행의 투자는 물론이고 외국계 기업들의 진출이 활발하게 이루어지고 있다고 하였고 그리고 수많은 관광객들이 들어오고 있다고 했다. 덧붙여서 베트남의 젊은이들도 해외로 진출하려는 의지가 점차 강해지며 개방사회로 나아가고 있다고 하였다.

푸미흥 거리는 호치민시 안의 코리안 타운으로 싱가폴의 차이나타운과 비슷하다고 하면서 국가 간 교류의 전형적 현상이라고 했고, 그에 따라 국경개념이 한층 옅어지고 있음을 지적했다. 이런 상황에서 국민의 틀에 견주어 선입견, 편견을 갖고 세상을 바라보는 것은 구시대적 유물이라고 했으며, 그래서 오픈마인드를 갖고 세상을 살아갈 필요가 있다고 했다. 영국인과 한국인 그리고 각국의 사람들은 생각이 다르고 느낌이 같을 수 없으며 삶의 방식에서 차이를 드러내는 데 이런 것들을 어떻게 잘 수용할 수 있느냐가 미래의 세상에서 중요할 것이라고 했다. 이런 의미에서 더 많은 것에서 개방적이어야 하며 서로의 문화차이를 인정, 수용할 수 있는 자세를 갖출 수 있어야 하며, 이런 자세에 설 때 상대방에 대한 오해에서 벗어날 수 있으며 이런 오해에서 벗어날 때 세상을 제대로 알 수 있다고 했다.

실제의 조사를 인용한 데이터를 들면서, 실패한 사람들의 70% 정도가 문화차이를 인정하지 않은 데서 온다고 하면서 다양성 인정이 그만큼이나 중요함을 역설했다. 다양성은 혁신에 영향을 주는데, 특히 다양성이 혁신을 방해하기도 하지만 더욱 증진 내지 고양시킬 수 있다고도 했다. 심지어 우리가 생각하는 아이디어의 상당부분은 다양성의 측면에서 생각해볼 수 있다고 했다. 또 성공한 행정가의 90%는 범문화적 사고능력을 갖춘 사람들로 볼 수 있다고 하면서 최고 관리자의 대부분이 높은 문화적 지능을 가졌다고 하였다. 구글, 맥도날드, BMW, 코가콜라 등의 글로벌회사에서 최고경영자들은 대부분이 다양성에 근거한 문화지능을 갖추고 있으며 그런 능력을 적절히 발휘했던 사람들이었다고 하였다.

퍼듀(Purdue), 스텐포드(Stanford), 하바드(Harvard) 등 몇몇 미국 대학들에서는 이미 문화지능을 어떻게 학교교육의 커리큘럼으로 담아내어 실제의 교육현장에서 구체화할 수 있는지에 대해 모색하고 있다고 하면서 실제 사례를 들어 소개했다. 미시간 대학교는 1학년, 2학년, 3학년의 단계별로 문화지능을 키울 수 있는 교육프로그램을 도입하고 있다고 했다. 1학년은 personal identity, 2학년은 통합응용 CQ, 3학년은 CQ Framework 등의 형태로 커리큘럼을 개발하여 학생교육용으로 담아내고 있다고 했다. 이런 교육을 실시한 결과 범문화적 다양성, 개인적 복지, 효용성(profitability), 직업수행성 등에서 성과를 내고 있다고도 하였다.

글로벌화의 진행에 따라 IQ, EQ에 덧붙여 CQ 능력이 점점 중요해지고 있다고 하면서 문화다양성 인식능력을 어떻게 키울 것이냐에 대한 구체적 방법을 제시하였다. 문화지능을 키우기 위해서는 나름의 교육적 준비가 필요함을 역설하였다.

그가 제안한 문화지능 신장방법은 다음과 같다. 먼저, 문화는 어떻게 유사하며 다양할 수 있는가를 비교적 관점에서 바라볼 수 있을 때 가능하다. 이는 문화지식으로도 일컬을 수 있다. 문화지식을 키우기 위해 경영/문화적 체계, 가치와 도덕, 사회적-언어적 측면, 리더십 등에서 접근하여 문화능력을 신장할 수 있어야 한다. 다음으로, 다문화적 상황을 구현하기 위한 인식과 능력에 관련되는 문화지능 전략을 구축할 수 있어야 한다. 이를 위해서는 인식, 기획, 검정 등의 과정을 거치면서 다문화 상황을 내면화할 수 있도록 하여야 한다. 마지막으로, 문화지능 관련 평가를 실시할 수 있어야 한다. 즉, 문화지능을 갖추면 현재 우리가 하는 일에서 무엇이 중요하며, 우리는 어디에 서 있으며 우리가 갖는 장단점은 무엇인가 등을 객관적으로 평가할 수 있어야 한다.

결론적으로, 오늘날 문화적 이해능력은 우리와 다른 타문화의 여러 측면들에 대한 습득과 관련되며, 이는 우리의 경쟁력을 개발하는 것과도 밀접히 연관된다고 하였다. 학생들도 이런 추세에 맞추어 문화지능을 높일 수 있도록 잘 준비할 수 있어야 한다고 조언했고, 이어 질문을 받았는데 한 학생이 문화지능 관련 평가는 교육현실에서 구체적으로 어떻게 진행되는지에 대해 물었다. 이미 문화지능 관련 많은 내용들을 다룬 인터넷 사이트가 있다고 하면서 문화지능을 키워드로 넣고 검색을 하면 그 구체적 방법을 찾을 수 있다고 답변하였다.

글로벌 상황에서 학생들이 자국을 넘어선 해외영역을 어떻게 바라보고 이해해야 하며, 그리고 어떤 자세로 대학공부를 해야 하는지에 대해 데이터를 통해 잘 보여주었고, 특히 글로벌화에 따른 문화지능을 높일 수 있도록 해야 한다고 강조하였다. 몇몇 학생들은 재미있게 반응하였고 몇 개의 질문을 던졌다. 대부분 학생들은 아직은 그의 논점을 따라가기에 좀 어려움이 있는 듯 보였다. 베트남 학생들도 우리와 마찬가지로 질문하기에 능하지 않았으며 수줍어하고 조심하는 것 같았다.

그의 강의내용은 문화지능에 대해 이야기하면서도 그 기본 관점은 상당히 경제적 효용성 차원에 초점을 두어 진행되었던 것 같았고, 특히 세계화 시대에 걸맞은 인재개발의 필요성에 할애했다. 세계화의 진행에서 문화적 다양성을 파악할 수 있는 능력을 키우고 해외영역으로 진출하여 경제적 차원의 부를 쌓는 것으로 이어갈 필요가 있다는 식이었다. 이는 인간으로서의 본성일 것이며, 인간은 이런 자신에게 이익이 되는 경제효율성을 높이는 차원에서 행동을 할 것이기 때문이다.

사회적 자본, 문화자본, 정신자본 등에 대한 논의들이 많았는데, 문화자본 관련 내용도 같은 맥락에서 이해될 수 있을 것이다. 학자들은 연구를 통해 이런저런 개념들을 만들어내지만 그 핵심내용에서는 비슷한 의미를 띠는 것으로 볼 수 있다. 글로벌 상황에서 타문화 이해에 토대한 문화적 공감능력을 키우는 것이 문화지능을 키우는 것과도 통할 것이다. 문화지능을 높이는 것은 문화간 만남과 접촉이 활발해지는 글로벌 상황에서 필수요인으로 부각될 것만은 분명하다.

7. 호치민에서 중산층을 만나다

호치민 경제대학의 어느 교수의 초청으로 그의 가정을 방문하였다. 주말 저녁 6시경 그랍으로 이동했는데 어떤 길을 지나는지에 대해 잘 알 수 없었지만 왜 그렇게도 길이 복잡한지에 깜짝 놀랐다. 차, 오토바이, 사람이 뒤섞여 차가 움직일 수 없을 정도였다. 사람과 오토바이는 이리저리 빠져나가는데 차는 잘 움직일 수 없었고 대신 길거리 주변의 이곳저곳을 관찰할 수 있었다.

홍롱(Hoang Long)이란 건물을 지나게 되었는데 무슨 행사인지 외형적 모습이 화려하였다. 붉은색 옷을 입은 여성 6-7명이 왼쪽에 차례로 서서 들어오는 사람들에게 순서대로 인사를 건네고 있었고, 오른쪽은 노란색 계통의 옷을 입은 젊은 여성 6-7명이 들어오는 사람들에게 인사를 건네고 있었다. 그들의 안내를 받으며 몇몇 손님들이 계단을 따라 이층 건물로 오르고 있었다. 아주 힘 있는 그 누군가가 특별한 행사를 열고 있음을 짐작할 수 있었다.

수많은 평범한 사람들이 이리저리 얽히고설킨 채 생존을 위해 살아가는 데 비해, 소수의 부자 혹은 권력자는 이런 화려한 행사를 열어 자신의 사회적 지위를 과시할 수 있다. 문제는 이런 호화행사를 열어도 큰 사회적 반향을 불러일으키지 않는다는 사실이다. 부자 혹은 권력자가 사회적 시선에 별로 신경쓰지 않고 살아갈 수 있는 세상으로 볼 수 있었다. 차가 막혔던 관계로 흔히 잘 볼 수 없는 색다른 사회적 현상을 신기한 모습으로 볼 수 있었다.

D교수는 부인, 아들, 딸 등의 네 식구가 단독가구에서 살고 있었다. 아들은 13세인데 공부를 잘 해서 내년에 미국계 학교에 진학하게 되어 있고, 딸도 성취욕이 강해서 여러 가지를 많이 배우며 자신만의 영역을 열어가고 있다며 자랑하였다. 부인도 직장을 다니는 데 요리하기를 좋아한다고 하였다. 자신의 집에서 멀지 않은 직장동료인 항(Hang) 가족까지 합세하여 저녁을 먹었다.

집에서 직접 만든 음식과 맥주 몇 잔을 마셨다. 두 시간 이상을 여러 가지 이야기를 나누면서 즐거운 시간을 보냈다. 베트남 사람들은 관계를 잘 맺기 위해 손님을 자신의 집으로 초대하는 것이 일상이라고 했다. 그렇게 하는 것은 가족처럼 잘 지내자는 의미가 담겨있다는 것이다. 음식을 같이 먹고 설거지를 할 때 함께 했던 항이 주방으로 가서 일을 거들었다. 이런 모습들은 우리와 크게 다르지 않았다. 사용하는 언어가 달라서 그렇지 사람 사는 모습은 비슷한 것 같다.

집을 안내하겠다며 이곳저곳을 보여주었다. 일층 거실에서 밥을 먹고 맥주 한잔할 때까지만 해도 집이 별로 크다고 생각하지 않았다. 3층으로 된 단독주택이었는데, 일층 거실과 주방 그리고 화장실, 2층에 방 두 개와 화장실, 3층도 방 2개와 화장실로 되어 있어 4인 가족이 사용하기에 부족함이 없어 보였다. 조용한 주거지역에 이런 주택을 장만하여 사는 것으로 볼 때 호치민의 중산층으로 보인다. 거기에다 자녀 둘 다가 잘 자라며 미국유학을 꿈을 실현하기 위해 공부하고 있다. D교수는 호치민의 명문대학을 졸업한 후 대학교직원으로 일하며 일정한 소득을 갖고 있으며, 자녀의 미국유학까지 추진하고 있는 것을 볼 때 호치민의 전형적 중산층에 속하는 것으로 볼 수 있다. 약간의 취기가 오르자 D교수는 개방적 사고의 중요성을 이야기하면서 베트남 사회가 갖고 있는 몇 가지 문제점을 지적했다.

함께 했던 항 부부(남편은 외국계 회사간부)는 말없이 조용히 경청만 하였다. 소득으로는 외국계 회사를 다니는 항 부부가 높겠지만 D교수는 안정된 직장에 공부 잘 하는 아들과 딸이 있어 주관적으로 느끼는 자부심이 더 클 수 있을 것이다. 그리고 호치민 시내에 단독주택을 소유하고 있다. D교수는 호치민에 머물면서 어떤 문제가 생기면 항상 이야기하라고 한다. 자신이 나서서 해결해줄 수 있는 것이라면 어떤 것도 도와줄 수 있다고 하였고 앞으로도 지속적으로 교류를 하자고 하였다. 집을 얻거나 그밖의 여행을 하거나 하는 등에서 도움을 줄 것이라고 한다.

항은 다낭소재의 사범대학에서 교수생활을 하다가 남편인 청(Chung)과 결혼하여 호치민 경제전문대에 부임한 예비교원이다. 새 학교에 부임한 첫 학기로 적응기간을 갖고 있었다. 그녀의 남편은 Tay Truong Son(Trading & Engineering Co., LTD)이라는 외국계 회사의 부서 책임자이면서 건설관련 자신의 회사를 운영하고 있다. 대학에서 전기공학을 전공한 관계로 현재 엔지니어로 일하고 있으며, 베트남 기준으로 꽤나 높은 소득을 받고 있었다.

호치민에서 두 개 이상의 직장을 가진 경우를 많이 보았다. 회사원은 물론이고 대학교직원들도 부업을 갖는 경우가 많았다. 저임금의 베트남 사회에서 한 가지 직업으로 생활하기에 넉넉하지 않다고 했다. 여성들 대부분도 직장을 갖고 있었다. 이처럼 호치민에서 남녀 대부분이 직장생활을 하고 있었고, 또 한 가지 이상의 직업을 갖고 경우가 일반적이었다. 호치민에서 중산층으로서의 삶의 질을 보장받는 것이 쉽지 않다는 것을 볼 수 있었다.

항 부부는 호치민시 공항근처의 주택가에 위치한 아파트단지에서 생활하였다. 이 부부는 외제차를 소유하여 출퇴근하며 두 달에 한 차례 이상 호치민 외곽의 해변지역이나 달랏 등지에 휴가를 다녀올 정도로 안정된 삶을 살아간다. 차값이 비싼 베트남에서 미국산인 포드차를 소유하고 있다는 것 자체만으로 상류층에 속한다고는 할 수 없지만 일반서민들과는 확연하게 다른 삶을 살아간다. 대학교수, 회사의 중역, 그밖의 외국계 회사원, 정부 공무원, 자영업자 등등의 일부 직업군에서 소득이 상승하면서 새로운 신 중산층이 증가하는 것으로 볼 수 있고, 이들의 삶의 수준도 급격히 높아지는 것으로 볼 수 있었다.

호치민에서 중산층은 안정된 소득을 토대로 그들만의 삶의 여유를 누릴 수 있다. 커피숍과 맥주홀에서 그런 관경을 잘 볼 수 있다. Highland Coffee, The Coffee House, Coffee 78, 에너지 커피 등의 여러 브랜드를 볼 수 있다. 커피숍에 이어 많이 볼 수 있는 곳이 Heineken, Tiger 등의 대형 맥주홀이었다. 큰 맥주홀에 저녁이면 어김없이 사람들이 북적거린다. 길가의 커피숍이나 식당과 달리, 대형의 커피숍이나 맥주집의 가격은 그렇게 싸게 느껴지지 않았다. 비교적 비싼 가격인데도 많은 사람들이 찾는다는 것은 이곳 사람들의 소득수준이 점차 상승하는 것과 관련이 있을 것이다. 그만큼 중산층이 증가하고 있으며, 그에 따른 새로운 사회풍속도가 만들어지는 것으로 볼 수 있다.

자본의 가치에 따르는 생활양식이 더욱 뚜렷해질 것이다. 직장에서는 경쟁의식이 더 한층 커질 것이며, 돈에 가치를 두는 자본화의 경향도 더욱 확산될 것이다. 호치민의 집값, 땅값은 지금도 많이 상승했다고 하는데 앞으로 더욱 가파르게 올라갈 것이며, 그에 따른 이곳 사람들의 경제를 바라보는 인식에서도 변화가 불가피할 것이다.

8. 젠더의식에 변화가 일고 있다

젠더문제는 베트남에서도 중요한 사회적 이슈가 되고 있다. 호치민시 인문사회대 사회학과에서도 성 관련 세미나, 워크숍 등을 개최하여 성적 감수성 향상에 노력한다고 했다. 경제적 차원에서 잘 살게 되면 인권과 성 감수성 등에서의 인식향상이 불가피할 것이다. 호치민에서의 경제성장에 따른 삶의 수준이 높아지면서 사회적 차원의 인식에서도 변화가 올 것이다.

베트남은 유교영향으로 가부장적 질서체계를 형성하였다고

했다. 사회주의 체계가 들어서면서 성 평등 개념이 강하게 도입되었고, 그에 따른 여성들의 사회진출도 활발했다고 했다. 특히 사회주의 혁명과정에서 여성들의 활약이 많았고 그런 상황에서 여성들이 사회 각 영역에 진출할 수 있었다. 그렇지만 남성은 직장, 여성은 가정이라는 인식을 완전히 극복할 수 없었다.

호치민에서 여성부총장인 탐(Tam)과 행정학 전공자인 투이(Thuy) 교수와 이야기를 나눌 기회가 있었다. 그들로부터 베트남에서의 여성상황에 대해 짧게나마 들을 수 있었다. 베트남 여성들의 경우, 정년퇴직에서 남자보다 5년이 빠르다고 하였다. 베트남에서 정년퇴직 연령은 남성 60세, 여성 55세라는 것이었다. 우리의 입장에서는 수용할 수 없는 놀라운 사실이었다. 그런 남녀 간 정년연령 차이에 대해 베트남 여성으로서 받아들일 수 있느냐고 물었다. 대답하기에 난감한 표정을 지었다. 국립대학 교수이며 부총장의 입장에서 정부정책에 대해 반대되는 의사를 표하는 것은 쉽지 않을 것이다. 그저 표정으로만 그 의미를 읽을 수 있었다. 다만 사회전체의 일자리 상황을 고려하여 여성이 먼저 퇴직을 한다는 것이었다. 이렇게 먼저 퇴직을 하면 젊은 사람들이 그 자리를 차지할 수 있어 사회형평성 차원에서 균형이 가능하다고 하였다.

한국대학의 경우 정년퇴직 연령은 남녀 공히 65세라고 했다. 뭔가에서 좀 미안한 마음이 들었다. 젠더민감성이 아직까지는 그렇게 크게 부각되지 않는 것 같았다. 대학교수의 입장에서도 크게 문제제기를 하지 않는데, 다른 사회 영역에서야 큰 문제로 삼지 않을 것이다. 사회문제를 사회적 이슈로 제기하여 사회적 차원에서 공론을 형성할 수 있을 때 비로소 사회의 문제로서 부각되며 새로운 질서의 필요성을 모색하게 될 것이다. 그런 생각을 하면서도 다른 한편에서 베트남식 사회통합 정신에 놀라게 되었다. 여성의 양보를 통해 일자리 균형을 추구하여 함께사는 사회를 실현하려는 사회가치를 엿볼 수 있었다.

호치민 소재 대학에서 행정직원으로 근무하는 투이(Thuy)는 1992년생으로 호치민시 인문사회대학에서 공부한 엘리트 여성이다. 그녀는 영어를 유창하게 잘 하여 국제협력 관련 업무를 담당하고 있다. 자신은 저녁시간과 주말에 시간이 나지 않을 정도로 바쁘게 산다고 하였다. 낮 시간은 4시 30분까지 학교에서 행정 일을 담당하며 퇴근하면 집에서 온라인 쇼핑몰을 운영한다는 것이다. 주말에도 온라인 쇼핑몰 운영으로 바쁘다고 하였다. 그래서 늘 피곤함을 느끼며 잠이 부족하다고 했다. 대학의 행정직원으로 한 가지의 일에 만족하지 않고 두 가지의 일을 할 수밖에 없는 자신의 상황에 대해 설명하였다.

퇴직한 부모를 부양해야 할 책임에서 자유롭지 않다고 했다. 아버지가 61세로 이미 퇴직을 하여 가정경제 상황이 좋지 않다고 하면서 부모부양이 자신이 해야 할 책임이자 의무라며, 결혼까지 늦추고 있다고 했다. 최근 베트남의 젊은 여성들 사이에서도 결혼과 가정을 바라보는 인식전환이 일어나고 있다고 하면서 늦은 나이에 결혼하려 하거나 독신의 경향도 있다고 했다.

이전의 베트남 여성들은 부모의 뜻을 따라 22-3세가 되면 결혼을 하였고, 자식을 3-4명씩을 낳아 기르는 것을 당연하게 받아들였는데, 최근 베트남 여성 사이에서 자신을 가꾸고 자신을 위한 삶을 살아야 한다는 생각을 갖게 된다고 하였다. 왜 남편을 위해, 자식을 위해 자신을 희생하며 살아야 하는지에 대한 성찰이 일어나면서 새로운 성 정체성이 형성되고 있다고도 하였다.

항은 2살 된 딸을 두고 있는데 자신의 딸이 공부나 직업의 세계에 나와 치열하게 경쟁하면서 살기보다 가정에서 행복을 느끼며 편안하게 살아가도록 키우고 싶다고 하였다. 아들이면 경쟁력 있는 사람이 되도록 강하게 교육시키고 싶은데 딸이어서 그렇게 하고 싶지 않다고 했다. 30대 중반의 신세대 여성인데 자녀(딸)를 바라보는 생각에서는 좀 보수적인 젠더인식을 볼 수 있다. 남편은 회사의 관리자로 일하면서 세상 곳곳을 다니며 많은 성취감을 맛보는 것 같은데 자신은 살림을 하면서 자녀를 돌봐야 하는 것에서 그런 큰 성취감을 느낄 수 없지만 그래도 행복을 느끼며 살아간다고 했다. 여성으로서 감내해야 할 영역으로 받아들이며 밝고 긍정적으로 사는 것이 더 중요할 것 같다고 하였다.

호치민에서 여성들의 경제참여는 무척이나 활발하다. 상점의 상당부분도 여성들이 담당하며 대학에서 교직원의 상당부분을 여성들이 차지하고 있다. 이처럼 여성의 경제활동 참여가 활발한 것은 호치민의 물가가 상승하면서 여성들이 집에서 쉬는 것이 불가능하다는 데서 찾을 수 있고, 또 사회주의 베트남 사회에서 성적 평등의식을 갖고 경제사회적 영역의 다양한 곳에 적극 참여하도록 했던 것에서 원인을 찾을 수 있을 것이다.

문화차이에서 연유할 수 있겠지만 우리에 비해 여성들의 젠더의식은 크게 신장되지 않은 것으로 보인다. 그렇지만 젊은 여성들 중심으로 젠더의식이 싹터 더욱 확산될 것이다. 고등교육을 배운 여성들은 결혼에 관심이 덜하며, 전문가로서 일하는 것을 더 좋아한다. 이런 현상은 사회발전에 따라 불가피하게 따라올 것이다. 개방사회를 배경으로 세상 흐름을 바라보면서 좋고 나쁜 것을 비교할 수 있게 됨에 따라 젠더 민감성은 더욱 커질 것이고, 나아가 그것이 베트남 사회에서 어떤 모습으로 진전될 것인지에 대해서는 좀 더 두고 볼 일이다.

9. 베트남 젊은이들, 한류에 열광하다

베트남에서 한국문화가 갖는 의미가 어떠한지에 대해 볼 수 있었다. 한국학을 공부하는 학생들 대상으로 베트남에서 왜 한류가 유행하는가에 대해 개별인터뷰를 통해 그 상황을 알아볼 수 있었다. 베트남 학생들로서 한국 사회문화에 대해 비교적 잘 알고 있었으며, 이들 중에는 한국대학에서 1년 정도 교환학생으로 공부한 경험도 있었다. 그들이 바라보는 한류는 어떤 의미를 띠는지에 알아본다.

1992년 12월 12일 한국과 베트남 사이에 외교관계가 정상화된 이후 두 나라 사이의 협력관계는 날이갈수록 발전하고 있다. 한국은 경제적 차원에서 베트남과 협력하고 있지만 문화차원에서도 긴밀한 관계를 맺고 있다. 그런 연유에서 일반 베트남인들이 바라보는 한국문화에 대한 관심은 남다른 것이 있는 것 같았다.

베트남 젊은이들은 한국 음악, 영화, 드라마, 화장품, 한글, 온라인 게임, 한국식 카페, 슈퍼마켓 등을 좋아한다. 그들은 한국문화에서 베트남 문화와의 유사성이 있는 것으로 보고 있었다. 1990년대 후반부터 전문 연예기획사에서 H.O.T, S.E.S, 동방신기 등을 비롯해 최근 소녀시대, 빅뱅, 엑소, Wanna One, 방탄소년단 등의 아이돌그룹을 체계적으로 훈련시켰다고 보면서 그들이 부르는 노래뿐만 아니라 백댄서를 동반한 역동적인 춤, 그리고 화려한 의상과 무대 등에 흠뻑 빠진다고 했다. 한국노래는 멜로디가 색다르며 그래서 쉽게 중독성에 빠지게 된다고도 했다. 베트남 젊은이들은 화장품의 질 때문이 아니라 아이돌이 사용하는 화장품에도 열광적인 관심을 보였다. 한국 교환학생 경험이 있는 학생들은 BTS, Wanna One, EXO 등 아이돌이 사용하는 화장품을 무조건 사오라는 부탁을 많이 받았다고 했다. 이들이 사용하는 화장품은 베트남 젊은이들에게 선풍적인 인기를 끈다고 하였다.

음악에서도 한국에서 유행하는 쾌활한 멜로디에 마음이 끌리며, 가수의 외모가 아주 잘 생기고 마음에 들기 때문에 오빠우상화 현상이 나타나고 있다고 하였다. 그들은 젊고 역동적인 패션을 좋아하며 그런 패션을 따라하는 것에서도 큰 만족감을 갖는다고 했다.

베트남 젊은이들에게 한국화장품은 선망의 대상이다. 중범위에서 고급제품에 이르기까지의 한국화장품을 베트남 소비자들이 선호한다는 것이다. 한국 유명화장품들은 베트남에서 대부분 아주 잘 팔린다고 한다. 한국화장품은 피부관리를 위한 성분을 많이 함유하고 있는 것으로 알려져 있다는 것이다. 대부분의 제품들이 자연에서 추출됨으로써 건강에 안전하며, 또 아름답게 디자인되어 있어 소비자를 매료시킨다. 다른 나라 제품에 비해 저렴하지만 효과의 측면에서는 아주 만족해 하는 편이다. K-Pop과 드라마를 통해 한국화장품 브랜드가 상당히 대중화되었다. 한국화장품은 인삼, 녹차, 콩 등의 자연에서 추출한 성분을 동물 태반으로 사용하여 여성을 위한 피부관리에 활용한다는 점에서 아주 유명해졌다. 화장품 디자인이 매우 아름답고 다양하다.

대부분의 한국 화장품은 베트남 사람들에게 잘 알려져 있다고 한다. 한국화장품은 피부에 영양을 공급하는 성분이 함유되어 있다. 녹차, 알로에, 에센셜 오일, 꿀, 쌀겨 등과 같은 다양한 천연추출물을 활용해 화장품을 만들어 피부에 좋으며 미용에 도움이 되는 것으로 본다고 했고 또 피부건강에도 안전한 것으로 보고 있었다.

베트남 젊은이들은 한국영화를 접하면서 한국사회와 문화를 알게 되었다고 하였다. 한국영화는 내용구성에서 감성적이고 아름답다는 평가를 받는다. 한국배우들이 매우 아름답고 세련되며 연기력 또한 뛰어나다. 여배우의 자연스런 아름다움에 베트남 젊은이들이 반한다고 했다. 한국배우와 가수의 이미지는 베트남 젊은이들에서 우상증후군으로 나타나고 있다. 한국영화와 TV 드라마 등이 상영되기 전 대만과 홍콩 배우들의 화장과 빨간 입술, 파란 눈이 베트남 여성들의 꿈의 모델이었지만, 한국의 몇몇 첫사랑 관련 영화와 TV 드라마가 반영된 이후 베트남 여성들은 한국배우의 영향을 받아 '갈색의 깊은 입술' 메이크업을 좋아하게 되었다. K멜로디의 아름답고 세련된 음률, 가창력 넘치는 노래에 베트남 젊은이들이 열광하게 되었다. 한국드라마의 주제는 다양한 측면을 띠고 있는데, 특히 사람과 가족, 시간과 공간을 넘어서는 주제를 다루고 있어 베트남 여성들에게 환상적으로 다가설 수 있었다고 했다. 드라마 콘텐츠는 다양한 계층과 다른 성격을 가진 사람들에 대해서 다루면서 베트남인의 관심을 끌만큼 충분한 의미를 갖는다고 하였다.

드라마에 열광하는 것은 미남, 미녀배우들이 많고 내용도 인간애의 깊은 측면을 담고 있기 때문이라고 했다. 베트남 텔레비전 채널을 통해서도 베트남인들이 한국드라마를 얼마나 좋아하는지의 정도를 알 수 있다. 실제로 베트남 TV 채널을 돌리면 한국드라마를 쉽게 찾을 수 있고, 또 많은 이들이 한국드라마 내용에 매료된다고 했다. 최근 베트남 젊은이들은 외국문화를 쉽게 접하면서 외국의 다양한 현상들에 푹 빠져드는 경향이 있다.

한국드라마는 아름다운 로멘스뿐만 아니라 성공스토리를 짜임새 있게 담아내며, 또한 가족과 세대 간의 전통적이면서도 현대적인 관계를 흥미 진진하게 풀어낸다. 이에 젊은 베트남 관객으로부터 공감을 얻고 있다. 그것은 또한 청소년들의 마음을 어루만지게 하는 긍정적 효과를 갖게 한다.

한국영화에서 주인공은 매우 젊고 아름답고 또 항상 새로운 반전을 줄 수 있을 인물을 배치하여 시청자들로부터 큰 인기를 끌어 모을 수 있다. 특히 사랑 관련 영화에서 감독은 같은 사람을 사랑하는 두 자매, 가난한 사람을 사랑하는 부자 등 사랑의 세계에서 극적이고 매력적인 장면을 만들어낸다. 이런 극적 배치 때문에 시청자들은 화면에서 눈을 뗄 수 없다. 한국드라마는 사랑이나 효도 등을 주제로 한국적 특성을 담아내고 있어 보는 사람의 마음을 따뜻하게 하며, 무엇보다 베트남인의 정서를 매료시킨다고 하였다. 아름다운 드레스, 아름다운 메이크업, 항상 새로운 경향을 선도하는 아름다운 배우들에 베트남 젊은이들이 긍정적 반응을 보이며 열광하게 된다고 하였다.

한국음식에서도 베트남인 취향과 많은 유사점을 갖는다. 가격도 그렇게 비싸지 않으면서 베트남인들이 쉽게 접근할 수 있다. 한국음식은 영양가가 좋으면서 건강에 좋은 것으로 알려져 있다. 다양한 맛과 다양한 색체를 통해 사람들의 시선을 끈다. 발효식품은 맛있고 몸에 좋은 유산균을 제공한다. 베트남인들은 쌀밥, 김치찌개, 찹쌀밥, 연화탕, 고기구이, 샐러드와 닭고기 등 고급음식에서부터 김밥과 떡복이에 이르는 한국의 대중음식을 좋아한다.

호치민시 경제대학 부근의 Hancook이라는 상호가 붙은 식당에서 점심을 할 기회가 있었다. Han은 한국의 Han이며 cook은 음식을 뜻하는 데 많은 젊은 베트남인들이 한국식의 돌솥밥, 김밥, 불고기와 버섯 샤브샤브 등의 음식을 주문하고 있었다. 식당홀에 자리가 없을 정도로 많은 손님들이 자리 잡고 있었다. 고급식당이 아닌 일반 대중식당으로 가격도 크게 비싸지 않았으며 식당의 인테리어도 보통 수준이었다. 함께한 베트남 현지인은 최근 베트남 젊은이들이 한국음식을 아주 좋아하며 인기가 많다고 했다.

학교에서도 그랍을 통해 음식주문을 하였는데 불고기 비빔밥이 한국식이었고, 김치는 우리의 맛과 비슷했다. 사무실로 음식을 주문하여 자주 먹었는데 한국음식의 인기가 좋은 것 같았다. 특히 한식은 젊은 층에서 인기가 많은데 한국드라마와 영화 등에서 영향을 받은 바가 큰 것 같았다.

호치민 음식을 보면 쌀국수와 그밖의 여러 음식에서 소고기, 돼지고기, 닭고기 등이 다양하게 들어가는 것을 볼 수 있다. 이곳의 더운 날씨를 염두에 두면 기름진 음식이 필요할 것이라는 생각이 든다. 육류를 섭취하여 영양분을 보충할 필요가 있을 것이다. 특히 쌀국수에 여러 종류의 고기를 넣어서 맛을 다양화하는 것으로 볼 수 있다. 이런 상황에서 담백하고 깔끔한 맛을 주는 한식이 인기를 끌고 있음을 볼 수 있었다. 특히 이곳 젊은 여성들은 아름다움을 생각하며 몸매 관리를 위해서 한식을 좋아하는 것으로 볼 수 있었다.

10. 베트남, 기능주의 사회이다

흔히 공산주의는 마르크시즘에 의한 갈등이론과의 적합성이 큰 것으로 알려져 있다. 호치민 생활 중에서 생산관계의 모순에 의해 자본주의가 필멸할 것이라는 마르크스 견해가 잘 맞아떨어지지 않을 것이라는 사실을 여러 차례 느꼈다. 호치민의 사회구조는 유기체와 같이 서로가 서로에게 영향을 주면서 공존하는 구조기능주의에 좀 더 가깝게 운영되는 것 같았다.

베트남 사회는 유기체와 같이 정상에서 최하층으로 내려가면서 서로가 얽히고설킨 거대한 한 덩어리의 사회구조를 형성하고 있는 듯했다. 수많은 하층 일을 담당하는 사람들을 바탕으로 소수의 몇몇이 부와 권력을 독점하는 구조로 보였다. 이런 잘 짜여진 구조화된 틀을 바탕으로 안정되고 질서 있는 그들만의 사회를 만들어가고 있는 듯 보였다.

그런 점에서 베트남은 마르크시즘에 의한 갈등주의 사회구조와는 상당히 거리가 멀어 보였다. 오히려 항상성과 균형, 그리고 질서와 안정의 틀 위에서 공존 관계를 맺는 구조기능주의 사회구조와 더 친밀성을 갖는다는 생각이 들었다. 하류층은 청소와 경비 업무를 맡으며 하루하루를 생활하며, 또 과일과 먹거리 중심의 노점상을 하며 하루하루를 연명해가고 있었다. 반면에 서구식 가구 형태의 멋진 집에서 벤츠, 포드 등의 외제차를 타며 호화스럽게 살아가는 사람들도 많았다. 길거리에서 아침, 점심, 저녁을 해결하는 수많은 사람들이 있는 반면에 고급음식점에서 초호화스럽게 식사를 즐기는 이들도 많았다.

이런 위계서열화된 계층화가 호치민에서 인정되며, 이처럼 잘 서열화된 질서구조에 대해 이곳 사람들은 큰 문제의식을 갖고 있지 않은 것 같다. 겉모습으로 사회주의인 베트남 사회는 실질적으로는 구조기능주의 형태로 움직인다. 이런 구조화가 깊게 공고화되어 있어 쉽게 바뀌지 않을 것 같다. 만약 이런 질서구조에 어떤 균열의 조짐이라도 보인다면 베트남 정부는 방관하지 않고 개입할 것이다.

우리가 교과서적으로 배워왔던 갈등이론이 사회주의 혁명의 배경이 되었다는 것은 이념형에 불과한 것으로 보였다. 베트남 사회는 겉으로 공산주의를 내걸고 있지만 그 내용의 측면에서 구조기능주의 형태로 운영되고 있었다. 상부의 지배층으로부터 하류의 피지배층에 이르기까지 잘 서열화된 질서구조가 작동하고 있었고 일사분란하게 체계화되고 있는 것으로 볼 수 있었다.

묶고 있는 숙소에 두 명이 번갈아 경비를 선다. 새벽부터 나와서 하루밤을 꼬박 지나서 하루를 쉬는 형태이다. 이렇게 번갈아서 경비를 서는데 현관과 대문 쪽의 야외침대에서 밤을 보낸다. 청소부는 불편한 몸으로 오전 9시 출근하여 2,3층의 방을 청소하고 오후 4시경 퇴근을 한다. 숙소주인은 메니저를 두어 한 달에 몇 번씩 관리를 위탁하여 숙소 상황의 확인겸 월세를 거두어 들인다. 고용인과 피고용인의 관계가 상하의 연결고리 형태로 잘 짜여져 있다. 문제는 이런 형태로 사회질서 구조가 고착화되어 있고, 이런 고착화된 틀에 의해 사회가 빈틈없이 움직여간다는 사실이다.

이렇게 잘 짜여진 체계 속에서 어떤 새로운 질서체계가 가능할 것인가? 마르크스에 의하면 역사발전 단계에서 생산관계에 모순이 발생하고 그런 모순구조를 인지한 사람들이 뭉쳐서 새로운 질서구조를 시도할 수 있다고 하였다. 그런 모순구조를 바로잡으려는 것이 바로 공산주의 혁명이라고 하였다. 자본주의를 무너뜨린 사회주의 체제가 자리 잡은지 40여 년이 지났지만 위계서열적으로 공고화된 질서구조에서 어떤 균열도 일어나고 있지 않았다. 사회주의 베트남에서 잘 짜여진 구조기능적 사회질서 구조를 본다는 것이 좀 아이러니하게 느껴졌다.

11. 관계성의 의미를 새롭게 보다

평소 잘 알고 지내는 외국계 회사의 책임자로 있는 청 부부의 집을 방을 방문하였다. 주말을 이용해 같이 저녁식사를 할 겸 그가 알려준 주소로 그랍을 타고 그의 집으로 갔다. 청은 음식 준비를 하던 중 밖으로 나와 자신의 집으로 안내하였다. 옆집에 사는 젊은 사업가가 곧이어 왔다. 이웃으로서 평소 같이 잘 지낸다고 하였고 자주 왕래하면서 함께 우의를 나눈다고 했다. 원래 하노이에서 살았는데 지금은 호치민에서 사업을 한다고 하였으며, 하노이에 사는 부모님이 방문하여 자신의 집에서 2주일 정도 머물고 있다고 하였다. 곧이어 그의 부인이 6개월 된 딸을 데리고 왔으며 그의 시아버지까지 청의 집에 왔다. 우리의 입장에서 잘 이해할 수 없는 이웃관계를 맺으며 살아가는 것으로 볼 수 있었다.

호치민 도심에서 특별한 혈연관계 없이 이웃 간에 친밀한 사귐의 관계가 살아 있음을 볼 수 있었다. 동시에 베트남인들이 맺는 가족관계에서도 색다른 편을 볼 수 있었다. 하노이에 거주하는 그의 부모님은 아들 집을 방문하여 머물고 있는 중이라고 하였다. 그의 부인은 결혼한 지 채 1년 정도밖에 되지 않은 신혼생활을 보내고 있었고 대학을 졸업한지 채 2년도 안된다고 했다. 남편과의 나이차이도 꽤나 나는 23세의 젊은 부인이었다.

우리의 경우, 넓지 않은 집에서 신혼을 살아가는데 시집부모님이 2주 정도 머물며 함께 산다는 것을 잘 받아들일 수 없을 것 같다. 베트남에서 젊은이들에게 시부모와 함께 살아가는 것이 크게 문제되지 않고 당연한 것으로 받아들이는 것 같았다. 옷차림에서도 우리와 같은 시아버지와 며느리 관계에서 볼 수 있는 현상과 달라보였다. 아울러 말하는 모습과 일상의 관계에서도 서로 간에 크게 신경 쓰지 않고 편안한 모습을 하였다. 서로가 서로에게 함께 하면서 부담스럽거나 부담을 느끼는 것으로 보이지 않았다. 서로에게 부담을 주지 않고 편안하게 다가가는 삶의 모습이 그들의 가족관계에 자연스럽게 배어있는 것으로 볼 수 있었다.

투튀가 소개한 숙소인근의 신혼부부인 카이(Kay) 집을 방문하였을 때도 비슷한 느낌을 가졌다. 결혼한 지 채 일년이 안 된 며느리와 시부모들이 두 개의 방과 부엌으로 이루어진 좁은 아파트에서 생활하면서도 함께 편안한 옷차림을 하였고, 또 서로가 격의 없이 생활하는 모습을 볼 수 있었다. 시아버지는 며느리 앞에서 웃통을 벗어도 큰 실례가 되지 않았으며, 며느리도 시부모 앞에서 편안한 복장과 자세를 하면서 서로를 크게 의식하지 않았다. 이것이 이곳 가족생활의 한 측면으로 보였다. 더운 날씨에 작은 집에서 살아가야 하는데 일정한 격식을 차리는 것이 더 큰 문제일 것이다. 부모와 자식 간의 관계에서도 서로에게 신경을 곤두세우면서 깍듯하게 예의를 차리지 않아도 괜찮았다. 이런 서로에게 편안한 모습을 하면서 함께 살며 가족애를 느끼는 것이 인상적이었다.

서로가 서로에게 편안하게 하는 과정에서 주위에 크게 개의치 않는다. 타자에 대해 크게 의식하지 않으며 자기식대로 편하게 살아간다. 시부모와 며느리 관계에서도 큰 격식을 차리지 않았고 그밖의 관계에서 우리와 같은 격식에 얽매이지 않는 것 같았다. 대부분의 관계에서 우리와 같은 예의와 격식을 앞세우지 않았다. 그래서인지 관계성에서도 우리와 다른 형태를 띠면서 화기애애하게 살아가는 것을 볼 수 있었다.

2살 된 딸을 두고 있는 항은 평소 딸의 친구 몇 명까지 포함하여 동네아이들을 보살핀다고 한다. 직장생활에 지장이 없는 한에서 자신의 집으로 아이들을 초대해 밥을 해주고 돌봐준다고 한다. 그것은 베트남 젊은 부부들에게 상당히 일상화되어 있다고 했다. 그렇게 보살펴주면 자신에게 어떤 일을 생겼을 때 이웃집의 부모가 자신의 아이를 비슷한 형태로 보살펴준다는 것이다. 이렇게 이웃 간에 아이들을 상호적으로 돌봐주며 친교를 나눈다고 하였다. 이런 식으로 아이를 키우면 남과 함께 어울리며 살아가는 방식을 자연스럽게 체득할 수 있는 장점이 따른다고 하였다.

베트남에서 오랜 기간에 걸쳐 사업을 해온 하○○(18년 거주)에 의하면, 어떤 연유에서인지 베트남인들은 그들끼리의 결집력이 상당히 강하다고 하였다. 베트남인들은 이기지 않을 싸움을 하지 않으며 일단 싸움이 벌어지면 이기기 위해 수단방법을 가리지 않으며 이기는 싸움을 한다고 했다. 혼자 싸워서 질 것 같으면 친구 몇 명을 동원하여 싸우며, 또 맨손으로 싸워서 이길 수 없으면 몇 가지 도구를 사용해서라도 지지 않으려 한다. 억울함을 당했을 때는 언젠가 어떤 식으로든 보복하려는 성향이 있다고도 했다. 싸움에서는 이길 수 있는 조건을 만들어 결정적으로 승기가 보일 때까지를 기다린다는 것이다. 이런 그들의 결집력이 바로 강대국 미국과의 전쟁에서 이길 수 있는 바탕일 것이라고 설명했다.

20년 가까이 회사를 경영하면서 경험한 베트남인의 관계성을 좀 더 들려주었다. 그에 의하면. 베트남인들은 촘촘히 엮여진 관계망을 바탕으로 깊은 연대성을 이루며 살아간다고 했다.그들에게 가족, 친구, 이웃의 관계망이 워낙 촘촘하게 엮여져 있어 국가에서 제공하는 복지 없이도 사회안전망을 확보하며 살아갈 수 있다고 했다. 국가에서 제공하는 사회보장이 좋지 않으며 연금제도 또한 잘 되어 있지 않다. 그런 상황에서 주변과의 돈독한 인적관계망을 통해서라도 노후와 그밖의 안정망을 확보해야 한다는 것이었다. 그렇지 않으면 단절된 삶을 살 수밖에 없으며, 사회적으로 낙오자가 될 수밖에 없다는 것이다.

그에 의하면, 베트남인들은 한국인과 비슷하게 정(情)의 문화를 갖고 있다고 했다. 사람을 대할 때 정으로 대한다는 것이다. 어려울 때 받았던 고마움을 어떤 식으로든 표현하며 또 되갚으려 한다. 친인척끼리, 이웃끼리, 동료끼리도 정을 많이 내며 서로간에 나누며 살아간다. 그래서 결혼식이나 장례식 등에서도 허례허식에 가까울 정도로 많을 것을 소비하기도 한다. 이런 정은 사람간의 관계에서도 그대로 반영된다. 믿음을 주었는데 그런 믿음에 부응하지 못한다고 생각할 때 관계성에서 파탄이 온다. 평소 베트남 여성들은 남성들에게 아주 잘 대해준다. 그렇게 잘 해주었는데 배신당했다는 생각이 들 때는 과감하게 이혼을 감행한다. 특히 남편이 의리를 지키지 않고 바람피우는 것에 가장 분노하며 이때 과감하게 이혼을 요구한다. 부부끼리 맺었던 신의성실의 원칙에 위배된다고 보면 이혼을 주저하지 않는다. 이혼을 한 경우도 우리처럼 원수관계를 맺지 않고 이전의 남편을 비롯하여 그의 가족과 좋은 관계를 맺는다. 그런 탓인지 이혼에 대해 큰 의미를 부여하지 않으며 서로에게 불편하다싶고 또 애정관계에서 금이 갔다고 생각되면 이혼하는 경향이 있다고 했다.

관계성의 형태에서도 소박하게 단순하게 맺어진다고 하였다. 베트남에서는 고위층에 있다해서 권위적이지 않다. 고위층들도 서민적 모습으로 살아가며, 특별히 위계서열적으로 행동하지 않는다. 경찰청장이 직접 오토바이로 출퇴근하며 볼일을 본다고 했다. 높은 지위에 있는 사람들이 일반시민을 만날 때 꼭 옆집 이웃을 만나는 것처럼 자연스럽고 편안하게 대한다. 이런 탈권위적 모습의 관계성이 어디에서 왔는지에 대해 잘 알 수 없지만 한국인의 입장에서 보면 상당히 부럽게 보였다고 했다. 우리는 높은 사람 앞에 가면 주눅이 들고 대화에서와 그밖의 관계에서 뭔가에 자연스럽지 않은데 베트남 현지에서는 그렇지 않고 자연스럽게 관계를 맺으며 살아간다고 하였다.

우리처럼 기관장이라 해서 늘 양복을 입고 넥타이를 매는 등으로 격식을 차리지 않는다. 편안하게 옷을 입고 서로 간에 격의 없이 대하는 것이 베트남인들의 일상적 관계맺음이라고 했다. 검사의 경우도 한국에서처럼 높은 자리로 인식되지 않으며 친서민적이라고 하였다. 검사는 스스로 탈권위적이며 주변에서도 그렇게 힘 있는 자리로 바라보지 않는다고 하였다. 어떻게 서민들에게 가깝게 다가가서 서민들이 편안한 삶을 살도록 할 것인가에 관심을 둔다고 하였다.

제3장
베트남, 가족과 농촌사회

1. 가정에 최우선 가치를 두다

베트남에서 사업을 하는 분들의 한결같은 이야기는 가족사랑 문화가 사회 곳곳에 스며있다는 것이었다. 가족에서 문제가 생기면 아무런 연락 없이 회사에 출근을 하지 않는 것이 허다하다고 했다. 아버지, 어머니와 같은 가까운 가족은 물론이고 심지어 삼촌과 외삼촌이 아픈 경우에도 출근을 잘 하지 않는다. 외삼촌이 아픈데 왜 출근하지 않느냐고 물으면 그것이 회사에 나와서 일하는 것보다 더 중요하다고 본다는 것이다. 가족 중에 누군가 아프고 병원에 가야 하면 마땅히 찾아보고 같이 있어야 하는 것으로 바라본다는 것이다. 가족의 가치는 그 무엇보다 우선하는 것으로 본다고 했다.

이런 점에서 그들의 가족주의는 유별나다고 한다. 가까운 친척끼리 한 집에 같이 살아가는 경우도 일반적이다. 우리와 같은 핵가족으로의 한 집이 아닌 방계의 친척까지 포함하여 한집의 식구로 바라본다는 것이다. 명절에 친척끼리 같이 지내는 것을 넘어서서 평소에도 친척이 찾아오면 함께 살아도 되는 것으로 본다. 그래서 집안에 누군가가 병원에 입원하면 친척들 중 대부분이 병문안을 하며 물심양면으로 보살핀다고 한다. 실제로 카이라는 베트남 젊은이 집을 방문했을 때 좁은 집에 우리로 치면 이모와 한 집에서 같이 살고 있었다. 이렇게 친척끼리 살아가는 것은 당연한 일이며, 또 오도가도 할 데 없는 친척과 함께 사는 것이 일상이라고 하였다.

베트남 가족문화 중에서 특히 인상적인 점은 '아이'에 우선적 가치를 둔다는 사실이다. 가족 삶 중에서 어떤 결정을 내릴 때 아이입장에서 입장을 정리한다는 것이다. 정부에서도 아이정책에 최우선 관심을 두며 아이와 관련하여 어떤 일이 있으면 어느 직장에서도 다 허용된다고 했다. 직장에서든 가정에서든 아동복지에 최우선의 관심을 부여하며, 심지어 아이가 아픈 경우 부모는 직장에 나오지 않아도 어떤 문책이 따르지 않는다. 호치민에서 관찰한 바에 의하면, 도처에 아동병원이 있으며 또 아동병원이 특히 잘 된다고 한다. 아이가 아파서 병원에 입원을 하면 의사와 간호사는 정성을 다해 치료하며 온 가족이 붙어서 열성적으로 보살핀다고 하였다.

이런 아이 돌봄에 대한 사회적 관심은 자연히 다산현상으로 이어지고 있으며, 그것이 젊은 베트남사회를 유지하는 비결로 보였다. 베트남인들은 삶의 중심을 아이에 두고 생활한다고 할 정도로 자녀양육과 자녀교육에 극성이다. 이곳의 국제학교 학비는 상당히 비싸다고 한다. 호주계 국제학교의 경우 한달 학비가 400에서 500불인데도 학생들로 넘쳐나며, 대기자들이 순서를 지어있다고 한다. 학교에 보내고 나면 등하교시에 학부모들이 데려다주어 일대의 교통에 마비가 올 정도이다. 대학의 교직원들도 아침에 나올 때 자녀를 학교에 태워다주고 출근하며 그리고 아이가 학교를 마칠 때 꼭 데리러간다고 하였다. 이런 것이 베트남 사회의 일반화된 관행이며, 그래서 아이들과 관련되는 일이라고 하면 사회적으로 인정된다고 한다. 실제로 숙소 인근의 호주계 국제학교를 오가며 바라본 풍경은 하교 때 한꺼번에 차가 몰려 일대가 아수라장이 되는 모습을 몇 번 목격하였다.

호치민시 사범대 한(Han) 교수의 소개로 짬안(Tran Anh)이라는 강의담당 조교를 만날 수 있었다. 30대 초반인 안은 한국어에 능통하였다. 어디에서 한국어를 배웠느냐고 했을 때 한국유학을 하지 않고 현지대학 공부를 통해 한국어를 학습했다고 하였다. 현재 한국정부로부터 국가장학금을 받아 한국대학에서 유학하기를 원하고 있었다. 한국어를 배우려 했던 동기가 재미있었다.

우연히 한국 드라마, 영화에 접하면서 한국에 관심이 생겨 야간과정으로 한국어 공부를 시작했다고 하였다. 그렇게 야간과정으로 한국어를 공부하는 과정에서 더 많은 관심이 생겨났고, 그것이 현재의 호치민시 사범대학 한국어학과 조교를 맡게 된 계기였다고 했다. 이렇게 조교를 하면서 한국대학에 진학하여 외국어로서의 한국어를 본격적으로 공부하고 싶다고 했다. 자신은 아이들을 가르치는 것이 그 자체로 즐겁고 재미있다고 하였으며, 그래서 가르치는 일을 직업으로 삼고 싶다고 하였다. 현재는 한국대학에 유학을 하여 한국학 관련 교수가 되는 것이 꿈이라고 했다.

어머니가 삼남매를 키우면서 공무원, 교수와 같은 안정직을 택하라고 권했다. 그래서 남동생은 의사로서 공공기관에서 일하며, 여동생은 검사로서 공무원 생활을 하고 있고 자신은 현재는 불안한 신분이지만 한국에서의 공부를 통해 교수로서 살아가기를 바라고 있었다. 삼남매는 어머니의 꿈에 부응하여 남동생은 공공병원의 의사, 여동생은 호치민시 검사로 일하게 되었고, 자신은 국립대학의 조교로 살아간다고 했다. 부모의 뜻을 어기면서까지 색다른 무엇인가를 하는 것이 썩 바람직하지 않은 것으로 보았기 때문이라고 하였다. 직업에서도 부모님의 뜻이 강하게 작용하며 부모님의 뜻에 부응하려한다는 점에서 베트남 젊은이들의 가족주의 성향을 읽어낼 수 있었다.

탄 투이(Thanh Thuy)는 투뒤의 친동생으로 호치민시 인근의 빈등성에 살고 있다. 언니의 소개로 인사차 찾아왔다. 한국의 어느 대학 화공학과에서 석사를 마쳤는데 건강이 좋지 않아 베트남의 부모님 집에서 요양을 하고 있다. 최근 건강이 좋아졌으며 취업자리를 찾는 중이라고 하였다.

일요일 저녁 7시경에 만나 같이 저녁을 했다. 한국에서 3년 반 정도를 생활하였는데 한국어가 잘 늘지 않았다고 했다. 하루 종일 실험실 생활을 하여 한국인과 자주 접할 수 있는 기회를 갖지 못했다고 하였다. 기본적인 말은 알아들을 수 있지만 말로 표현하기가 어렵다고 한다. 언니는 무엇이든 열심이어서 한국어와 영어를 잘하며 사회관계를 잘 맺는데 자신은 언니에 미치지 못한다고 했다.

3시간 정도 같이 있으면서 저녁을 먹고 차를 마셨는데 마음이 너무 착하고 곱다. 처음 만났는데도 친절하고 깍듯하며 공손하였다. 건강이 좋지 않아 요가를 하고 있다고 하면서 이제 마음에 집중이 되고 불안도 어느 정도 없어져가고 있다고 했다. 공부에 큰 압박감을 받았는지 마음의 병이 생겼던 것 같다고 한다. 곧 취업을 하여 부모님을 도와드려야 하는데 아쉽다고 하였다.

베트남인의 대부분은 부모를 비롯한 가정에의 헌신을 중요한 가치로 생각하는 것 같았다. 부모와의 연대성을 맺으며 가족을 위해 자신을 희생하려는 가족주의를 중요하게 여긴다. 최근 공부를 한 엘리트일수록 결혼을 늦게 하는 경향이 나타나지만 가족을 위한다는 생각에서는 큰 변화가 없는 것 같았다. 공부를 열심히 하고 또 좋은 곳에 취업하는 것이 자신의 성취라기보다 가족에게 보탬이 되는 것에 더 큰 강조를 두는 것으로 볼 수 있었다.

대도시인 호치민에서 생활하는 젊은이들의 대부분이 가족, 특히 부모님을 바라보는 생각에서 예사롭지 않음을 찾을 수 있었다. 한 때 우리의 가족중심주의 문화를 연상케 할 정도였다. 이들 젊은이들이 가족을 바라보는 생각을 통해서 우리의 잃어버린 가족주의를 되새길 수 있었다. 베트남인들은 가족주의에 토대하여 그들 삶의 중요한 근거를 삼으며 일상의 삶을 살아가는 것으로 볼 수 있었다.

2. 가족관계, 친구관계, 이웃관계

호치민 주변의 롱안 지역 방문 때 젊은 부부 세 가족과 이틀간을 같이 할 수 있었다. 함께 식사를 하였고 같은 차를 타고 이동했으며 그리고 지역기관에서 베푼 행사에 같이 참석했다. 또 몇몇 농촌가정을 방문하였고 연회에도 함께했다. 그들은 이 지역에서 직장생활을 하는 30대 중반의 지역공무원, 전자회사의 직원들로 어릴 때부터 같이 큰 친구관계라고 하였다. 그들을 주축으로 선배 몇 가족, 그리고 지역의 인민위원회 위원장과 지역검사, 지역교사 등이 함께하였다.

2–3세 아이 1명과 5–6세 유치원생 2명, 고교생 1명 둔 가정과 롱안지역의 인민위원회 두 곳을 방문할 수 있었으며, 현지 인민위원회의 위원장과 부위원장의 안내를 받아 밤고라는 지역의 큰 강을 소형배로 유람하였다. 점심 때 함께 했던 우리 일행에 덧붙여서 군사위원회 위원과 슈퍼마켓 경영자가 자리를 같이했다.

차린 상이 푸짐했다. 두 테이블로 나누어 앉아 베트남식 요리를 만들어가며 또 웃고 떠들면서 서로 권하는 모습이 우리의 옛모습과 비슷했다. 키가 작은 또 한명의 손님이 왔는데 그는 지역의 검사였다. 처음 올 때는 다소 수줍어하고 낯을 많이 가렸다. 맞은편 테이블에서 맥주 몇 잔을 한 뒤 친교를 한다며 하나의 테이블에 같이 앉았다. 친교를 나누는 방식에서 우리와 좀 달랐다. 잔을 가득 채운 뒤 함께 마실 상대를 골라 자신이 반을 마시고 상대방에 넘기면 나머지를 마시는 식이다. 이렇게 몇 차례를 주고받았다. 우리의 경우라면 위생 때문에 잘 하지 않을 것인데 이곳에서는 개의치 않았다.

인민위원회의 위원장과 부위원장은 이 지역에 용과(드라곤) 과일이 유명하다고 하였고 지역주민들은 용과재배로 소득을 많이 올리고 있다고 소개했다. 부위원장은 자신의 집에 연락을 하여 드라곤 과일 한 상자쯤을 가져오도록 하였다. 드라곤 과일은 속이 붉은 색으로 먹기에 아주 부드러웠다. 함께 나누어 먹고 남은 것은 몇몇 가정에 가져가도록 했다. 이곳의 또다른 특산물은 왕새우 양식을 통한 왕새우 요리라 하면서 새우요리를 직접 시범으로 보여 주었다. 그밖의 여러 가지 음식이 나왔는데 함께 했던 분들이 직접 요리를 하였다. 요리솜씨가 보통 이상으로 보였다. 이곳에 모인 분들처럼 자주 이런 시간을 가지며 즐기는 것이 베트남식 음식문화라고 자랑하였고, 또 오늘 나온 음식들 모두가 건강에 아주 좋다며 베트남 음식문화에 대해 설명해 주었다. 이렇게 만나 음식과 술을 나누는 것은 의미 있는 관계망을 맺는데 도움이 되는 것으로 보였다. 우리의 옛날 시골에서 있었던 음식문화와 크게 다를 바가 없었다. 그러면서 베트남에 체류하는 동안 이 지역을 꼭 한번 더 방문하라고 권했다.

공식파티를 끝내고 우리는 지방검사의 집을 방문하였다. 젊은 지방검사는 60대 중반의 부모님과 함께 거주하였고 그의 집은 넓게 펼쳐진 용과 농장을 배경으로 경치가 수려한 곳에 위치해있었다. 다음에 호치민에 오면 꼭 자신의 집을 다시한번 다녀가라고 했고 이곳은 교통의 요지여서 다른 곳으로 여행할 때 아주 편리하다고 했다. 이곳에서 검사는 한국에서와 좀 다른 것 같았다. 탄의 부인도 검사이고 이분도 검사인데 권위의식을 찾을 수 없었다. 탄에 의하면, 한국에서 검사는 권력자로 비춰기 때문에 서민들이 가깝게 다가설 수 없는 것으로 알고 있지만 베트남에서 검사는 그렇게 높은 자리로 비춰지지 않으며, 또 실제 하는 일에서도 서민입장에 서서 서민 친화적으로 다가선다고 했다. 검사였지만 소박하고 평범했으며 살고 있는 집도 보통의 농가와 똑같았다. 부모님을 모시며 3대가 함께 살아가는 모습이 보기에 좋았으며 동네주민들과 함께 어울리면서 평범한 서민으로서 살아가는 것도 인상적이었다.

〈롱안의 지역검사와 초등교사부모〉

〈롱안의 용과농장〉

젊은 부부끼리 맺는 관계에서도 우리와 색다른 점을 찾을 수 있었다. 2박 3일간 그들이 맺는 일상적 관계를 살폈는데 어린아이를 주로 엄마가 책임을 지고 보살폈다. 남자들은 자신들끼리 먹고 마시며 부인과 아이를 잘 돌보지 않았다. 그런데도 부인들의 표정에서 싫은 기색을 찾을 수 없었다. 이 사실이 신기했다. 그들은 모두 대학공부를 마쳤고, 또 지역에서 공무원이며 좋은 회사를 다니는 직원인데 그런 식의 삶을 당연하게 받아들이고 있었다. 무엇이 이런 가족관계를 맺도록 하는가에 대해 잠시 생각해보았다. 아마 어릴 때부터의 학습된 문화일 것이다. 그런 환경에서 태어나고 자라왔기에 지금도 이런 관계를 맺는 것을 당연한 것으로 바라볼 것이다. 이방인인 나만 이런 현상이 이상했고 잘 이해되지 않았다.

그들이 맺는 이웃관계에서도 우리 입장에서는 잘 이해되지 않았다. 점심 뒤에 지역검사는 자기 집에 꼭 와야 한다며 먼저 자리를 떴다. 많이 먹고 충분히 식사를 했는데 또다시 자신의 집에 꼭 들려야 한다고 했다. 인사말인줄 알았는데 점심 뒤 일행 모두가 그의 집으로 이동했다. 교사인 아버지와 어머니를 모시고 5살 된 딸을 둔 가정에서 살고 있었는데 노부모님은 일행 모두를 반갑게 맞이했다. 큰 축제를 벌이듯이 떠들썩하게 손님을 맞이하고 푸짐하게 접대했다.

인민위원회 위원장도 지역검사의 집 바로 인근에 자신의 집이 있다며 그의 집으로 초대하였다. 이미 많이 먹었는데 또다시 음료와 과일 등 많은 음식을 차려 대접하였다. 집 지은 지가 얼마 되지 않은 새집으로 역시 풍광이 아름다웠다. 앞으로는 끝없는 용과농장이 펼쳐져 있었고 하늘에는 뭉게구름이 만들어졌다 사라졌다를 거듭하였다. 자신은 이 지역의 행정책임자로서 지역민들의 소득이 올라가는 것에 큰 만족을 느낀다고 하였다. 이미 형제관계를 맺었으니 시간이 될 때 언제든 다시 찾으라고 하였다. 이들이 맺는 관계망에서 유기적 연대성이 살아 있으며, 특히 서로 간에 깊은 정을 나누면서 살아가는 모습이 인상적으로 다가왔다.

3. 베트남 농촌마을을 체험하다

호치민에서 60여 km 떨어진 롱안지역(Long An)으로 향했다. 몇 분의 도움을 받아 안전하게 갈 수 있었다. 호치민 시내를 거쳐 롱안지역으로 가는 길은 2차선으로 차와 오토바이, 사람이 뒤섞여서 좋은 도로조건이 아니었다. 곳곳에 개보수 공사가 있었고, 또 오토바이들이 많이 다니는 관계로 속도를 낼 수 없었다. 호치민에서 롱안으로 나오는 길에서 많은 회사와 공장을 볼 수 있었다. 세계의 각종 자동차 관련 판매점에서부터 실제로 생산공장 등을 볼 수 있었는데, 이곳이 호치민지역의 경제중심지임을 볼 수 있었다.

1시간 30여 분 만에 롱안지역의 약속장소에 도착했다. 운전자는 오늘 만나야 할 탄(Tanh)에게 전화를 하여 자신의 차쪽으로로 오도록 안내해 주었다. 탄은 오토바이로 마중을 나왔다. 채 몇 분도 걸리지 않아 그의 집에 닿았다. 그의 부인이 반갑게 맞이해주었다. 탄은 롱안지역 인민위원회 소속의 중견 공무원이며, 그의 부인은 롱안의 지역검사로 일하고 있다. 곧이어 그들의 5살 된 딸이 유치원을 마치고 집으로 돌아왔다.

이런저런 이야기를 나누던 사이에 탄의 직장 동료인 하이씨가 왔으며, 또 다른 탄의 친구부부가 아이를 데리고 왔다. 이들은 오늘내일 행사에 같이할 것이라고 했다. 무슨 행사가 있는지 어떤 스케쥴이 준비되어 있는지 잘 알 수 없었다.

커피와 차한잔씩 하며 롱안의 삶이 호치민과 어떻게 다른지를 이야기했다. 호치민에서의 삶은 집값을 비롯한 물가가 비싸며, 늘 차가 막히고 복잡하며 그리고 환경이 좋지 않고 치안도 썩 좋지 않은 편이라고 하였다. 반면에 롱안에서의 삶은 환경이 깨끗하고 조용한 여건에서 비교적 안전하게 살아갈 수 있다고 했다. 탄은 롱안에서의 삶에 만족하며, 무엇보다 좋은 친구와 이웃들이 있어 만족스럽다고 하였다.

이런 이야기를 나누고 있는 사이에 탄이 불렀던 차가 도착했다. 롱안지역에서도 비교적 한적한 어느 마을 외딴집에 도착했다. 땅과 하늘이 맞닿은 곳이 이곳 롱안지역이다. 산을 찾을 수 없다. 석양에 뭉게구름이 군데군데 떠 있고 시원한 바람이 불어오는 열대의 저녁 풍경이었다. 우리가 도착한 집은 탄이 가정교사로 있는 어느 농가였다. 한적한 곳에 위치한 집으로 들어가는 길목은 용과(탄라움)라는 과일농장을 거쳐야 했다. 탄에 의하면 롱안지역의 주소득원이 용과생산에서 나오는데, 이 일대의 주민들은 주로 용과재배를 통해 소득을 올린다고 하였다. 그리고 실제로 이 지역주민들의 소득은 다른 지역에 비해 상당히 높다고도 하였다.

〈야간조명을 이용한 용과농장〉

〈용과 과일〉

이미 저녁 만찬을 위한 준비가 다 되었다. 여러 음식 중에서 왕새우 요리가 인상적이었다. 이곳은 용과과일이 유명하지만 왕새우 양식으로도 소득을 많이 올린다고 하였다. 화학적이지 않은 자연적으로 키운 왕새우는 농가소득에 큰 역할을 하며 맛도 최고라고 하였다. 이렇게 한참을 즐기면서 시간을 보냈으며, 저녁 때 한국식의 노래방(가라오캐)에 가야된다며 어딘가로 이동했다. 이동 중에는 색다른 용과농장 체험을 했다. 불을 켜서 용과의 성장을 돕고 있었다. 불을 켜놓으면 용과의 꽃이 일찍 피게 되며, 그래서 더 빠르게 생산할 수 있고, 그것은 다시 생산량 증대로 이어진다고 했다.

용과의 성장에 불빛이 중요하다고 한다. 저녁 무렵 농장 곳곳에 전등을 켜고 농장 이곳저곳을 살피는 농부들을 볼 수 있었다. 용과나무는 일정부분 성장하면 꽃을 피우며 그렇게 꽃핀 곳에서 열매를 맺게 되는데 꽃을 피울 때 불빛이 필요하다는 것이다. 저녁시간에 농장에 나와 일하는 것에서 이곳 사람들의 변화를 엿볼 수 있다. 소득향상에 도움이 된다면 야간의 일을 마다하지 않는다. 사회주의 베트남에서 커다란 의식전환으로 새로운 역동적 베트남 모습을 읽어낼 수 있었다.

롱안지역에서 농가소득에 기여하는 또 하나는 왕새우 양식이라고 했다. 마을 곳곳에서 양식장을 볼 수 있었고, 어떤 장비를 활용해 물을 지속적으로 순환시키고 있었다. 탄의 설명에 의하면 이곳 마을에 한국의 새마을운동이 소개되었고, 그 영향을 받아 왕새우 양식을 시작하였다는 것이었다. 이곳은 바로 인근에 큰 강이 흐르고 있었다. 밤고(Vam Co)라는 강은 수심이 깊으며 수량이 어마어마할 정도로 롱안지역의 대표적 강이었다. 지역의 여러 농가에서는 이 강의 풍부한 수운을 이용해 새우양식에 활용한다고 했다. 자연친화적으로 키운 왕새우가 유명해지면서 농가소득을 올릴 수 있었다. 지역이 이처럼 잘 살게 된 것은 한국의 새마을운동에서 큰 영향을 받았고, 새마을운동에서 보여주었던 마을개발사업의 모델 때문이었다고 하였다. 그런 점에서 이곳 지역은 베트남식 새마을운동이 성공적으로 정착된 곳이기도 하였다.

지역의 인민위원장 또한 한국의 박항서 감독을 알고 있다면서 앞으로 좋은 관계를 맺자고 하였고, 호치민을 떠나기 전에 꼭 다시 한번 마을을 방문해달라고 했다. 새마을운동이 이 지역 발전에 어느 정도를 기여했으며, 구체적으로 어떻게 활용되었는지는 잘 알 수 없었다. 다만 분명한 것은 한국의 새마을운동 정신이 이곳 지역에 전파되어 지역발전에 의미 있는 돌파구가 되었다는 사실이다. 한국이든 베트남이든 몇몇 지역 혁신가들이 새로운 돌파구를 찾고 이를 지역상황에 적절하게 접목시킴으로써 농가소득 향상은 물론이고 마을을 활성화할 수 있었다는 점은 분명했다.

4. 농촌혁신가를 만나다

호치민에서 200km쯤 떨어진 휴양도시 무이네(Muine)를 방문할 기회가 있었다. 도시전체가 호텔과 리조트, 식당으로 되어 있는 것으로 보였다. 해변이 아름다웠고 곳곳에 리조트가 있었으며 도시 곳곳에 각종 휴양시설이 건설 중에 있었다. 적색과 백색의 모래산이 길게 펼쳐져 있었고 그 모래산을 배경으로 각종 위락시설이 잘 갖추어져 있었다.

남쵸(Nam Chau)라는 리조트는 멋진 해변과 야자수, 그리고 수영장 등을 배경으로 다양한 숙소를 갖추고 있었다. 천연의 자원을 적절히 활용하여 지어진 리조트로 많은 외국인 관광객이 찾고 있었다.

〈무이네 남초리조트 모습〉

무이네는 전형적 휴양관광도시였다. 인상적인 점은 도시 외곽의 곳곳에 수많은 휴양시설을 건설하고 있었다는 사실이었다. 무이네를 찾는 사람들이 많을 것으로 생각한다며 며칠 전 한 사업가가 했던 말이 생각났다. "베트남인들은 어떤 어려움이 있어도 화내지 않고 항상 웃는다"고 했다. 그에 의하면 베트남인들은 지금 나라상황이 좀 어렵지만 머지않은 미래에 베트남의 상황이 아주 희망적이기 때문에 웃음을 띤다는 것이다.

무이네 방문을 통해서도 베트남 경제의 잠재력을 볼 수 있었다. 판티엣(Thanh Tiet)이라는 지역을 지나 무이네로 이르는 곳곳은 온통 공사판이라 할 정도로 많은 건물들이 들어서고 있었다. 호치민에서 외곽지역으로 나오면서 건축 붐이 불고 있음은 말할 나위가 없다. 이처럼 베트남의 주요지역에서 많은 건물을 짓는다는 것은 미래 베트남 상황이 밝다는 것과 관련이 있을 것이다. 이런 성장잠재력에서 볼 때 베트남의 미래가 어떠할 것인지를 가늠해 볼 수 있다.

비교적 한가하다 싶었는데 저녁 무렵 무이네 해변의 식당가에 모여든 사람들의 규모에 또한번 놀라게 되었다. 상당히 큰 홀을 갖춘 식당마다에 손님들이 가득 차 있었다. 사막체험을 비롯하여 긴 해변의 곳곳에서 휴양을 즐겼던 분들이 저녁을 위해 식당으로 모여든 것 같았다. 베트남 국내인은 물론이고 외국에서 온 관광객들이 더 많아 보였다. 베트남인들은 군데군데 모여서 '목하이바~요'라는 베트남식 건배사를 소리 높이 외치면서 자신감을 과시하는 듯 했다. 자신감에 찬 목소리였고 주변 누구의 시선에 아랑곳하지 않았다. 비록 지금은 좀 상황이 좋지 않지만 머지않아 곧 잘 살 것이라는 자신감이 강하게 묻어있는 것처럼 느껴졌다.

무이네는 아름답고 긴 해변, 열대의 날씨, 사막산과 호수, 풍부한 해산물 등을 고루 갖추어 관광에 더없이 좋은 자연조건이었다. 이런 자연을 이용하여 다양한 테마 휴양시설을 짓고 있었고, 몰려드는 관광객을 위한 숙박시설을 마련하고 있었다. 본격 도래할 관광산업에 선제적으로 대응하려는 모습을 갖추는 듯 보였다.

아직은 국가 전체적으로 잘 체계화되고 짜임새가 갖추어진 것으로 보이지 않았지만 베트남의 미래는 밝고 희망적이라는 확신을 갖게 했다. 무이네, 달랏, 호치민 등의 지역은 몰려드는 관광객으로 몸살을 앓을 정도이다. 그것은 이들 도시에 있는 호텔과 리조트 등 숙박시설에서 그런 현상을 잘 엿볼 수 있다.

판티엣이라는 도시는 호치민에서 무이네 사이에 위치해있는데 롱안지역과 같이 온통 용과 농장이 펼쳐져있었다. 넓은 평야에 뚝뚝 떨어진 농가들에서 용과를 재배하고 있었다. 농부들은 재배한 용과를 도로 곳곳에 전시하여 직접 판매하고 있었고, 집하장과 같은 곳에서 용과를 집단적으로 판매하는 것을 볼 수 있었다.

롱안에서 경험했던 용과 관련 이야기를 나누었는데 무이네로 길을 안내했던 청(Chung)은 자신의 친구가 이곳 판티엣에서 대규모 용과농장을 경영하고 있다고 했다. 청의 친구는 호치민 소재의 유명 공과대학에서 전기공학을 공부했는데 부인을 만나면서 인생의 전환이 있게 되었다는 것이다. 다니던 직장을 포기하고 부인부모가 물려준 농장을 활용해 농부의 길을 걷게 되었다. 친구는 3헥타르 정도의 비교적 큰 농장을 운영하고 있다고 했다. 호치민으로 돌아오는 길에 청의 친구 농장에 잠시 들렸다.

청의 친구는 용과농장을 경영하면서 비료도매상까지 하며 바쁘게 생활하고 있었다. 큰 규모의 집에서 농장과 비료도매상을 곁들여 하며 아들 2명을 키우고 있었다. 용과는 연 3회 수확을 할 수 있고 1회 수확에 한화로 평균 2,000여만 원의 수입을 올릴 수 있다고 했다. 그는 집 마당에 미국제 차인 FORD RANGE를 주차해놓고 자신의 신차라고 자랑했다. 그와 그의 부인의 옷매무새는 농부차림이었으나 용과재배에서 나오는 수입이 베트남 기준에서 볼 때 상당하다는 것을 알 수 있었다. 베트남 농촌마을에서 용과재배를 통해 포드차를 구입하여 살아갈 수 있다는 것이 신기했다. 젊은 농부부부는 베트남 농촌사회에서 새로운 혁신의 길을 걷고 있는 것으로 보였다.

잘 다니던 직장생활을 그만두고 농촌에 들어와서 용과재배를 통해 새로운 인생을 살아가는 것이 인상적이었다. 그의 부모나 형제들은 모두 호치민에 살고 있어 농사일을 잘 모르고 자랐으며 농사일에 관심을 갖지 않았는데, 부인을 만나면서 새로운 인생의 반전을 갖게 된 것도 드라마틱한 삶으로 보였다.

베트남에서 차를 구입하는 것이 쉽지 않다고 들었다. 찻값보다 세금이 많이 붙어 차구입 가격이 아주 비싸게 매겨진다고 하였다. 차값에다 2, 3배의 세금을 내야 한다는 것이었다. 한국 차값의 2-3배 정도를 지불해야 차를 살 수 있다는 것이다. 농부의 입장에서 포드차를 구입할 정도의 수입을 올린다는 것에서 베트남 농촌상황의 새로운 바람을 엿볼 수 있었다.

5. 한국-베트남, 농촌사회를 비교하다

호치민 소재 남부사회과학연구원(Southern Institute of Social Sciences)은 베트남 남부지역의 싱크탱크 기관으로 보였다. 이 기관의 책임자는 꿩(Bui The Cuong) 교수였다. 그는 사회학사와 사회정책을 전공한 사회학자로 베트남 사회학을 이끌고 있었다. 이 기관은 연구원이 80여 명에 이르며 베트남사회의 민속과 종교, 문화사회 현상 등을 종합적으로 연구하는 전문학술기관으로써 독립건물에 많은 사무실을 갖추고 있었다.

그는 한국사회에 관심이 많다며 호치민에 체류하는 동안 남부사회과학연구원에서 세미나를 갖자는 제안을 했다. 주제는 농촌사회 관련하여 계층구조에서 어떤 변동이 있었는지에 대해 발표를 하면 좋을 것이라고 했다. 별생각 없이 그렇게 하겠다고 하였는데 메일로 다시 연락이 왔고 실무자를 통해 세미나 주제와 일정을 잡도록 하였다.

남부사회과학연구원은 베트남 최고의 사회과학자들이 모여서 연구를 하는 곳이다. 하노이에 북부사회과학연구원이 있는데 학자들은 더 개방적이고 자유롭게 공부할 수 있는 여건이 보장되는 남부 쪽에서 일하기를 원한다고 하였다. 남부사회과학연구원은 베트남 대학상황에서 잘 찾아볼 수 없는 석박사 학위과정을 운영하면서 교육기관의 역할도 하고 있었다. 연구원에서는 Review of Social Sciences Ho Chi Minh City라는 학술연구잡지를 발행하고 있다. 베트남에서 책 출판이 쉽지 않은데 이곳

연구원에서는 연구물을 월간으로 발행하여 베트남 남부지역의 최고의 전문학술 연구기관으로서의 위상을 갖고 있었다.

발표주제는 "한국 농촌계층구조와 계급의식의 변화"였고 내용으로는 한국계층구조의 이해, 한국 농촌계구조의 변화, 한국 농촌마을의 안정화, 한국농촌 시민계급의 형성 등으로 구성하였다. 가져온 자료가 별로 없었던 탓에 어린 시절 겪었던 농촌 생활에서의 경험과 그동안의 변화상을 토대로 발표문을 작성했다. 60년대 절대빈곤 상황에서 7,80년대 접어들면서 중간계층이 증가하였으며, 다시 1997년 외환위기를 맞으면서 계층구조의 양극화 경향이 있었음을 말하였다. 농촌사회의 경우, 경제위기 속에서도 계층간 갈등양상이 크지 않았는데 그것은 한국 농촌사회에 오랫동안 유지되었던 마을단위의 공동체가 영향을 미친 점이 크다고 설명했다. 특히 7,80년대 한국 농촌의 변화에 경제발전 정책과 새마을운동이 큰 영향을 미쳤음에 대해서도 이야기하였다.

2000년대 이후 신자유주의(FTA) 흐름 속에서 농촌의 토대가 붕괴할 것이라는 경고가 나왔고 그에 따른 사회적 갈등이 있었는데, 이런 상황 속에서도 농촌경제는 붕괴되지 않고 나름의 성과를 거둘 수 있었다고 하였다. 세계 자본주의 체제에 노출되는 과정에서 어려운 점도 있었지만 농촌사회가 거듭날 수 있는 경쟁력을 키워가고 있다고 했다. 농촌의 양극화를 피할 수 없었지만 생존을 위해 농가의 새로운 노력이 뒤따랐고 그에 따른 농업 경쟁력을 가져올 수 있었다고 하였다.

초고령화의 위기를 맞이하여 농촌 마을에로의 귀농귀촌 정책을 펴고 있으며 농촌마을 활성화를 위한 각종 프로젝트가 진행되고 있음에 대해서도 소개하였다. 대학에서도 지역사회 공동체 조성에 적극 참여하고 있으며, 작년 LINC+ 사업단에서 경산시와 의성군을 대상으로 했던 지역사회 공동체 사업 현황에 대해서도 소개하였다. 지자체, 대학, 마을의 삼각협력 체제를 구축하여 소멸위기를 맞고 있는 농촌공동체를 부활시키기 위한 몇 가지 프로젝트에 대해서도 간략히 설명했다.

현재 한국농촌은 전체 인구의 5% 정도(260여만 명)가 거주하는데 그것도 65세 이상의 고령인구층이 대부분이라고 했고, 이런 농촌사회를 어떻게 살리느냐가 한국사회의 중요한 현안이자 과제라고도 이야기하였다. 농촌마을이 잘 되는 경우 대체로 헌신적인 마을지도자가 있어 마을을 제대로 이끌어갈 때 가능하다고 했다. 앞으로 보다 살기 좋은 농촌사회를 위해서는 농촌단위의 학습마을공동체를 여하히 조성함으로써 노인친화적 시민계급을 육성할 수 있느냐에 달려있다고 하였다. 마을단위의 시민성을 어떻게 키우고 신장하느냐는 한국 농촌사회가 당면한 현안의 과제일 수 있다고 했다.

40여분 발표를 하였고 이어 질의응답이 뒤따랐다. 농촌마을 활성화를 위해 실시했던 대학-지자체-현지마을 단위의 협력사업이 어떻게 시작되었으며, 어떤 모습으로 진행되었는지 그리고 어떤 구체적 성과를 볼 수 있었는지에 대해 질문하였다. 베트남에서도 농촌문제는 현안의 과제라고 하였다. 현재 베트남은 농촌인구가 차지하는 비율이 60%쯤 되며 매년 4%씩 감소하는 추세를 보인다고 하였다. 또 베트남 농촌도 일손부족이 심각하여 이민자를 받아들이며 공동영농의 모습을 갖추어가고 있다고도 하였다. 아울러 농촌에서의 고령화도 점점 심해지고 있다고 하였다.

한국에서 농촌마을 변화 예측시스템은 있는지, 있다면 어떤 형태로 진행되는지에 대해서도 질문하였다. 베트남의 경우 빠른 도시의 진행에서 농촌인구를 급속하게 유입하고 있어 농촌 미래가 불투명하다고 하였고 이어 한국에서는 이런 현상에 어떻게 대응했는지에 대해 궁금해했다. 베트남은 한국농촌사회가 변화했던 측면과 유사한 상황으로 변화할 것으로 보면서 베트남에 적합한 농촌발전모형 수립이 중요하다고도 하였다. 출산율에 있어서도 한국과 비슷한 양상을 보일 수 있다고 우려를 하였다. 현재 도시에서 출산율이 떨어지고 있으며 농촌에서는 그보다는 나은 편이지만 출산율 감소현상이 뚜렷하다고 하였다.

베트남 인구의 대부분이 살아가고 있는 농촌사회를 어떤 식으로 변화시킬 것이냐에 대한 고민을 읽을 수 있었다. 현재도 호치민을 비롯한 대도시에 인구유입이 아주 심하다고 한다. 현재 호치민은 호적제가 있어 도시로의 이주가 공식적으로는 쉽지 않지만 비공식적으로 대량의 이주가 일어나고 있다는 것이다. 특히 호치민에서 가까운 메콩 13개주의 젊은층에서 대량이주가 발생하여 사회문제가 될 정도라고까지 하였다. 젊은층의 대부분이 빠져나가면서 농촌에서의 노령화도 빠르게 진행되고 있다. 이런 상황에서 농촌에서 일어나는 여러 가지 다양한 현상에 어떻게 대응할 것인지에 대해 고민이 깊어지고 있는 듯 보였다.

한국의 새마을운동에 대해서도 언급하였다. 한국농촌 변화에 빼놓을 수 없는 것이 새마을운동이라고 하면서, 현재 베트남 농촌에서도 한국 새마을운동을 도입하고 있는 추세에 있다고 하였다. 한국에서 새마을운동은 어떤 장단점이 있었는지에 대해 물으면서 베트남식 새마을운동의 방향에 대해 조언해달라고 하였다. 베트남 농촌은 변화의 귀로 서 있는 것 같았다. 무엇보다도 베트남 사회의 당면과제가 도시사회에도 있지만 대부분 주민들의 삶의 터전인 농촌마을을 어떤 식으로 발전시킬 것이냐에 큰 고민이 있는 듯 보였다.

한국은 짧은 기간에 산업과 공업을 발전시켜 성공적 공업국가로 변모하였는데, 그런 과정에서 대도시로 많은 사람들이 몰려드는 현상을 가져왔다. 이른바 대도시 중심의 산업화가 진행되어 효율성을 집적할 수 있었지만 상대적으로 소외되는 지역이 늘어나는 지역편중현상을 낳았다. 베트남의 경우도 대도시 중심으로 공업화를 해야한다고 보는지 그렇지 않은지에 대한 견해를 묻기도 하였다. 대도시 중심의 집적효과를 중심으로 살아야할 것인지, 아니면 속도를 좀 늦추더라도 지역간 편차를 고려한 산업화를 할 것인지에 대한 관심으로 읽을 수 있었다.

한국에서의 계급상황에 대해 질문하면서 중간계급이 어떤 상황을 보이는지 그리고 그들이 사회발전에 어떤 역할을 하고 있는지, 무엇보다도 중간계급의 개념과 기준을 어떻게 잡아야 하는지 등에 대한 질문이 이어졌다. 베트남의 경우 중간계급이 크게 부각되지 않으며 상류층과 하류층으로 양극화되는 현상을 볼 수 있었고, 사회주의인 관계로 중간계급의 의미를 강조하는 경향이 낮은 것으로 볼 수 있었다. 그밖에 시민계급이란 무엇이며 왜 시민계급이 중요한지에 대해서도 궁금해 하였다.

이곳 책임자인 껑 교수의 발표가 예정되어 있어 진행자가 시간조정을 해달라며 재촉을 하였던 관계로 심층토론으로 이어지지 않았다. 전체적 느낌은 한국사회에 대한 관심이 많았으며 특히 한국농촌의 변화를 눈여겨보면서 베트남 농촌사회의 미래를 예견하려는 시도를 하는 것 같았다.

잠깐의 휴식시간에 전문가들 몇 분이 찾아와서 관심을 표명하였으며 메일주소를 원했다. 그리고 남부사회과학원과 지속적으로 협력하자는 제안을 하기도 하였다. 베트남 전문가들은 한국사회의 변화를 통해 베트남의 미래를 설명하려는 강한 의지를 갖고 있는 것으로 보였다.

6. 베트남 학자가 바라본 한국사회학 스케치

껑(Cuong) 교수는 베트남에서 사회학의 현실이 세계 사회학 상황에 대해 잘 알고 있지 않다며 발표를 시작했다. 베트남 사회학의 지평을 넓히기 위해서는 해외사회학이 어떤 추세와 흐름을 보이며 발전해 왔는지에 대해 이해할 필요가 있다고 하였고, 그런 차원에서 다른 나라 사회학의 연구흐름을 살펴봐야 할

〈껑 교수의 베트남-한국 관련 저서〉

것이라고 의견을 피력했다. 자신은 러시아 사회연구 관련 저서를 출판하기도 하였고 동시에 베트남과 한국사회 관련 책을 집필하였다고 했다. 이런 시도를 통해 베트남 사회학의 지평을 넓히려 한다고 했다.

한국사회학에 발표된 두편의 논문을 참고자료로 한국사회학의 상황을 소개하겠다고 하였다. 1920년 상황에서부터 2000년까지에 이르는 긴 시기 동안 한국사회학이 어떻게 전개되어 왔는지를 발표했다. 두 명의 한국인 교수인 김○○, 임○○의 한국사회학 관련 논문을 인용해서 논의를 이어갔다.

1920에서 30년대 사회학이 한국사회에 소개되었고 1946년 해방이후 사회학과가 개설되었다. 1957년 한국사회학회가 창설되었고 1964년 한국사회학회지가 창간되었으며 1970년대 이후 사회학의 일반화가 이루어지게 되었다고 했다.

1906년 이인직은 일본의 영향을 받아 스펜스 사회학을 소개하였고 1909년 장지영이 중국에서 사회학을 공부하여 한국에 소개했다는 것이다. 그는 중국어판 콩트와 스펜스 관련 내용을 한국어로 번역하여 소개했다. 일본식민 통치기간 동안인 1935

년 한국 출산률 연구(여성 2000명 대상), 1926년 고용환에 의한 독일학자 퇴니스의 '인간진보의 개념과 법' 번역, 1930년 김현준의 현대사회학 출판, 1933년 한기진의 사회학입문 출판 등이 연이어 나왔다고 하였다.

1946년 이상백은 서울대 사회학과 학과장에 취임하여 한국사회학이 본격 전개되는 계기가 되었다. 1954년 경북대학교에 사회학과가 개설되었고 이어 1958년 이화여자대학, 1961년 서울여자대학, 1963년 고려대학교에 사회학과가 개설되었다. 1957년 한국사회학회가 창립되었고 1964년 한국사회학회지를 낼 수 있을 정도로 역량을 갖추게 되었다고 했다.

1960년대 한국의 사회학자는 동남아시아 국가들보다는 많았지만 일본에 비해서 적었으며 중국과 러시아 사회학 상황에 비교할 때 지속적 발전이 이루어지지 않았다고 하였다. 이런 근거가 무엇인지에 대해 잘 알 수 없었지만 발표를 이어갔다. 이후 한국사회학은 미국사회학의 절대적 영향을 받으며 성장하였다. 경제상황이 좋아지면서 미국대학으로 유학을 많이 갔으며 유학을 마치고 돌아온 사회학자들이 한국사회학을 주도해갔다. 당시 연구과제가 많이 없었고 한국어로 된 책이 없어 영어책을 교재로 사용하였다고 했다. 그 당시에 한국사회학계에서는 교수가 부족했고 학생들의 관심도 많지 않았으며, 그리고 책도 없었고 통계방법도 잘 몰랐다고 하였다.

1970년대 한국사회학은 다양화, 전문화의 모습을 보여주기에 이르렀다. 당시 상황에서 교육보다 경제에 집중하는 형태였기에 아직 충분한 성장기라 볼 수 없으나 그래도 여건은 좋아져 갔다고 하였다. 80년대와 90년대를 지나 2000년대에 이르는 과정에서도 한국사회학은 고유의 특성을 잘 살릴 수 없었고 서양, 특히 미국사회학의 일방적 영향에서 자유로울 수 없었다고 했다. 한국 고유의 사회학이란 무엇이며 어떤 모습을 갖추어야 하는지에 대해 내놓을 수 있는 것이 별로 없었다고 했다. 아마 특정 한국인 교수의 논문내용을 그대로 인용하는 과정에서 이런 식으로 논의를 전개한 것으로 보였다.

발표자 스스로도 이런 내용에 대해 좀 머쓱했던지 이에 대해 어떻게 생각하느냐며 의견을 물었다. 일정부분 수용할 수도 있지만 또 다른 일정부분에서는 받아들이기에 좀 무리가 있다는 의견을 피력했다. 한국사회학의 자기반성 차원에서 한국사회학의 고유성을 찾자는 의미로 해석할 수 있을 것이라고 했고, 또 특정 연구자 한두 명이 상당히 중층의 모습을 보이며 다양성을 띠고 발전을 거듭하였던 한국 사회학을 종합적으로 평가하는 것이 쉽지 않을 것이라 하였다. 당시 한국사회학의 상황을 좀 더 자세히 들여다보면 또 다른 해석이 가능할 수 있을 것이라고 의견을 피력했다.

최근 사회학에 대한 관심이 인접 학문인 심리학, 복지학 등에 비해 떨어진다는 사실에 대해서도 함께 이야기했다. 한국뿐만 아니라 베트남에서도 비슷한 현상이 나타난다는 것이었다. 사회학은 학문적 성격이 강하여 학자와 연구자로 나갈 수 있는 길이 많아야 하는데 현실여건에서 그렇지 않다고 하였다. 베트남 학생들의 경우에서도 취업현장으로 나가는 길이 막혀 있으면 공부하기 싫어한다고 했다. 그래서 10년 내에 사회학의 인기가 좋아질 수 없다며 어떻게 현실사회 적합형으로 사회학을 만들어갈 것인지에 대해서도 고민할 필요가 있다고 하였다. 경영과 IT분야, 빅데이터 분야 등과의 접목을 시도함으로써 사회학의 실천성을 높일 수 있는 방안이 필요하다고 하였다.

7,80년대를 지나면서 민주화 열망이 강할 때 비판학문으로서 사회학은 비교적 인기가 높았을 때가 잠시 있었다고도 하였다. 사회학이 사회비판을 위한 중요한 이론적 설명력을 제공할 수 있다고 보면서 당시 젊은이들이 관심을 가졌다고 하였다. 한국적 상황에서 그런 경향이 잠시 있었음을 이야기해주었다. 그 이후 민주사회로 전환되면서 비판기능이 축소되었으며 경제적 실용성이 더 강조되면서 사회학에 대한 관심도 줄어들기 시작하였다고 하였다. 앞으로 어떤 사회학을 만들어야 할 것이냐를 둘러싼 학적고민이 필요할 것이라는 점에서 공동의 의견을 도출할 수 있었다.

제4장
베트남, 학교교육의 현안과 전망

1. 아이 키우기 좋은 나라

호치민 3군에 위치한 키동(Ky Dong) 초등학교를 방문했다. 7시 10분경인데 많은 학생들이 운동장에 모여 있다. 학부모와 학생들이 삼삼오오 모여 앉아 아침식사를 했다. 아침식사 후 교실로 향했다. 정말로 많은 학생들이 좁은 운동장에 모여서 인사를 나누면서 밥을 같이 먹는다. 참으로 정겨운 모습이다. 1학년에서 5학년까지의 학생들과 군데군데의 학부모들, 그리고 교사들이 한자리에 앉아서 음식을 같이 한다는 것이 참으로 의미를 띠는 것 같았다.

〈아침 식사 후 교실로 이동모습〉

〈교육실습생의 수업참관〉

어릴 때부터 음식을 나누면서 함께하는 삶의 자세를 자연스럽게 익히도록 하는 것 같았다. 다른 나라에서 잘 볼 수 없는 모습이어서 아주 색달랐다. 7시 교문이 열리면 학부모들은 아이들을 데리고 학교로 오며 학교에 와서는 바로 교실로 들어가지 않고 운동장에서 엄마, 아빠와 함께 아침을 먹기도 하며, 옆의 친구와 아침을 같이 먹는다. 약 30분간의 시간을 운동장에서 동료들과 함께 보내고 이어서 교실로 들어간다. 2000여 명이 넘는 학생들이 교실로 들어가는 모습도 장관이다.

수업은 아침 7시 30분부터 시작되었다. 교사는 60여 명 가까이 되며 교장 한 명에 부교장 2명으로 구성되어 있다. 부교장 선생님이 아주 친절한 분으로 한국에서 학교교육에 관심이 있어서 왔다고 했더니 교사 한 분과 같이 수업모습을 보여주었고 그밖의 학교시설에 대해서도 자세하게 설명해주었다. 더운 나라여서 문을 열고 수업하는 경우가 많았고, 그래서 밖에서도 수업모습을 다 볼 수 있었다. 초등학교 1학년은 학급당 40여 명이 넘었고 12개 학습으로 구성되어 있었다. 1학년에서 5학년까지 거의 같은 학급수에 학급당 인원도 비슷하다고 했다. 베트남 교육편제는 우리와 조금 다른 것 같다. 초등교육이 5년이며 6년에서 12년까지가 중등교육이고 그 다음이 대학교육이라고 했다.

한 학급에 여러 명의 교사들이 있어 왜 그러냐고 했더니, 1교실 1교사제가 원칙인데 지금은 교육대학 학생들이 실습을 나와서 수업에 참관하는 중이라고 했다. 예비교사들의 수업능력을 키우기 위한 몇 가지 제도가 있는데 그런 일환 중의 하나가 현장의 수업실습 참가라고 하였다.

다른 교실에서는 교사 1명이 수업을 하고 있었다. 부교장 선생님은 학생들에게 한국에서 온 손님이라고 소개하여 학생들이 모두 일어나서 인사를 했다. 학교의 여러 시설을 견학할 수 있었는 데 인상적인 점은 시설이 생각보다 잘되어 있었다는 사실이었다. 영어수업의 경우 학생들은 개인용 컴퓨터를 갖고 수업을 하였고 교사와 학생이 일대일로 반응하며 수업할 수 있다고 자랑했다.

〈개인용 휴대 PC와 휴대폰 활용한 영어수업〉

원어민 교사가 초등학생을 대상으로 수업을 하고 있었다. 미국에서 온 젊은 교사인데 자원봉사로 나와서 학생들에게 영어를 가르친다고 했다. 미국 이외에도 영국, 호주 등에서 온 몇 분의 원어민 강사가 시간표에 의거하여 학교에 나온다고 했다. 어떻게 그런 자원봉사자를 통한 원어민강사를 적절하게 활용할 수 있는지가 신기해서 원어민강사를 안정적으로 확보할 수 있느냐고 물었더니 시스템화되어 있어 자원봉사자들을 계속적으로 충원할 수 있다고 하였다.

학교의 가장 인상적인 점은 도서관에서 볼 수 있었다. 도서관 시설도 작고 책도 얼마 되지 않았지만 도서관 측면에 야외로 통하는 통로를 내어놓고 시원한 그늘에 의자를 배치하여 야외도서관으로 개설하고 있었다. 이런 야외 도서관에서 교사와 학생들이 함께 책을 읽으며 사색할 수 있도록 하였고, 이런 사색의 과정을 거칠 때 학생들의 품성이 자연친화적이며 더욱 풍요롭게 될 수 있다며 부교장 선생님이 자랑을 했다. 자신의 아이디어로 학교의 자연환경을 활용하여 이런 시설을 만들었고 하였다. 특히 도서의 경우에도 장서가 많지는 않았지만 이동용 도서함 체계를 갖추어 학생들이 아주 쉽게 책에 접할 수 있도록 배려하고 있었다.

이곳에서도 초등교사들의 대부분은 여성들이었는데 비교적 젊어 보였고 칠판에 산수계산법을 정자로 판서하면서 수업을 했다. 영어와 같은 과목에서는 기자재를 활용한 수업을 한다고 했고, 베트남어와 수학, 과학과 같은 과목에서는 판서와 필기 등을 중요시한다고 했다. 교사가 칠판에 판서를 하면 학생들은 공책에 받아쓰고 있었다. 교실의 뒷면에는 학생들이 직접 만든 작품들을 붙여서 교실장식을 했다. 부교장 선생님은 아이들이 만든 작품이라며 학생들의 능력이 점점 커지고 있다며 대견해했다.

요즘 한국에서의 초등교육 모습에 대해 잘 알지 못하지만 그 옛날 우리세대에서 했던 수업형태와 크게 달라 보이지 않았다. 다만 이곳에도 첨단기기를 활용한 수업을 중요시하였고, 영어의 경우 원어민을 활용하는 점에서 새로운 교수법으로 보였다.

학생들이 교사지시를 잘 따른다는 점이 인상적이다. 물론 어려서 그렇겠지만 한 교실에 40여 명 이상의 학생들이 공부하고 있는데 한참을 보아도 바른 자세에서 공부하였고, 옆짝과 크게 장난을 치지도 않았다. 무엇보다 공책에 일일이 받아쓰며 단정한 모습으로 앉아서 공부하고 있었다.

부교장실에서 간단한 음료를 나누면서 한참 동안 이야기를 주고받았다. 이 학교는 호치민 시 중심가에 있어 다른 학교에 비해 큰 학교라고 했다. 교사수와 학생수가 다른 학교에 비해서 많으며, 여러 가지에서 좋은 조건이라고 했다. 초등교육의 질 향상을 위해 다른 나라 학교와의 교류를 모색할 생각이라는 의중을 밝혔다. 특히 교육에서 교수법이 중요한데 어떻게 이점을 향상시킬 수 있을 것인지에 대해 관심이 많다고 했다. 우리로 보면 인심이 아주 좋은 분이어서 물과 차, 심지어 맥주까지 내놓으면서 골라서 마시라고 한다. 또 한국에 대해 관심이 아주 많다고 하였다. 아침 시간에 뜻밖의 환대를 받아서 기분이 아주 좋았다. 역시 찾아오는 이방인에 대한 관심과 따뜻한 영접은 사람을 감동시키는 것 같다. 마침 영 교수로부터 전화가 와서 아침에 일찍 약속을 하는 바람에 더 많은 이야기를 나눌 수 없었다. 다음 기회 때 다시 온다고 하며 학교를 떠났다.

베트남의 학교교육은 어릴 때부터 관계성을 신장하는 데 특별히 관심을 두는 것 같았다. 학생들이 학년별 반별로 모여 앉아 아침을 같이 먹고 장난을 치고 즐거워한다. 함께 하는 생활을 어려서부터 중요시하는 것으로 보였다. 이런 함께 하는 생활은 대학까지도 계속 이어지는 것 같다. 대학생들의 경우도 아침부터 같이 먹으며 여러 행사를 끼리끼리 모여서 하는 것을 여러 번 관찰할 수 있었다. 심지어 한국남성과 국제결혼을 한 이주여성의 경우도, 먼저 진출하여 적응하면 여동생에게 소개하며, 또 친척과 이웃에게 소개하는 등으로 연쇄결혼(Marriage Chain)이 맺어진다고 한다. 더욱 베트남인들은 싸움을 하여도 혼자 하지 않고 몇몇 친한 사람을 모아서 싸움을 걸며, 그래서 이기는 조건을 만든다고 한다. 외국에 유학을 하여도 혼자 있거나 독립적으로 생활하지 않으며 먼저 유학을 온 친구나 선후배 등과 잘 어울리는 편이라 한다. 어려서부터 함께하는 생활에 익숙하도록 사회화되며, 그것은 평생의 삶에도 영향을 미치는 것 같다.

부모들도 아이를 학교에까지 태워주며 마치면 또 학교까지 태우고 온다. 아이 키우는 데 관심을 집중하며, 경제사회적 환경에서도 그런 아이 키우기 좋은 여건을 인정하는 것 같다. 호치민 시내 여러 곳에서 아동병원(Children's Hospital)을 보았다. 왜 이렇게 아동병원이 많으냐는 질문도 여러 번 하였다. 한국과 상당히 다른 모습이다. 우리의 경우 저출산 가운데서 산부인과 병원이 잘 되지 않으며, 소아과 병원도 다른 형태의 병원으로 바꾸고 있다고 들었다. 베트남은 출산율이 아직은 높아 아동들의 수가 많은 탓도 있겠지만, 아이들에 대한 부모님들의 관심과 애정이 그만큼 많다는 것을 볼 수 있다.

아이가 아프면 부모들은 직장 출근을 하지 않으며 먼 친척까지 많은 관심을 기울인다는 것이다. 가정의 가장 큰 관심은 아이 키우는데 주어지며, 사회문화적 환경에서도 그런 아이 키우기에 최우선의 가치를 부여하는 것을 인정한다. 그런 것이 비교적 높은 출산율을 유지할 수 있는 비결이 아닐까 생각해본다. 우리처럼 국가에서 경제적으로 지원을 한다고 아이를 낳아 키울 수 있는 것이 아니라, 가족에서부터 직장, 그리고 정부 등의 사회 각 영역에서 아이를 잘 키우고 보살피는 데 우선적 관심을 부여한다.

베트남이 개방되고 외국문화와의 만남이 잦아지고 상호 왕래가 많아지면 베트남의 아이 키우기 문화에도 변화가 있을 것이고, 많은 젊은이들이 서구적 가치로 삶을 살아갈 것이다. 가족과 친지, 그리고 친구와 이웃끼리 맺는 긴밀한 관계성과 연대성이 독립적 가치, 개인주의화, 미래지향적 가치 등에 관심을 두는 쪽으로 바뀔 것이다. 이런 자립과 독립, 그리고 개인주의화 가치가 좋은 것이냐에 대해서는 생각해볼 필요가 있다. 현재 베트남에서 보여주는 공동체성과 연대성에 기반한 관계를 어떻게 계속 유지, 발전시킬 것인가도 중요할 것이다. 우리의 잃어버린 세월을 보는 것 같았다. 우리에게도 이렇게 좋은 관계성을 갖고 있었지만 지금은 추억과 회상으로 되돌아볼 뿐이다.

몇몇 한국기업의 주재관들에 의하면, 주어지는 일은 잘 하는데 융통성 있게 새로운 일을 자발적으로 잘 시도하지 않고 의타적 모습을 보인다고 한다. 문제를 적극적으로 찾아 해결하려는 의지가 약하다는 것이었다. 이런 의타성은 베트남의 아이 키우기 문화와 관련이 있을 것이다. 이곳 학생들이 어떻게 생활하고 공부하는지를 보면 이해가는 점이 많다. 우리처럼 아이를 독립적으로 키우고 자립심을 갖고 세상을 살아가도록 하기 보다 가족과 친척, 그리고 동료와의 관계 속에서 온정적으로 키우는 것에서 베트남 아이들의 특성을 찾을 수 있었다.

2. 교육에 올인하다

응웬 티먼 카이(Thi Minh Khai) 고교는 건물 자체도 멋있고 들어가는데도 경비가 엄격했다. 호치민의 핵심지역에 위치해 있으며 건물의 외관상 대학처럼 보였다. 건물의 외형이 아주 고풍스럽고 얼핏 보아서도 역사성을 느낄 수 있었다. 아침 7시가 채 되지 않았는데 학생들 수업이 시작되었다. 체육시간인지 건물 밖에서 몇 명씩 체육활동을 하고 있었고 교사는 학생활동을 측정하고 있었다. 큰 부지의 교정 곳곳에 반별로 활동을 하고 있었다. 호치민 시내 몇 곳에서 고등학교 건물이 고풍스러우면서도 역사성을 갖고 있는 곳을 보았다. 프랑스 식민시대 때부터 내려오는 전통을 이어받았다는 것이다. 옛 역사를 살리면서 현재로 이어지는 베트남의 한 모습으로 볼 수 있다. 교육의 측면에서 역사성을 바탕으로 현재성을 살려가려는 그들만의 정신을 살필 수 있었다.

호치민 곳곳에서 가장 많이 볼 수 있는 교육시설은 유치원 건물이었다. 숙소인근에만 대여섯개의 멋진 유치원이 있다. 몬테소리 유치원을 비롯하여 키동유치원이 있고 인근에 여러 개의 유치원이 더 자리 잡고 있다. 아침이면 부모들이 유치원으로 자녀들을 데려다주느라 분주하다. 시설의 면에서도 유치원, 초등학교, 중고등학교 건물들이 다른 건물에 비해 돋보인다. 그만큼 베트남인들의 교육에 대한 관심을 엿볼 수 있다.

베트남에서 여력이 되면 자녀를 해외로 유학을 보내는 데 관심이 많다고 한다. 부자들(연 1억 소득)의 경우 미국유학은 하나의 중요한 흐름이라고 했다. 국제학교에 자녀를 보낸 한국인에 의하면, 같이 학교를 다니던 동급생들이 하나 둘씩 빠져나가 학교에 나오지 않는다고 한다. 그런 경우 대부분 미국 조기유학을 갔다는 것이다. 굳이 공부를 잘 하지 못해도 인맥을 쌓아놓고 또 영어를 할 수 있으면 그것으로 충분하다고 생각한다. 부는 부모로부터 물려받을 수 있고, 또 상류층으로서의 인맥쌓기도 그들끼리의 연줄을 통해 이룰 수 있다고 본다. 그런데 글로벌 시대상황에 영어로 소통할 수 있는 능력을 갖출 수 있어야 한다고 보고 해외유학을 결정한다는 것이다.

이런 여러 가지 모습으로 볼 때 베트남인들은 교육에 상당한 관심을 갖고 있으며, 자녀를 어떻게 키워서 잘 교육시킬 것인가에 총력을 기울이는 것으로 볼 수 있다. 호치민 시내 곳곳을 다니면서 유치원이 유독 많다는 것을 보게 되었고, 또 등하교 때 길이 막힐 정도로 자녀를 직접 데려오고 데려 간다. 그것은 초중등학교에까지 그대로 이어진다. 베트남 부모들의 관심은 자녀교육에 있다고 해도 과언이 아니다.

중등학교 건물의 모습도 예쁘고 크고 멋지다. 그만큼 교육에 대한 관심이 많다는 뜻일 것이다. 베트남인들에게 자녀를 어떻게 키우고 교육을 시킬 것이냐는 최고의 사회적 가치로 보인다.

그들은 삶의 핵심근거를 바로 자녀교육에 둔다. 사립대학의 경우는 국공립대학에 비해 등록금이 3-5배 비싸다고 한다. 사립인 H대학의 경우, 호치민시 밖의 지역에서 온 학생들이 많았다. 이렇게 온 학생들 대부분은 자취와 하숙생활을 하며 공부한다. 농촌지역의 부모들도 자녀교육을 통한 기회상승을 아주 강하게 원하는 것으로 보였다. 공부를 할 때 새로운 기회가 열린다고 보고 온갖 지원을 다해 자녀를 공부시킨다. 우리의 6,70년대 농촌부모님들이 했던 모습과 다르지 않다.

호치민에서 몇몇 직장인을 만났는데 그들 대부분이 호치민시 밖의 농촌출신이었다. 그들은 오토바이로 3-4시간 걸리는 거리에 있는 부모님을 가끔씩 방문한다고 하였다. 그들은 모두 호치민에서 대학교육을 마치고 호치민에 소재하는 직장에 취업하여 생활하고 있다. 교육을 통한 기회상승을 이룬 셈이다. 이런 점에서 교육은 베트남인들의 최대관심사로 보였다. 어린이집에서부터 대학교육에 이르기까지 교육에 최고의 가치를 두고 새로운 성취를 모색하고 있었다.

〈고등학교건물〉

〈고교 수업모습〉

베트남 미래가 어떨 것인가에 대한 견해는 대체로 두 가지 의견으로 나뉘었다. 지금처럼 고도성장을 하면 곧이어 한국수준에까지 따라올 것이라는 견해가 있고, 또 다른 쪽에서는 원천기술력을 확보하지 않은 채 지금처럼 외국자본에 의지한 성장은 한계를 맞이할 것이라는 견해가 그것이다. 미래예측은 늘 예측일 뿐이다. 경제외적 영역에서 볼 때 베트남 미래는 밝아 보인다는 것이 대체적 평이다. 그것은 그들의 자녀교육에 대한 관심에서 찾을 수 있다. 사회의 혁신은 교육과 불가분의 관계를 맺기 때문이다. 유아유치원 교육에서부터 중등학교를 거쳐 대학교육에 이르기까지 베트남 교육은 활력이 넘쳤고 강력한 역동성을 갖고 있었다.

어린아이에서부터 대학생, 성인에 이르기까지 베트남 사회는 교육에 많은 강조를 부여하고 있었다. 그들의 교육에 대한 관심은 대단하였다. 아이를 돌보기 위한 어린이집도 많았고 또 아이를 극성스럽게 보살피고 있었다. 초중등학교 교육에 거는 기대도 남달랐다. 아이를 데려다주고 데려오며 또 각종 사교육을 통해 자녀의 공부에 관심을 집중했다. 대학에서도 해외대학과의 교류를 모색하여 대학교육의 질을 향상시키려하고 있으며, 여건이 허락되면 해외 유명대학에 유학을 보낸다.

대학교육에서의 혁신을 어느 정도까지 해낼 것인지가 베트남 미래와 직결되는 것으로 보였다. 유아, 초중등교육 영역은 좋아 보였던데 비해 대학교육에서 보완해야 할 점이 많아보였다. 학교시설의 측면에서도 그런 면을 볼 수 있었고, 인적구성의 측면에서도 전문성이 부족했다. 최근 2, 30대층의 외국학위자들이 많은데 4, 50대의 교수층은 그렇지 않았다. 또 교육역할을 중요시여기는 데 비해 연구역량이 뒷받침되지 않는 점을 볼 수 있었다. 교수진의 대부분은 자신의 연구실을 갖고 있지 않았고 수업이 있을 때만 학교에 오고 수업이 없으면 학교에 오지 않아도 되는 시스템이었다.

베트남의 미래를 어둡게 보는 입장은 해외요인에 입각한 경제상황에서 찾았다. 내부적 혁신이 없고 베트남산 고유브랜드를 찾을 수 없는 상황에서 고도산업사회에 적합한 경제사회를 만들 수 있느냐의 논쟁으로 볼 수 있다. 이는 다시 대학교육의 여건과 맞물리는 문제로 베트남 경제사회의 활로모색에 큰 영향을 미칠 것이다.

3. 대학교육, 어떤 모습인가

호치민시 H대학은 신흥사립대학으로 호치민 중심가에서 그렇게 멀지 않은 곳의 신흥개발지역에 위치해 있다. 아침 6시 40분경 이 대학 방문에서 깊은 인상을 받았다. 6시 40분경 교문 풍경은 긴 줄을 한 학생들로 인산인해였다. 오토바이와 학생들로 도로는 꽉 차있다. 교통지도 안내원이 나와 정리하기에 바쁘다. 학교가 고층건물로 되어 있어 엘리베이터 앞에 긴 줄이 늘어서 있다. 차례로 엘리베이터를 타고 교실로 이동한다. 7시30분부터 수업이 시작된다는 것이다. 일단 교수들과 학생들은 수시로 이동하는 버스를 타고 제2, 3 캠퍼스로 이동한다. 7시 버스를 타고 제2캠퍼스로 이동했다. 여러 명의 교수들로 함께 이동을 하였다. 제2 캠퍼스에서 7시 30분에서 11시 30분까지 수업하고 다시 버스로 이동을 한다.

제2캠퍼스에서도 학생들은 긴줄을 서서 엘리베이터를 기다리고 있었다. 교직원에게 먼저 탈 수 있도록 배려한다. 그것이 이 대학의 전통이라고 한다. 학생들은 교수에 대한 배려를 해야 한다는 것이다.

젊은 나라답게 대학에 청년으로 넘쳐난다. 남자의 경우 대학에 와서 공부하여 취업을 한 뒤 27세에 이르면 군대 면제 조건을 갖춘다고 한다. 그런 조건을 충족하지 못하면 군 복무를 해야 한다는 것이다. 그래서인지 베트남의 대학진학률은 빠른 증가 추세를 보인다고 한다. 국가에서 정책적으로 대학진학을 장려하는 것으로 볼 수 있다. 호치민의 경우, 기존의 국립대학에 더해 최근 사립대학들이 새로 들어서고 있다고 한다. H대학의 경우 공과대학으로 시작했는데, 지금은 경영, 인문사회 쪽으로 영역을 넓혀 종합대학이 되었으며, 현재 학생 수가 28,000여 명에 이른다.

대학생들은 한결같이 밝고 활달하게 살아간다. 어른에 대한 존경심이 비교적 많은 것으로 보인다. 인사를 잘 하며 여러 가지를 친절하게 안내해준다. 처음 보는 학생인데 어디가 식당이냐의 물음에 장소 안내는 물론이고 음식주문까지 도와주며 마치 자기 일처럼 잘해주었다.

〈엘리베이터 앞에서 아침수업을 위해 긴 줄을 서고 있다〉

H대학은 연 4학기제로 운영되며 교수진의 상당부분도 겸임교수 형태로 운영한다고 하였다. 그것은 사립대학답게 현장경험을 중시하는 것과 관계있다. 현장경험을 통해 취업으로 연결시키는 것에 중요성을 둔다는 것이다. 한편으로 이해되는 측면이 있다. 대부분의 학생들도 취업하여 안정적 삶을 살고자 하는 것으로 보였다. 교수진도 학문적으로 접근하려는 것이 아닌 실무형으로 접근하는 것 같았다.

H대의 경우, 시내 캠퍼스가 협소한 관계로 30여분쯤 거리에 제2, 3캠퍼스를 조성하여 셔틀버스를 운영하고 있다. 셔틀버스를 운행하며 교직원과 학생들에게 편의를 제공하고 있었다. 사립대학답게 대학교육의 운영에서도 유연성을 찾을 수 있었다. 집중학기제를 운영함으로써 학생들이 열심히 집중적으로 공부하면 2년 만에 졸업할 수 있도록 한다. 다양한 형태의 커리큘럼을 운영하여 교육수요자들의 편의를 제공한다. 성인코스는 물론이고 재학생들에게도 실무형 교육을 제공하여 신흥명문학교로 발돋움하려는 시도를 하고 있다.

대학교육을 심지어 6학기로 운영하는 대학이 있다고 한다.

15주 수업시수를 채우면 되기 때문에 밤 시간대에도 수업을 열 수 있고, 심지어 일요일에도 수업을 진행할 수 있다. 어떤 방식으로든 15주의 수업을 하여 졸업학점을 채우면 졸업요건을 갖출 수 있다. 산업수요에 맞는 발빠른 대응으로 볼 수도 있다. 또 그만큼 인적자원이 풍부하다는 이야기도 될 것이다. 공산당 중심으로 정책을 개발, 집행하는 상황에서 이런 유연성을 발휘한다는 사실에 놀랄 뿐이다. 특히 사립대학의 경우, 대학재정 확보에 유리하며 이에 의해 대학의 확장을 손쉽게 할 수 있는 장점을 갖는다. 그런 점에서 H대학은 발빠른 대응을 하고 있으며 나름 성공을 거두고 있다고 하였다.

우리와 같은 캠퍼스 개념이 없었고 건물 중심으로 대학을 운영하고 있었고, 교수에게 연구실을 제공하지 않았다. 몇몇 핵심대학을 제외하고는 대부분의 대학이 교육중심으로 진행되어 연구기능을 찾아볼 수 없었다. 교수는 수업이 있으면 학교에 나오고 없으면 나오지 않아도 되며, 또 교수직 이외의 부업이 허용되고 있었다. 수업을 통해 학생들의 사회적응 능력을 키우고 이를 통해 경쟁력 있는 베트남사회를 만드는 것에 우선 목적을 두는 것으로 읽을 수 있었다. 그만큼 베트남 사회가 당면한 과제가 시급한 것으로도 볼 수 있었다.

그래서인지 대학교직원 중에서 박사학위 소지자가 많아 보이지 않았다. 학사 학위자 중에서도 교수직에 있는 분들이 많았다. 그것은 대학교육을 논문을 통한 지식창출에 두기보다 기존 지식의 가공을 통한 지식습득에 방점을 두는 것으로도 읽을 수 있었다. 지식수요가 급증하면서 학생들이 대학으로 밀려들고 있으며 이들을 어떻게 잘 가르쳐 사회 곳곳에 진출하도록 돕는 데 대학교육의 핵심을 두는 것으로 볼 수 있다.

H대의 경우 총장 1명에 학문영역별로 몇명의 책임 부총장제를 두어 학교를 운영하고 있었다. 부총장의 능력이 좋으면 그 분야에서 성과를 낼 수 있으며, 그런 성과에 따른 스톡옵션제를 도입하고 있다. 따라서 성과를 내는 교직원은 주식 형태로 성과급을 지급하여 성취의욕을 북돋우려 한다. 대학에서 제공받은 주식은 5년 동안 팔 수 없으며, 대학이 성과를 내서 주식이 오르면 당사자 본인 몫으로 돌아간다는 것이다.

대학의 자본주의화 현상이라 할 수 있다. 교직원 중에서 능력 있는 사람을 선발하여 인센티브를 제공하는 형태이다. 베트남에서는 퇴직 후 연금을 받을 수 있는 직업은 공무원뿐이라 한다. 사립대학 교직원은 공무원 신분이 아니어서 연금을 받을 수 없다. 그래서 H대의 경우 주식 형태로 인센티브를 주는 제도를 도입하여 연금에 준하는 노후자금을 확보하며 이를 통해 더 많은 성과를 내도록 독려한다. 이런 제도 덕분인지 H대학은 엄청난 발전을 하였다고 한다. 밀려드는 학생 덕분에 호치민 시 외곽에 제2, 3캠퍼스를 조성할 수 있게 되었다. 호치민시의 지하철이 대학캠퍼스 바로 앞에까지 계획되어 있어 대학의 미래가 더욱 밝아 보인다고 한다.

몇 차례의 특강과 세미나를 통해 베트남 학생들의 수업태도에 대해서도 파악할 수 있었다. 우리와 같은 개인주의적 생활이라기보다 학과중심의 집단적으로 생활하며 학업열의가 돋보임을 보았다. 교수자가 들어오면 학생전체가 일어서서 인사를 하며 학생들끼리의 친밀성도 좋았다. 학생이 교수를 평가하는 것은 있을 수 없다. 학생에 대한 평가에서도 상대평가 방식이 아닌 절대평가이다. 우리보다 고도화되지 못해 그렇다기보다 어떤 환경에서 공부하는 것이 더 교육적인지에 대해 염두를 두는 것 같았다. 교육을 통해 효율성을 내는 것도 중요하겠지만 주변과 좋은 관계성을 맺으며 원만한 품성을 갖추어 인격적으로 살아가도록 하는 것이 더욱 중요한 핵심적 가치라고 보기 때문인 것 같았다.

교직원끼리의 관계성에도 주목할 필요가 있다. 학교행사가 있으면 거의 빠짐없이 참여하며 행사 때 여성들 대부분은 전통옷인 아오자이를 입고 나왔다. 그것이 베트남의 전통이며 문화의 한 모습이라고 했다. 학교행사에 교직원 대부분이 참여하는 것이 인상적이었고 학생들도 수업이 없으면 행사에 동참하여 행사의 의미를 북돋을 수 있도록 했다. 말이 아닌 행동으로서 사회통합의 의미를 보여주었다.

호치민에는 세계 각국 기업이 진출해있으며 다양한 문화가 만나는 지점이었고, 또 역사적으로도 중국, 프랑스, 미국, 일본 등 세계열강이 그쳐간 곳이기도 하다. 세계의 각 문화가 뒤섞여 있는 것으로 보인다. 그런 와중에서도 베트남 전통과 문화를 고수하면서 세계 각 나라의 문화를 수용하는 것이 대단하게 느껴졌다. 이미 우리보다 앞서 서구열강을 접하였고 100여 년에 걸쳐 프랑스 식민통치를 경험하였다. 서구열강과의 긴 교류역사를 가졌지만 서구문화에 일방적으로 편입되지 않았다. 그렇다고 베트남은 타문화를 일방적으로 배격하지도 않았던 것 같다. 프랑스 식민통치에서 벗어나기 위해 치열하게 전쟁을 하여 승리를 거두었지만 프랑스 문화를 멀리하지 않은 것으로 보였다.

미국이 좋다고 미국교육을 일방적으로 수용하는 것과 같은 한국식 형태와 여러 점에서 비교되었다. 우리는 교육개혁과 혁신이라는 이름으로 정부가 바뀔 때마다 새로운 정책을 들고나와 기존방식을 버리고 새로운 식으로 바꾸는 데 전념했다. 물론 그런 덕분에 좀 더 잘 살고 효율성을 높인 점도 있을 것이지만, 다른 한편에서 우리 것의 상당수를 놓친 측면도 있을 것이다. 한국식 교육은 어떤 모습이어야 하며, 한국식 교육브랜드는 어떠해야 하는가에 대한 성찰을 잘 찾을 수 없었다. 그것이 어디 교육뿐이겠는가. 현재의 우리 모습이 못해서가 아니라 한국적 문화브랜드를 어떻게 만들어가야 하며, 또 어떤 형태로 승화시켜가야 할 것인지를 둘러싼 성찰이 부족했다는 의미이다.

베트남식 교육이 좋다는 것이 아니라 자신의 정체성을 잃지 않으면서 외국문화를 수용한다는 사실이 돋보인다는 점이다. 한국이었다고 하면 지금쯤 베트남 교육은 급속히 교육혁신을 해야 한다며 현행의 베트남 교육을 구식의 유물로 보고 폐기하려 할 것이고, 어느 특정국가의 교육을 모델로 하여 교육개혁을 진행해야 한다며 야단법석을 떨 것이다. 베트남은 그들 나름의 전통과 문화에 토대해 새로운 교육을 점진적으로 받아들이며 새로운 모습으로 나아가는 것처럼 비춰졌다.

4. 인문학 정신이 살아있다

호치민시 인문사회대학(University of Social Sciences and Humanities)를 방문하였다. 베트남 국립대학으로 호치민에서 명문대학으로 알려져 있다. 줄여서 인사대로 표현한다고 하는데 대학 주변은 호치민의 번화가였다. 높은 고층빌딩들이 많았고 거리 곳곳에도 사람이 많았다.

먼저, 우리는 인사대학 사회학과를 찾았다. 행정조교인 탄의 안내로 부학장을 만났으며, 양대학 사회학과 간 협력을 위한 몇 가지 사안에 대해 이야기를 하였다. 인사대 사회학과 사무실은 상당히 깔끔하였고, 명문대학으로서의 모습을 갖추고 있었다. 교직원 16명에 학생 수가 한 학년당 160여 명이라고 했다. 졸업 후는 언론계, 교육계, 공무원 계통으로 대부분의 학생들이 취업한다고 했고 취업에 큰 고민을 갖고 있지 않았다.

이어서 이미 외부에서 몇 번 들었던 한국학과를 찾았다. 한국 ○○은행의 기부덕분에 사회학과보다 훨씬 잘 갖추어져 있었고 학과도서관 시설에 한국학 관련의 많은 도서들이 진열되어 있었다. 한국에서 진출한 여러 기업들 덕분에 한국어에 대한 수요가 많다는 것을 느낄 수 있었다. 한국학과에는 21명의 교수가 있으며 매년 180명의 신입생을 받는다고 했고 학생들 대부분은 취직이 아주 잘 된다고 하였다. 이곳은 베트남 한국학의 중심지로 보였다. 이곳에서 공부한 학생들이 한국 관련 중요한 일을 하는 것으로 볼 수 있었다. 베트남에서의 한국학이 갖는 위상과 인기를 엿볼 수 있었다.

이어 우리는 베트남 문화언어학과를 방문했다. 베트남 어문학과는 학장 한 명에 부학장을 두 명을 두고 있었다. 부학장실인 짬티 마이 한(Tran Thi Mai Nhan)과 응웬 타탄 하(Nguyen Tha Thanh Ha)는 우리를 따뜻하게 맞이해주었다. 현재 베트남어를 배우려는 수요가 너무 많아 전임교수만 36명을 두고 있다고 했다. 베트남어학과가 설치되어 있는 한국대학들과도 교환프로그램을 진행하고 있다고 하였다. 학과에 소속된 외국인 학생 중에서 한국계가 가장 많다고 한다. 부설 베트남어센터에는 연 5,000여 명 정도의 수강생들이 몰려들어 등록을 한다고 했다.

가히 베트남어 열풍을 짐작할 수 있었다. 교육이 앞으로 어떤 역할을 해야 할 것인지를 보여준다. 언어, 문학, 문화 등의 인문학이 경제적 경쟁시대에서 할 수 있는 역할에 대해 생각해볼 수 있었다. 호치민에 많은 외국인들이 몰려들면서 덩달아 베트남어의 인기도 상종가를 치고 있다. 호치민에 진출해 있는 기업가들과 그 가족들이 베트남어 학습에 관심이 많다고 했다. 충분히 이해될 수 있는 부분이다. 기업가의 자녀들은 부모의 사업을 이어받아 사업을 계속해가려면 베트남어를 구사하는 것이 중요할 것이다. 기술과 경영영역은 부모로부터 직접 배우면 될 것이다. 나이와 관계없이 베트남어를 배우려는 중년층이 늘어나고 있다고도 했다. 가정주부들, 베트남 사업에 관심 있는 사람들 등등이 베트남어 과정에 등록한다고 하였다.

베트남에서의 경제붐은 베트남어에 대한 관심은 물론이고 베트남 사회와 문화, 교육과 예술 등의 영역에서 관심을 고조시켰다. 한국어를 비롯한 외국어를 잘 구사하면 직장을 구하는 데 유리하고 연봉에서도 몇 배 차이가 난다. 거꾸로 외국인의 입장에서도 베트남어를 구사할 수 있으면 현지사업에서 좋은 위치를 차지할 수 있다. 이런 상황에서 인문학의 전공자들의 역할도 덩당아 커지고 있다. 베트남 인사대학은 경제붐에 걸맞게 베트남 문화를 비롯한 다양한 해외문화 현상을 설명 · 해명하려는 일종의 인문학의 중심지로서 역할을 하는 것 같았다.

호치민시 인사대는 국내외의 언어와 문학 등의 인문학 영역 및 사회학, 심리학, 인류학, 지역학 등의 사회과학 영역에 특화된 대학이다. 이런 학과들 이외에도 윤리학 연구소, 한국학 연구소, 베트남과 남아시아 연구소 등 수많은 인문사회 영역의 전문화된 연구소를 두고 있다. 인문학과 사회과학 영역으로만 운영되는 독특한 구조이다. 사회과학 영역 중에서도 인문학에 가까운 영역만 있고 경영, 경제, 회계, 무역 등과 같은 인기영역은 인사대가 아닌 인근에 위치한 국립 호치민 경제대학교에서 담당하고 있었다.

인문학과 인문에 가까운 사회과학 영역을 개설하고 있는데도 인근의 호치민 경제대학교보다 더 명문학교로 알려져 있고 인지도에서도 더 높다고 한다. 우리의 환경에서는 잘 찾아볼 수 없는 현상이다. 우리의 경우 경제경영과 같은 취업에 유리한 학과에 훨씬 많은 학생들이 몰리고 곧바로 명문학교로 등급매겨질 것이기 때문이다. 우리보다 후진사회로 생각하는 호치민에서 인문정신이 살아 있음을 느낄 수 있다.

인사대의 교육철학은 "전인, 자유, 다문화 교육"이다. 학교 정문에 새겨놓고 지나가는 누구나 볼 수 있다. 베트남의 여건에서 대학교육의 철학을 전인, 자유, 다문화 교육에 두는 것이 놀랍다. 어느 선진 개방사회에서의 모습과 다름이 없다. 대학에서야말로 자유를 누리고 어떤 문화든 인정되고 수용되어야 할 필요가 있음을 보여준다. 그러면서 교육의 가장 큰 목표는 역시 전인육성에 두어야 함을 말해준다. 오늘과 같은 경제적 차원의 격변의 시대에서 수월성, 효율성의 관점이 아닌 인격도야를 통한 전인에 대한 강조가 특히 눈길을 끈다. 그러면서 다문화의 가치를 인정하여 다문화사회를 실현하기 위한 개방성을 보여준다.

이런 교육을 하는데도 호치민 최고의 대학으로 통한다는 것에서 아직 이곳에 교육이 살아 있음을 느끼게 해준다. 순수인문학과 인문학에 가까운 사회과학 관련으로만 대학을 운영하는데도 인근의 경제대학교보다 지명도가 높고 베트남인들의 사랑을 받는다는 것은 그들의 교육을 바라보는 생각과 자세를 엿볼 수 있다. 우리처럼 캠퍼스도 없고 건물 몇 동이 대학의 모두이다. 우리에게 일반화되는 연구실 개념도 없다. 교수들은 수업과 그밖의 회의, 세미나 등이 있을 때 학교에 오면 된다. 그런 점에서 대학개념이 비교적 단출해 보인다. 우리의 대학본부를 비롯한 각종 거대 건물들로 구성된 대학개념과 상당히 달라보였다. 좀더 실용적 형태로 대학교육을 운영하는 모습이었다.

〈호치민시 인문사회과학대학의 교육모토〉

5. 기술교육은 어떤 모습인가?

호치민시 기술경제전문대(HCM City Technical and Economic College)를 방문하였다. 호치민 기술교육의 현황이 궁금하였는데 학교방문을 통해 몇 가지를 볼 수 있었다. 호치민 6군에 위치한 학교로 캠퍼스가 제법 컸고 시설에서도 좋은 여건이었다. 부총장과 국제개발처 직원들이 친절하게 맞이해주었다.

베트남 교육부 소속의 전문대학으로 5,500여 명 이상의 학생들이 공부하고 있으며 300여 명의 교직원들이 교육을 담당하고 있다고 하였다. 학교교육은 두 개 트랙형태로 운영되고 있었다. 정규전문대 코스와 부전문대(Sub-College) 코스형태로 교육이 이루어진다고 하였다. 정규과정에는 회계학, 재무은행학, 경영학, 영어 등의 사회계통 학과가 있었고 정보공학, 재료공학, 전기공학, 메카트로닉 공학, 전자공학, 자동차공학 등의 공학계

열의 학과가 설치되어 있었다. 정규과정에서는 고교를 졸업한 뒤 정규전문교육을 받을 수 있으며, 부전문 과정에서는 중학교를 졸업한 학생들이 기술기능을 습득하도록 하고 있었다. 우리로 말하면 공업고등학교 형태의 교육에 해당되는 것으로 보인다. 한국과 교육시스템이 다른 모습으로 전문대급 공업교육과 공업계고교 교육이 동시에 진행되는 것으로 볼 수 있었다.

한국적 여건에서 이런 두 개 코스를 운영하는 것은 잘 이해될 수 없다. 고교과정의 공업계 교육과 전문대과정의 전문기술교육이 같은 시설 안에서 비슷한 교수진에 의해 이루어진다. 학교급별 위계의식이 강한 한국에서는 이런 제도운영이 쉽지 않을 것인데 베트남 상황은 이런 점에서 우리보다 융통성이 있으며 더욱 실용적 차원에서 받아들이는 것 같다. 공업계 고교과정은 전액 국비지원으로 이루어져 학생들은 학비걱정 없이 공부하여 산업현장에 진출한다고 했다. 그에 비해 전문대 공업교육과정은 학생들로부터 학비를 받아서 교육시키며, 전문기술인력을 양성하고 있었다.

부총장과 국제처 직원들을 함께 만났는데 학생들의 한국유학에 대한 관심이 많았다. 가장 많은 질문은 장학금을 얼마나 어떻게 적정하게 지원받을 수 있는지에 대해서였다. 베트남여건에서 한국 대학생만큼 등록금을 내고 공부하는 것이 무리라고 보면서 장학금 조건에 대해 궁금해하였다.

일본의 어느 대학과 연계를 맺어 학생들이 일본대학에 유학을 많이 가는 편이며 아직 한국대학과는 특별한 관계를 맺지 않아 한국대학에 유학을 시도하는 경우가 없다고 했다. 코이카 자원봉사자의 도움을 받아 한국어강좌를 개설하고 있으며 그에 따라 한국어센터를 설치하는 것에도 관심을 보였다. 그들에게 한국교육은 따라야 할 좋은 모델처럼 보였고, 이런 모델에 따라 베트남 학생들을 잘 교육시켜 베트남 사회발전에 기여할 수 있기를 바라는 분위기였다.

몇 가지 질문을 했다. 베트남 대학교육에서 왜 교수들이 교수직 이외의 또다른 직업을 가져야하는가에 대해서였다. 그것은 베트남 대학교육에서 관행과 문화처럼 되어 있다는 것이었다. 가장 직접적 이유는 교수직 월급이 너무 낮아 자녀키우기에도 어려움을 느낀다는 데서 찾을 수 있다. 대학마다 핵심역할을 수행하는 몇몇 보직교수를 제외하고 대부분의 교수들이 부업을 갖고 있었다. 국가당국에서도 이런 모습에 대해 큰 이의를 제기하지 않다고 했다. 국가재정 문제로 충분한 임금을 줄 수 없을 것이기 때문으로 보였다.

기술경제 계통의 실용적 학과를 둔 관계로 졸업 후 학생들 취업에 대해서는 걱정을 하지 않았다. 주로 베트남 기업에 취업을 하며 가끔 외국계 기업과 특히 일본계 기업에 취업하는 경우가 있다. 인턴과 같은 산학협력의 개념이 아직 잘 정립되지 않은 것으로 보였고 자동차, 컴퓨터 등의 시설은 그런대로 잘 갖추어진 것 같았고, 그리고 교수와 학생들이 함께 실습교육을 한다고 하였다. 실제로 그런 실습장을 갖추고 있었고 현장을 보여주기도 하였다. 인문계와 다른 기술계 학교여서 기술에 특화된 인력을 양성하는 데 교육목표를 두고 있었으며, 실제로 그런 점에서 상당한 성과를 거둔다고도 하였다.

호텍은 일본대학과의 교류를 통해 학생들을 일본대학에 교환학생으로 보내고 있으며, 동시에 도요타로부터 기술지원 교육을 받고 있었다. 자동차 관련 학과에서는 도요타 기술교육 프로그램을 통해 선진 자동차 기술을 전수받고 있었고, 컴퓨터 실습실은 수십대의 컴퓨터를 설치하여 학생들의 컴퓨터 실습능력을 키운다고 하였다.

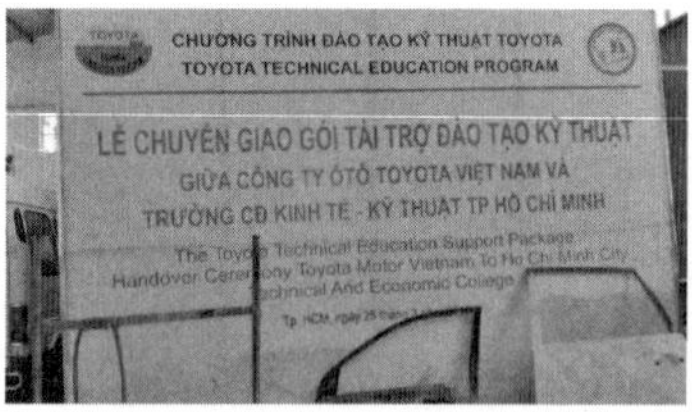

〈일본 도요타 기술지원〉

〈컴퓨터 실습실〉

영어과와 경영계통의 학과는 교수자와 학생이 상호작용할 수 있는 스크린을 설치하여 놓았고 학생들은 휴대용 컴퓨터를 활용하여 질문이 있으면 교수자에게 전송하고 교수자는 그에 답하는 일종의 일대일 교육을 실시한다고 하였다. 이런 형태의 교육에 학생들의 반응이 좋으며 영어학습 능력에 나름의 성과를 거두고 있다고 했다.

교수진은 석사학위 이상의 조건을 갖추면 지원할 수 있고 일정 수준의 연구물에 토대하여 충원한다고 하였다. 교수진 중에서 박사학위가 없는 분들이 대부분이며 그래서 교수라 호칭하지 않는다고도 했다. 한국대학에서 박사학위를 받으면 좋겠다는 개인적 관심사를 표명하기도 하였다. 한국에서 공부할 여건이 되면 박사학위를 하고 교수 생활을 하고 싶다고 하였고 그런 기회를 주선해주기를 바랐다.

호텍은 베트남 교육여건을 고려할 때 가장 인상적인 교육을 하는 것으로 보였다. 공과대의 특성을 반영해 실습실을 갖추고 있고 해외대학 내지 기업과의 교류를 통해 이론적 및 실천적 교육지원을 받고 있었다. 무엇보다도 교직원의 열린 자세가 돋보였다. 부총장과 몇몇 교직원들이 직접 나와 따뜻하게 맞이해주었으며 열린 자세로 경청하며 소통하려는 모습을 보여주었다. 사람을 만나서 몇 가지 이야기를 해보면 어떤 자세로 손님을 맞이하는지를 금방 느낄 수 있다. 그들은 어떤 것에 대해서도 개방적 자세를 보였다. 듣기에 좀 거북할 수 있는 몇 가지를 질문하였는데, 특별하게 거부반응을 보이지 않고 솔직하게 있는 그대로 의견을 주었다. 학교시설에 대해서도 있는 그대로 다 보여주었고 어떤 점에서 좋으며 어떤 점에서 개선할 필요가 있다고도 하였다. 이런 교직원들이 갖는 마음 씀씀이에서 학교가 더 발전하고 잘될 것이라는 느낌을 갖게 되었다.

6. 대학생 창업교육이 활발하다

대학생 창업교육 관련 발표회장에 갔다. 학교당국에서 잘 계획하여 전교학생들을 대상으로 학생창업 콘퍼런스를 개최했다. 이곳 학교는 일찍 7시가 되면 학생들이 나오고 7시 30분 수업이 시작된다. 오늘 행사는 7시 45분에 시작되었다. 학교의 집행부와 많은 학생들이 대강당에 모였다. 외부초청 특강자를 비롯하여 교직원들 대부분이 참석한 가운데 행사가 진행되었다.

총장의 인사말이 있었고, 이어 손님으로서 학생들께 짧은 축사를 했다. 평소 한국에서 많은 베트남 학생들을 만날 수 있었고 이번 학기 동안은 베트남 현지에서 여러 베트남 학생들을 만날 수 있었다. 이런 글로벌 시대 환경에 즈음하여 어떤 교육적 대응이 필요한지에 대해 잠시 이야기했다. 특히 학문의 세계에서 국경개념은 큰 의미가 없다고 했다. 세계는 점점 가까워지면서 글로벌 시민사회로 전환되고 있다고 하였다. 한국과 베트남 사회와 문화를 서로 잘 이해하면서 상호적 관심을 키워나갈 필요가 있다고 하였다. 호치민에 머물면서 많은 한국인들을 만났는데 그들은 한결같이 베트남의 미래를 아주 밝게 보고 있음에 대해 전했다. 더 다양한 영역에서 한-베 사이의 협력이 필요하며 그런 협력을 위해 더 개방적 자세를 가질 필요가 있다고도 했다. 학교에서 대학생 대상으로 사회과학 관련 발표회를 조직하여 개최한다는 것은 대단히 의미 있는 일이며, 앞으로 계속하여 이런 행사가 이어질 수 있기를 바란다는 내용으로 축사를 마무리하였다.

이번 행사의 주제는 '베트남에서 사업 시작'이었다. 사업주제에 맞게 현장에서 활동하고 있는 전문가를 특강자로 초빙한 것이 인상적이었다. 특강자는 상당히 젊어 보였고 이력이 아주 다채로웠다. 실제 사업을 하면서 각 대학과 기관을 방문하여 많은 특강을 한다고 했다. 호치민에서 창업과 관련한 이름난 혁신가임을 알 수 있었다.

그는 파워포인트를 이용해 창업을 어떻게 시작하여 어떤 경로로 이끌어가며 어떨 때 실패할 수 있으며, 어떻게 그런 실패를 줄이고 성공에 이를 수 있느냐에 대해 다양한 사례를 들어 설명하였다. 베트남어 통역이어서 이해가 잘 되지는 않았다. 그렇지만 무엇을 말하려는지에 대해서는 엿볼 수 있었다. 젊은이답게 먼저 도전적으로 생각하고 그런 생각들을 현장사회에 적용할 수 있도록 하라며 조언했다. 가만히 있지 말고 앞으로 나아가라고 했다. 일반적으로 베트남은 싱가포르와 말레이시아에 비해 사고의 수준이 낮다고 하면서 신사업의 꿈을 꾸고 그런 꿈을 이루기 위해 도전적 사고가 필요하다고 하였다.

특강에서는 혁신적 사고를 어떻게 사업으로 성공시킬 수 있느냐에 대해서도 이야기했는데, 특히 자본을 지원받을 수 있는 방법에 대해 다양하게 이야기했다. 호치민시에서도 청년창업자를 위한 각종 자본지원제도 있으며, 또 대학에서도 여러 형태의 지원제도를 실시하고 있다고 했다. 문제는 사업 성공을 위한 절실함이 있을 때 성공가능성이 높다는 점을 강조하였고, 따라서 학생들이 신사업을 위해 더 많은 흥미와 관심을 갖고 창업영역에 뛰어들어야 한다고 강조했다.

이어서 학생들의 스타트업 창업프로젝트 발표가 시작되었다.

총 5팀이 조별의 팀 활동으로 발표하였다. 첫째 팀은 '책 커피숍'이라는 주제로 발표했고, 둘째 팀은 '집에서 직접 만든 밀크티 사업', 셋째 팀은 '티백 커피의 제작', 넷째 팀은 '베트남 여행 활성화', 다섯 째 팀은 '베트남 학생들의 사업전개: 장단점 및 해결' 등을 발표했다.

팀당 발표시간 10분이 끝나면 10여 분에 걸쳐 교직원들의 질의응답이 있었고, 이어 학생들의 답변시간이 주어졌다. 자신들이 발표한 주제를 왜 선정하게 되었고, 이런 주제들을 실제 사업화하는 데 어떤 적합성이 있으며, 그리고 실제 사업으로 연결시킬 때 어떤 위험부담이 있을 수 있는가, 그래서 어떤 성과가 얻을 수 있을 것인지 등을 중심으로 발표하였다. 교직원들이 학생발표 내용에서 드러나는 한계를 지적하였고 어려움의 해결방안은 어떻게 가능한가에 대해 주로 질문했다. 학생들은 즉석에서 잘 대답하기도 하였고, 이것저것 망설이다가 시간을 놓치는 경우도 있었다.

학생들이 선정한 주제와 내용, 방법 등을 보면 좀 서툴고 허술한 곳이 보였지만 그들의 현실사회 적응능력 신장 측면에서는 돋보이는 것 같았다. 베트남 대학에서 창업을 주제로 학생학회를 열고 전문가를 초청해 학생들의 관심을 고취시키는 것은 좋은 교육적 시도로 보였다. 발표 내용의 충실도보다 학생들의 참가 열기가 훨씬 돋보였다. 수업이 없는 학생들 대부분이 학술발표대회에 참석한다고 했다. 큰 강당이 가득 찰 정도로 많은 학생들이 참가하였고 발표자들에게 격려와 성원을 보냈으며,

때로는 안타까워하면서 위로하는 모습이 보기에 좋았다. 우리의 개인주의화된 대학문화에서 잘 찾아볼 수 없는 광경이었다. 학생 간 연대성과 결속력이 상당해 보였다. 한참의 시간이 지났는데도 강당 밖으로 나가는 학생들을 찾아볼 수 없었다. 아침에 일찍 나오는 관계로 먹거리를 많이 싸서 학교에 오는데 삼삼오오 음식을 같이 나누어 먹으며 끝까지 자리를 뜨지 않았다. 베트남 학생들 대부분은 음식을 나누어 먹으면서 유대와 우의를 다지는 것으로 보였다.

호치민 3군지역 인민위원회 청사에서 'Southeast Asia Regional Summit 2019' 행사가 개최되어 참석하였다. 오후 2시 개최될 것으로 예정된 행사는 한 시간 정도 늦게 시작되었다. 참석자 수가 엄청났다. 행사는 건물 밖에서의 사진촬영에서부터 시작되었다. 짧은 공연을 통해 행사분위기를 띄웠다. 베트남어와 영어를 동시에 구사하는 진행자가 사회를 맡아서 여러 명의 귀빈을 소개했다. 호치민 시청과 대학총장을 비롯하여 여러 기관장들이 참석한 것 같았다. 귀빈들은 인사말에서 행사를 통해 세계의 여러 참가자들에게 꿈을 심어주고자 한다고 하였고, 특히 글로벌 환경에서 젊은이들이 가져야 할 진취적 삶의 자세를 강조했다.

사전에 각 대학에 공지되었던지 호치민시 소재의 여러 대학에서 많은 학생들이 참가했고 부총장과 관련 교수들도 동행하였다. 이런 행사에 학교당국자와 학생들이 함께 참석하여 행사의 취지를 살리면서 새로운 교육경향을 경험해보도록 하는 것 같았다. 아직은 유기체적 관계성을 유지하며 살려내는 베트남 대학교육의 한 모습을 볼 수 있었다.

세계 여러나라 대학생들이 그동안 준비했던 창업관련의 프로젝트를 발표하였다. 1조는 필리핀 출신으로 필리핀의 콜센터 산업을 발표했다. 그들은 필리핀 저소득층의 건강상태가 열악하여 그들의 건강을 보장할 수 있는 건강식품을 어떻게 유통시켜 소비자에게 싼값에 팔 수 있을 것이냐를 발표했다. 이런 과정에서 수익창출의 방안을 모색하고자 하였는데, 그런 수익창출의 모델을 벤처회사의 설립으로 실현하겠다는 것이었다. 15분의 발표가 끝나고 전문가들의 질문이 이어졌고 발표자들은 질의에 답해야 했다. 전문가들은 현실사회에 어떻게 접목하여 수익을 창출할 수 있는지를 둘러싼 실현가능성을 중심으로 질문하였다.

2조는 인도출신 대학생들로 Holy Paper 기업을 만들어 청정한 환경을 보장하면서 지속가능성을 산업으로 성공시킬 수 방안을 발표했다. 환경적으로 열악한 상황에서 살고 있는 방글라데시의 예를 들면서 왜 환경산업이 필요하며, 어떻게 친환경적 기업을 성공시킬 것인지를 보여주고자 하였고, 그리고 구체적으로 어떤 방법을 동원하여 사업에 성공할 수 있느냐를 발표하였다. 발표가 끝나면 전문가의 질문이 이어졌고 학생들은 순발력이 있으면서 합당하게 응답해야 했다.

3조는 홍콩출신의 학생들이 비공식적 경제 활성화를 통해 청년일자리를 창출할 수 있는 벤처기업 설립을 타진하였다. 1,000명의 청년들에게 지금까지 없었던 의미 있는 일자리를 창출할 수 있는 기업을 설립하여 청년취업에 공헌할 수 있는 벤처기업을 설립하겠다고 했다.

4조 탄자니아, 잠비아 출신의 학생들이 플라스틱 리사이클이 가능한 환경정화산업 관련 창업에 대해 발표했다. 아프리카에서 환경오염으로 인해 수많은 사회문제가 발생함을 지적하였고, 이런 환경문제를 근본적으로 극복할 수 있는 환경산업을 창업하여 지속가능 사회에 기여하면서 수익을 낼 수 있는 신산업의 모델을 제안하였다.

5조 방글라데시 출신 대학생들이 바나나의 생산과 유통, 그리고 판매에 이르는 일련의 과정을 스토리텔링으로 묘사하여 생산자들에게 적정가격을 보장할 수 있는 방법을 모색하는 회사 설립을 제안하였다. 그들은 바나나 생산자들이 노동에 대한 댓가를 충분히 받지 못하고 있음을 지적하였고, 그에 착안하여 어떻게 하면 생산자들에게 적정 소득을 보장할 수 있도록 하느냐를 공급체인 분석, SWOT 분석, 마켓팅 전략, 목표달성을 위한 로드맵 등의 순으로 발표하여 큰 호응을 받았다.

6조는 인도에서 온 학생들로 제3 세계 나라들에서 청결하지 않음으로써 나타날 수 있는 여러 질병유형을 소개하였고, 그에 착안하여 Herbal Medicine를 개발할 수 있는 회사를 만들겠다고 발표했다. 7조는 베트남 호치민 출신 대학생들로서 호치민에서 병원 관련 사업이 점점 커질 것이며 따라서 병원 관련의 일자리를 창출할 수 있는 모델을 제안하였다. 고용 전문회사를 만들어 안정된 일자리를 공급할 수 있는 채용 전문회사를 창업하겠다고 하였다.

동남아 지역정상 2019행사는 국제경영대학원(International Business School)인 HULT PRIZE에서 주관하였는데, 그 행사 규모가 대단했다. 이 기관에서는 새로운 형태의 사회적 기업을 모색하였고, 특히 대학생 대상으로 사회적 기업을 창업하여 현장화할 수 있도록 지원하고 있었다. 남부 아시아 국가를 대상으로 하여 사회적으로 의미 있는 일을 찾고 있었고, 이를 몇몇 기관의 후원을 받아 공식행사로 발전시켜 나아가려 하고 있었다.

사회적 기업은 세계적 흐름이 된 것 같다. 우리 경우도 정부 차원에서 사회적 기업활동을 적극 장려하고 있으며, 이를 통한 벤처기업을 만들도록 하는 기업생태계를 조성하고 있다. 대학교육에서도 창업교육이 일반화되고 있으며, 대학마다 창업(보육)센터를 만들고 창업 관련 강좌를 개설하여 학생들의 창업능력을 키우려 하고 있다.

베트남에서도 이런 대학생들의 창업능력에 관심이 많았고 실제로 그런 창업능력을 키우려는 현장교육의 모습을 직접 경험할 수 있었다. 그 내용에서도 우리와 크게 다르지 않은 것으로 보였다. 이른바 환경, 보건, 일자리, 지역 등의 영역에 관심을 두면서 경제적 이윤창출 차원에 초점을 둔 창업을 넘어서서 인간가치와 복지증지를 통해 지속가능사회 구현을 위한 창업활동에 초점을 두었다. 사회적 기업영역은 글로벌 현상으로 특히 젊은층에게 관심을 끄는 영역으로 볼 수 있었다.

젊은 학생들은 사고에서 순발력이 있고 정보기술의 활용능력에서 상당한 장점을 갖고 있다. 기성세대가 잘 생각할 수 없는 영역에 진출할 수 있는 도전의식이 강하다. 그들이 그려내는 세계는 경제적 이윤을 넘어선 지속가능성이 보장되는 영역에 관련된다. 이른바 '인간의 얼굴을 한 경제영역'을 구상하여 현실 영역으로 실현하려 하는 데 특징이 있다. 이번 발표에서도 그런 내용을 잘 찾아볼 수 있었다.

현재 대학생들이 그리고자 하는 세상을 볼 때 미래세계는 많은 변화가 있을 것이다. 지금의 대학생들이 사회 주도세력이 될 때 지금보다 더 좋은 세상이 열릴 것 같다는 희망을 가져본다. 경제와 권력 영역이 일방적으로 독주하는 현형의 시대를 넘어서서 정의와 평화 그리고 지속가능성이 번성할 것이라는 생각을 해보게 된다. 그것이 이상에 그칠 수도 있지만 그들이 실현하고자 세상이 도래할 수도 있을 것이다. 모두의 열망은 현실을 변화시킬 수 있을 것이기 때문이다.

7. 호치민에서 한국교육을 만나다

푸미흥 소재의 한국국제학교를 방문하였다. 여○○ 선생님의 안내로 학교 이곳저곳을 둘러볼 수 있었다. 2,000여 명의 한국 학생들이 공부하고 있다고 했다. 학교형태는 사립학교인데, 한국의 각 교육청 소속의 공립교사들이 파견되어 학생들을 가르친다고 하였다. 한국 국제학교는 연간 500만 원 정도의 학비와 한국정부의 지원금으로 운영된다고 한다.

초등과 중등이 하나의 공간에서 운영되고 있었는데, 초등의 경우 국제학교답게 한국인 교사와 영어권 교사들이 수업을 적절하게 담당하며 영어능력과 국제문화 감각을 함께 키울 수 있다고 했고, 중등의 경우는 한국 명문대 진학을 염두에 둔 한국 고등학교와 같은 커리큘럼을 운영함으로써 국제학교로서의 취지를 잘 살릴 수 없는 점이 있다고 하였다.

초등의 경우 학급당 학생 수는 32-33명에 이른다. 한국의 학급당 인원이 20여 명인 수준을 감안하면 급당 인원이 많다고 했고, 따라서 한국수업에 익숙한 교사들에게 더 큰 부담이 된다고도 하였다. 중등의 경우도 급당 30여 명의 학생들이 공부하고 있다고 하면서 이곳 국제학교의 위상이 크다고 하였다. 한국 학부모들은 한국국제학교가 아닌 미국계, 캐나다계, 영국계 등의 국제학교에 자녀들을 보내는 경우도 많다는 것이다. 실제 캐나다계 국제학교는 재학생의 50% 이상이 한국계 학생이라고 한다. 한국국제학교에서 교민자녀들을 모두 수용할 수 없는 한계에 부딪힌다고 했다. 경우에 따라서 한국 학부모들은 외국계 학교에 자녀를 진학시켜 영미계 대학으로 유학을 보내려 하는 경우도 있다.

작년 호치민 한국국제학교는 서울대에 5명의 합격자를 배출하였고 졸업생의 대부분이 서울 소재의 명문대에 합격하였다는 현황을 소개했다. 학생들의 수준이 높은 관계로 한국의 지방대학에는 거의 관심을 갖지 않는다고도 한다. 그만큼 학력이 우수하며 대학입학의 여건에서도 좋다는 것이다. 충분히 이해될 수 있는 대목이면서 그렇지만 한국인의 강한 학벌주의 현상이 호치민에서도 그대로 나타난다는 것을 짐작해볼 수 있었다. 외국에서는 한국하면 서울을 떠올리며, 대학하면 서울대를 비롯한 서울 소재의 유명대학밖에 들어오지 않는다는 것이다. 외국에 나와서 생활하면 그런 서울 중심 생각이 더 강해진다고 한다. 글로벌 시대 코리아는 서울로 대표된다는 것이었다.

호치민 국제학교는 교민들에게 인기가 아주 좋다고 한다. 여타의 국제학교 중에서 재학생 인원이 가장 많은 학교 중의 한 곳으로서 입학대기자가 줄을 서서 기다리고 있다고 한다. 너무 많은 대기자가 있어 제2 국제학교를 개교해야 한다는 여론이 일고 있을 지경이라 한다. 제2 국제학교를 세우기 위해서는 교민사회에서 일정 부분의 자체모금을 통해 조건을 만들어놓으면 정부의 지원을 통해 설립할 수 있도록 되어 있다고 하였다. 문제는 호치민에서 안정적으로 교육적 수요가 지속될 것인지에 대한 보장을 확신할 수 없다는 것이다. 지금은 수요가 넘치는데 일정 기간이 지나서 썰물처럼 빠져나갈 수도 있다는 것이다.

이미 중국 대련에서 그런 일이 일어났다고 한다. 한때 대련에는 많은 한국기업인들이 진출하여 대규모의 국제학교를 설립하였는데, 중국에서의 기업조건이 급속히 나빠지면서 상당수의 기업들이 베트남 등의 다른 나라로 이전했다는 것이다. 그런 탓에 학생 수가 급감하여 지금은 있는 시설을 활용할 수 없을 정도로 황폐화되다시피 했다는 것이다. 호치민 제2 국제학교의 경우도 비슷한 상황에 처할 수 있어 교민사회에서도 아주 신중하게 접근하고 있다고 한다. 호치민이라고 해서 지금처럼 기업하기에 마냥 좋을 것이냐를 보장할 수 없다는 것이다. 참으로 어려운 것이 미래를 예측하는 것인데 국제정세는 늘 가변적이어서 오늘까지 좋았던 경제 상황이 갑자기 급변할 수 있다. 이미 몇몇 기업인들은 포스트 베트남 시대를 대비해야 한다며 촉각을 경주하여 새로운 돌파구를 찾으려 한다고도 했다.

한국인에게 자녀공부는 남다르다. 호치민에 나와 생활하는 경우 자녀교육은 가장 큰 관심사라 한다. 한국 명문대학의 연줄을 달아준다는 것이 부모의 의무를 다하는 것으로 생각한다는 것이다. 어디를 가나 자식 걱정이며, 자녀의 미래를 보장해주려 하는 것이 한국인의 심성구조에 내재되어 있다. 신세대로서 교육받은 젊은 부모들의 생각에서조차 그런 경향이 더 강한 것 같다고 한다. 시대 상황을 더 민감하게 읽어내고 미래의 불확실성을 바라보면서 자녀에게 좀 더 미래가 보장된 삶을 보장해주는 것이 부모의 의무이자 책임이라 본다는 것이다.

1997년 외환위기를 겪으며 한국사회는 신자유주의 경향에 직접 노출되었다. 그런 과정에서 소수의 승자는 더 큰 성과를 거두고 있으며, 다수의 패자들은 경쟁에서 밀려나는 현상을 목격하게 되었다. 이런 양극화가 한층 두드러지는 신자유주의 상황에서 소수의 승자 위치에 드느냐 그렇지 않고 패자로 떨어지느냐는 일생일대의 중요한 대사건이 된다는 것이다. 그것은 당대만의 문제가 아닌 자식들에게 전승되는 계층의 대물림 현상이므로 어떻게든 승자의 위치에 가도록 조건을 갖출 필요가 있다. 이런 소수의 승자위치에 들도록 하는 것은 명문대 입학에서부터 갈린다고 본다는 것이다. 그래서 기를 쓰고 명문대에 집착한다는 것이다. 이런 명문대 집착현상은 한국에서도 그렇지만 호치민의 한국인 학부모 사이에서 아주 강하게 일어나고 있다고 한다.

1995년 교육개혁을 시작할 때 지금까지 가졌던 명문대 중심의 학력과 학업중심 교육이 약화될 것이며, 새롭게 도래하는 정보화 시대에 맞는 지식구성능력이 중요해질 것이라 하면서 새로운 교육적 접근이 필요하다고 했던 것이 새삼스럽게 떠오른다. 새로운 사회에 적합한 새로운 교육적 질서구조를 만들어야 한다며 최고의 전문가를 동원하여 홍보했었던 내용이 선명하게 다가온다. 이른바 새로운 세상이 도래함에 따라 신교육질서를 만들어야 하며 그에 적합한 교육체제를 구축해야 할 필요가 있다고 했다. 당시 교육정책의 입안자들은 어느 대학의 어느 학과를 가느냐가 중요한 것이 아니라고 하면서 명문대 중심 교육을 구시대적 유물로 보았던 같다.

그렇게 교육개혁을 시작한 지 30여 년 세월이 흐른 지금의 상황에서 명문대의 위상은 줄어들기는커녕 더 커지고 입학도 더 어려워지고 있다는 느낌이 든다. 미래학자들의 세상해석은 한편에서 맞은 측면도 있지만 정확하게 제대로 잘 집어내지 못한 면도 많은 것 같다. 교육당국에서는 한술 더 떠서 새로운 교육질서를 만들어내야 한다며 몇몇 학자들의 논리에 근거해 교육현장의 질서를 뒤바꾸려 하였다. 물론 상당히 잘못 짚어내거나 완전히 실패한 정책인데도 그에 대한 어떤 책임을 지지 않는다.

호치민 국제학교의 위상이 알려지면서 서울의 명문대학들에서 이곳 학교까지 찾아와 입시설명회를 자주 개최한다고 하였다. 지난주와 이번 주에도 서울의 유명대학에서 설명회를 개최하였거나 개최가 예정되어 있다고 했다. 이곳 학생들은 한국지방대학의 존재에 대해 잘 알지 못하며 관심을 갖지 않는다.

한국에서 명문대란 어떤 의미를 띠는가? 명문대 위상에서 중요한 것은 우수학생 유치에 있는 것 같다. 우수학생을 입학시켜 놓으면 자동적으로 명문대로서의 학교 위상 유지에 문제가 없는 것으로 보는 것 같다. 명문대로서의 사회적 책무란 어떤 것이어야 할까? 교육을 통한 공존적 사회가치 창출을 위해서는 어떤 노력을 기울일까 하는 생각을 해보게 된다.

작년 서울대에 5명의 합격자를 낼 수 있어 교민사회에서도 큰 반향을 불러일으킬 수 있었다고 했다. 한국인은 국제화 환경에서도 자녀의 명문대 합격에 큰 관심을 갖는다. 어디를 가든 남과의 경쟁에서 이겨야한다는 강한 DNA가 작동하는 것 같다. 오늘 설명을 해주었던 선생님의 경우만 해도 한국에 있을 때 10살짜리 아들의 미래가 늘 걱정이 되었다고 하였다. 아들의 영어 능력을 위해 학원에 보내면서 살림까지 쪼들리며 살았는데, 호치민에 와 살면서 이런 걱정을 덜 수 있었다고 했다.

대학진학에서 재외국민전형은 두 가지 형태로 12년 거주와 3년 거주형태로 운영된다고 알려주었다. 3년 거주의 경우 경쟁률(SKY의 명문대)이 있으며, 12년 거주의 재외전형은 대학진학이 아주 쉽다고 하였다. 서울소재의 명문대 중심으로 진학을 하며 지방대학의 경우 이곳 학생들의 관심사가 되지 않는다고 한다.

잠시 만났던 교장선생님은 부임한지 얼마되지 않았지만 국제학교 출신들이 호치민 현지사회에서 어떤 역할을 할 것인가에 대해 관심을 갖고 호치민 친화형의 지역인재로서의 자질과 능력을 어떻게 갖도록 할 것인가에 교육적 관심을 기울인다고 했다. 그러면서 이런 관심을 실현하기 위해 학교장으로 역할을 다하고자 한다고 하였다. 호치민에서 교육받은 한국 국제학교의 졸업생들이 장차 호치민 사회의 발전에 기여하는 지역인재가 될 수 있기를 바란다는 것이었다.

이 얼마나 멋진 교육적 관심사이고 교육적 포부인가. 이 세상의 어떤 학교도 지역사회의 학교로서 학교가 위치해 있는 지역사회와 지역주민을 위해 교육적 기여를 할 수 있어야 할 것이다. 우리의 경우 지역이 빠진 서울밖에 남지 않은 것 같다. 이는 호치민 한국학교에서도 비슷한 현상으로 볼 수 있었다. 이런 상황에서 호치민 국제학교가 교육을 통해 호치민 사회의 발전과 문화증진에 기여하는 지역학교로서의 역할을 수행할 수 있다면 그것은 대단한 교육적 전환이라 볼 수 있다. 이런 교육전환이 이루어질 때 호치민 한국국제학교의 위상은 한층 커질 것이고 현지인으로부터 더 뜨거운 환영을 받을 것이다.

8. 시민교육에 대해 생각하다

2002년 호치민 바로 인근의 빈등성에 진출하여 사업을 시작에 오늘에 이르고 있는 한국인 사업가를 만날 수 있었다. 그는 지금까지의 베트남과 관련된 여러 가지 이야기를 들려주었다. 그 사이 베트남 경제사회는 엄청난 변화를 거듭하였다고 했다.

최근 베트남에서의 사업은 예전과 같지 않다고 한다. 무엇보다도 임금상승이 가파르며, 직원들의 이직률도 급격히 높아진다고 했다. 더욱 기업환경을 어렵게 하는 것이 몇 년 동안 일해서 숙련되었다 싶으면 다른 회사로의 이동이 많아지고 있다는 것이었다. 이유는 지금보다 조금만 임금을 더 주면 이동한다는 것이다. 이곳의 종업원들은 돈에 아주 민감하여 인근 회사가 임금에서 조금의 좋은 조건을 제공하면 이동을 쉽게 한다는 것이다.

그러면서 베트남인의 교육수준이 높아지면서 의식이 깨어나게 되었고, 그래서 스스로 더 나은 임금조건을 찾아서 현재보다 괜찮다 싶으면 지금까지의 좋은 관계마저 쉽게 깨고 다른 회사로 이동을 한다는 것이다. 요즘 들어 부쩍 이런 경향이 심해져서 회사를 어떻게 꾸려나가야 할 것인지에 대해 걱정스럽다고 하였다.

십 수 년 동안의 회사경영에서 가장 어려웠던 점이 현지 중간관리층을 어떻게 육성할 것이냐에 있었다고 했다. 그동안의 신뢰관계를 통해 어렵게 중간관리자로 키워놓았는데 갑자기 다른 회사로 이직해갈 때 너무도 큰 상실감을 갖게 되며, 또 기업입장에서도 기술축적을 통한 효율성으로 이어갈 수 없었다고 했다. 이직의 경우도 특별한 사유가 있어서라기보다 조금의 돈을 더 주고 조금만 나은 근무조건을 제시하면 이직을 결정한다는 것이었다.

베트남 현지에서 사업에 필요한 신뢰할만하고 기술력을 갖춘 인재를 확보하기도 너무 힘들다고 하였다. 조금 키워놨다 싶으면 다른 곳으로 이직을 감행하는 상황에서 어떻게 인재를 키워야할 것인지가 막막하다는 것이다. 돈에 따라 움직이는 것이 기업현장의 상황이지만 베트남에서 유독 이런 현상이 심하게 나타나며, 최근 경제상황이 좋아지면서 이런 경향이 더욱 두드러지고 있다며 걱정을 하였다. 이전에는 그렇게 심하지 않았는데 최근에 이런 현상이 한층 많아져서 앞으로 계속 사업을 해야 할지에 대해 고민하고 있다고 했다.

급속한 경제발전의 이면에 몇 가지 문제점도 도사리고 있다. 이런 문제점에 대해 베트남 교육은 어떤 대응을 하는지에 대해 숙고해 볼 필요가 있을 것이다.

미래 베트남 대학교육의 방향과 비전에 대해 현지 전문가들과 이야기를 나눌 수 있는 기회가 있었다. 그들은 한결같이 현행 베트남 대학교육에서 시민능력을 키우는 데 한계를 보인다고 문제제기를 하였다. 아직은 우물 안 개구리 형태로 새로운 혁신을 찾을 수 없다고 했다. 특히 세계시민교육 차원에서 볼 때 베트남 교육은 잘 준비하지 못하고 있으며 선진사회 교육과 큰 격차를 보여 따라가기 어렵다는 것이었다. 베트남의 경제발전을 고려하면, 곧 그 격차가 줄어들 것이라고 하자 그렇게 희망적이지 않다고 한다. 소수 몇몇 영역에서 새로운 세계흐름에 대해 잘 알고 있을 뿐이며 그것이 대중적으로 현실화되는 데 큰 캡이 있다는 것이었다. 특히 세계시민과 같은 교육을 생각하는 것은 아직도 갈 길이 멀며 어떤 교육적 준비도 하지 못하고 있다고 하였다.

베트남 사회가 한 단계 뛰어넘기 위해서는 그들의 시민의식 육성과 밀접한 관계가 있을 것이다. 일상생활에서 약속을 지키며 신용에 기반하여 경제사회적 행위를 하며, 공공질서를 제대로 잘 지키고 쓰레기를 함부로 버리지 않으며, 그리고 교통질서 지키기 등의 생활차원의 시민의식을 어떻게 육성하느냐가 베트남 사회의 선진화와 맞물릴 것이기 때문이다.

베트남인들도 맛집을 찾아다닌다. 어떤 음식점은 오토바이로 상점 앞거리를 꽉 메우며 자리를 찾을 수 없을 정도로 복잡하다. 그런 식당에 들리면 너무 지저분하다. 식당의 바닥이 지저분하고 요지가 여기저기 떨어져 있고 쓰레기가 곳곳에 흩어져 있다. 처음 그런 음식점에 들렸을 때는 음식 맛에 대한 기대가 확 달아날 정도였다. 물론 고급음식점의 경우 잘 관리되겠지만 길거리 서민들이 자주 찾는 대중음식점의 경우 잘 관리되지 않았다. 그리고 도심 길거리 곳곳에 다소 사람이 뜸한 곳이면 볼일 보는 사람들도 심심찮게 눈에 띈다. 이것이 호치민시 풍경이다. 선진 생활문화와 후진 생활문화가 혼재한다. 제법 잘 갖추어진 도시공간이 있지만 조금만 걸으면 사람 친화적이지 않은 도시공간을 하고 있다. 이런 모습들이 너무도 뒤섞여 있다. 이런 생활차원의 질서환경을 한 단계 뛰어넘을 수 없다면 베트남 사회의 선진화는 쉽지 않을 것이다. 아무리 경제적 차원에서 성취를 거둔다하더라도 이런 사회문화 차원의 시민의식을 갖출 수 없다면 좋은 사회의 조건을 갖추는데서 멀어질 수 있기 때문이다. 그런 점에서 시민 역량의 신장은 베트남 미래사회의 전망에 결부되는 중차대한 과제로 보였다.

9. 베트남 대학, 사회학 교육은 어떤 모습인가

현지 교직원들의 안내로 한꺼번에 7가지 종류의 베트남식 국수를 맛볼 수 있었다. 58,000만 동(3000원 미만)의 값으로 이렇게 많은 국수를 맛볼 수 있다는 것이 놀라웠다. 점심 후 현지 교직원들과 대화를 나눌 기회가 있었다.

그들은 베트남에서 사회학을 공부하면 취업이 쉽지 않다고 하며, 아직까지 사회학을 바라보는 인식도 썩 좋지 않다고 하였다. 한국의 상황은 어떠하냐며 궁금해했다. 한국은 사회학이 많이 알려져 있지만 학생들의 관심사는 그렇게 크지 않다고 했다. 두 나라에서 사회학은 그렇게 인기 있는 공부분야가 아닌 것 같다. 경제적 효용성이 중요해지는 시대에 비판학문으로서 사회학을 공부하면 직장을 얻고 더 풍요로운 삶을 열어주는 데 적합하지 않은 것으로 보는 것 같다. 베트남에서 학생들은 사회학보다 경영, 회계 등의 공부를 하려 한다. 베트남이 더 발전하여 선진사회로 진입하면 사회학의 효용성이 더 커질 수 있을 것으로 생각은 되는데 자신 있게 말할 수 없다는 코멘트를 덧붙였다.

사회학 공부는 오늘날 같은 경제적, 기술적 차원의 효용성 시대에 어떤 전망을 열어줄 수 있을까? 어떤 사회학일 때 현실사회 적합성을 띨 수 있을까에 대해 생각해보게 되었다. 이 세상 어떤 학문도 기존의 이념에 갇혀 현실사회적 필요성을 제대로 반영하지 못한다면 살아남을 수 없을 것이다. 베트남 상황에서 사회학이 제 기능과 역할을 다하려면 어떤 모습을 해야 하며, 한국 상황에서 사회학은 어떤 모습으로 새로운 옷을 갈아입어야 할 것인지에 대해서도 생각해보았다. 이른바 학문으로서의 사회학이 현실사회로부터 환영받을 수 있으려면 어떤 모습이어야 할까? 이런 근본적 물음에 부딪치면서 베트남 사회학이 당면한 현안에 대해 살펴본다.

베트남의 대표적인 대학인 호치민시 인문사회대학 사회학과의 현황을 잠시 소개한다. 일반 베트남 대학에서 사회학과가 잘 개설되어 있지 않은 데 비해 인사대는 베트남 국립대학답게 사회학과를 개설하고 있다. 학부학생이 학년당 160여 명으로 총 600여 명 이상이 공부하고 있다. 석사과정은 15명에서 20여 명이며, 박사과정은 5명에서 10여 명이 학위과정에 등록해 있다고 했다. 학부졸업생의 상당수는 언론영역에 진출하여 직장을 잡고, 또 다른 일군은 복수전공을 하여 영어교사가 된다고 알려주었다.

베트남의 국립대학은 하노이와 호치민 두 군데 있는데 바로 이 대학이 베트남 국립대학이라며 자부심이 대단했다. 학생 수는 25,000명이 되는 대표적인 학교로서 호치민 최고지성을 배출하는 대학이라고 했다. 사회학의 구성은 한국대학 형태와 많이 달라 보였다. 학장인 티 홍 쇼안(Thi Hong Xoan) 교수가 학과의 전반적 상황을 총괄하며, 그 아래에 두 명의 부학장을 두어 학사관리를 하고 있었다. 한 명은 훈련, 연구관리와 국제관계를 담당하며, 다른 한 명은 학생 관련 일을 담당하였다. 그리고 이 세명의 책임 아래 연구방법 부서, 사회학 이론과 사회학사부서, 사회적 쟁점부서 등을 두고 있다. 2018년 현재 교수 1명, 박사 3명, 박사 후보 6명, 석사학위 4명 그리고 학사학위 2명을 포함하여 총 16명의 행정담당자와 교수진(Lecturers)이 교육과 연구를 담당하고 있었다. 베트남에서의 사회학은 아직까지 그렇게 일반화되어 있지 않은 것으로 보였다. 베트남의 대표적인 대학 10여 곳에 사회학과가 개설되어 있는데 이들 학과들과 파트너십을 맺고 있다고 하였고, 국외는 타이완(Meiho Institute of Technology), 독일(Rosa Luxemburg Stifung Foundation), 홍콩(The HongKong Polytechnic University) 등과 파트십을 맺고 있었다.

베트남 사회학에서는 국제이주 및 국내이주와 관련한 연구에 관심이 많았다. 특히 한국에서 국제결혼을 통해 혼인한 베트남 젊은 신부들과 한국의 나이 많은 신랑들이 어떤 적응을 보이는지에 대해 궁금해했다. 이들 국제결혼 관계에 어떤 갈등이 일어나며 그래서 어떠한 사회적 문제에 직면하고 국가에서는 어떤 지원을 하고 있는가에 관심이 많았다. 당연한 관심사일 것이다. 어린 베트남의 신부들이 경제적 어려움 때문에 한국의 나이 많은 신랑을 만나 결혼하여 사는 것이 쉽지 않을 것이다. 이런 상황에 학문적 관심을 갖고 그들의 삶의 조건을 더 나아지게 하려는 것은 사회학자의 사명이자 관심사일 것이다.

동시에 베트남 국내적으로도 메콩델타 지역에 기후변화로 인한 수많은 이재민들이 발생하여 호치민을 비롯한 대도시로 유입된다고 하였다. 홍수, 가뭄, 해수면 상승 등의 기후변화로 인한 여러 문제가 발생하고 있다는 것이다. 이런 상황에서 현지인은 직업을 잃고 수입도 변변찮으며 그래서 호치민, 껀터와 같은 인근지역의 대도시로 이주를 감행하는데, 이것은 다른 측면에서 도시문제를 유발하기도 한다. 그런 이유로 기후변화가 인간사회에 미치는 영향을 연구하는 것이 사회학의 중요한 한 영역이라고 했다. 이 사실은 베트남에서 아주 중요한 사회문제가 되며, 현재 베트남 남부지역에서 당면한 중요한 현안이라 하였다.

호치민 남부지역은 메콩강 주변의 13개 주가 위치해 있다. 이 지역은 수운이 풍부하고 기후조건이 좋으며 더 넓은 평원으로 이루어진 베트남의 곡창지대이기도 하다. 최근 기후변화는 이 지역주민들의 삶에 직접적 영향을 미치고 있다. 지구온난화는 해수면 상승을 가져왔으며, 그래서인지 침식현상이 자주 일어나고 있고, 홍수가 나면 평야지대가 물에 잠겨 강과 평야지대를 구분할 수 없을 정도라 한다. 그래서 농부들은 1층을 아예 비워놓고 2, 3층에 가구를 두고 생활해야 한다. 물에 잠겼던 흔적이 벽면에 고스란히 남아 있고 그 잠기는 수위가 점점 높아지고 있다고 한다. 홍수만 있는 것이 아니라 비가 오지 않을 때는 손을 쓸 수 없을 정도로 심한 가뭄이 와서 농산물 생산에 큰 피해를 줄 때도 있다. 묘지의 경우도 시멘트를 사용하여 물에 떠내려가지 않도록 할 정도라 한다.

지반 침식, 홍수, 가뭄 등의 자연재해가 반복되면서 이주도 한층 가속화되고 있다. 특히 젊은 여성들의 경우 이주현상이 많다는 것이다. 국제결혼을 통한 해외이주, 호치민과 껀터 등의 대도시로의 국내이주가 일어나고 있다. 이런 대량의 이주현상은 베트남 사회에 심각한 영향을 미치며 다양한 경제사회적 파급효과를 가져온다는 것이다.

기후변화에 한국은 어떻게 대응하는가에 대해 질문했다. 우리는 베트남만큼은 기후변화에 따른 사회경제적 문제가 발생하지 않는 것 같다고 했다. 서울에 많은 사람들이 몰려있지만 다른 경제사회적 요인 때문에 이주하지 기후변화에 따른 홍수와 가뭄, 태풍, 그밖의 여러 현상으로 잘 이주하지는 않는다고 하였다. 이런 즉흥식의 대답이 맞은지에 대해 확신은 할 수 없지만 오늘날 남부 베트남이 당면한 기후문제는 지역민에게 심각한 현상으로 다가오는 것 같았다. 사회가 당면한 현안에 따라 사회학의 연구주제가 다를 수 있을 것이며, 당연히 그래야 할 것이다. 인사대 사회학 교수와의 대화에서 그런 느낌을 강하게 가질 수 있었다.

베트남 사회학은 한국의 사회학에서 이슈가 되는 문제와 다른 현상에 직면하여 그들 사회를 분석 · 해명하는 데 관심을 두는 것 같았다. 바로 그것이 사회학적 관심사일 것이기 때문이다.

10. 베트남 교육, 현안과 과제는 무엇인가

사회복지인의 날을 축하하기 위해 호치민시 인문사회대학교에서 사회복지학 국제세미나가 열렸다. 베트남 학회의 성격을 볼 겸해서 국제세미나에 참석했다. 좀 일찍 도착했던 관계 커피를 마시며 베트남 사회가 당면한 교육현안을 현지 사회학 전공자에게서 들을 수 있었다.

현재 베트남 정부는 경제발전과 성장에 너무 과잉대응하는 측면이 강하다고 했다. 현행의 베트남 정책은 국민을 경제노예로 만들 수 있는 우려를 낳을 수 있다고 했다. 사회 전반의 인프라 향상을 통해 국민들의 시민적 역량을 끌어올려야 하는데 이런 뒷받침 없이 지나칠 정도의 성장중심 정책을 편다는 것이었다. 현재의 당근에 길들여져 일반 사람들 대부분이 이런 경제노예적 상황에 대해 잘 알지 못한다는 것이 안타깝다고까지 하였다.

자신은 물론이고 친구들 몇몇은 자녀를 베트남에서 공부시키는 것에 불안해하고 있으며, 외국 유학시키는 것을 고민하고 있다고 하였다. 무엇보다도 세상의 엄청난 변화에 공산당의 일당지배가 어떻게 대응을 할 수 있느냐하는 문제를 제기했다. 베트남인들은 페이스북을 많이 사용하며 이외에도 여러 매체를 사용하여 세상변화를 잘 알고 있다는 것이다. 지금까지의 성장 초기단계까지는 정부의 의도대로 일정한 성과를 거두었지만 고도화 단계에 들어설 상황에서는 쉽지 않은 과제를 안게 될 것이라고 하였다. 무엇보다도 공산당 일당 지배체제에서 사회의 유능한 인재를 발굴하지 못하며 자신의 색깔에 맞추다 보니 경직성에서 벗어날 수 없다는 것이었다. 이런 식으로 경제사회적 의사결정이 내려지는 데 점점 고도화되고 첨단화되는 세상변화에 어떻게 잘 대응할 수 있느냐는 것이다.

더욱 베트남에서 부자와 빈자 간에 격차가 너무 커져서 완전히 다른 세상을 살아가는 양극단의 모습을 보인다는 것에 우려를 드러냈다. 푸미흥이나 빈탄지역의 부자들이 살아가는 세상은 일반 베트남인들이 살아가는 세상과 너무도 다르다. 이런 격차가 점차 커질 때 어떤 현상이 발생할 수 있을지에 대해서 알 수 없다고 하였다.

특히 호치민 지역은 하노이 지역과 다른 정서가 밑바닥에 깔려 있다고 알려 주었다. 옛부터 북부 하노이 지역은 중국의 영향으로 유교적이면서 상당히 보수적 성격이 강하다고 하였으며, 반면에 남부 호치민 지역은 서구의 영향을 받으면서 서구와 같은 개방적 정서가 강하다고 하였다. 젊은이들이 갖는 생각에서 하노이의 정치적 정서를 잘 받아들이려 하지 않으며 동시에 중국의 팽창주의와 제국주의에 대해서도 아주 좋지 않은 시각을 갖고 있다고 했다. 실제로 반중국 시위가 일어났다고 하였다. 중국자본을 이용해 고속도로를 건설하려 했을 때 왜 중국자본을 끌어들이느냐며 이의를 제기했고, 국민적 공분을 불러일으켜 좌절시키기도 하였다고 했다.

현재 호치민의 젊은이들은 하노이의 정부와 중국 자체를 좋은 시각으로 바라보지 않는다. 이미 각종 매체와 책을 통해 세상의 흐름을 빨리 파악하는 데 이들의 생각을 어떻게 막을 수 있겠느냐며 현 정부의 통치에 대해 부정적 생각을 피력하였다. 하노이의 상당수 젊은이들도 기회가 되면 호치민 지역으로 와서 살아가려한다고 하였다. 호치민에 오면 임금수준이 향상되며 더 많은 기회를 누릴 수 있고 특히 유연한 사고를 할 수 있다는 것이었다.

베트남은 여러 가지 조건에서 많은 기회가 있지만 동시에 위기도 상존한다고 하였다. 그 가장 핵심에 부패현상이 자리 잡고 있다는 것이다. 소수에게 불공정을 통해 혜택을 몰아준다는 것에 대부분의 젊은이들이 잘 참으려 하지 않으려 하며, 심지어 일부 교수들도 정부에 대한 비판을 쏟아낸다고 하였다.

공산당의 경직성은 여러 측면에서 나타나는데, 대학행정 현실에서도 잘 볼 수 있다고 하였다. 대학의 핵심행정 요원이 되기 위해서는 2년 과정의 공산주의 정책 과정을 이수해야 한다고 했다. 현재 대부분의 베트남 대학에서 고급행정 요원 양성을 위해 토요일의 저녁 시간을 활용하여 이 코스를 이수하도록 하고 있다. 나이 많은 교직원들이 젊은 부학장을 보스라 부르는 것을 이해할 수 있었고, 그에 의해 학과가 움직이는 것에 대해서도 이해할 수 있게 되었다. 나이 삼십 대 초반인데 학과의 행정 관련 일을 관장하고 있었다. 다시 말해, 마르크스와 레닌, 그리고 호치민 사상으로 무장한 사람이 대학 행정을 맡아야 한다는 것인데, 이런 생각이 어떻게 미래사회 전망에 맞겠느냐는 것이었다. 학생들에게도 의무적으로 연 350여 시간의 사회주의 사상(마르크스, 레닌, 호치민)을 학습하도록 하고 있다고 하였다. 일부 교수들을 비롯하여 이런 사상을 왜 배워야 하느냐며 불평을 피력하였고, 일부의 반대 의견이 있지만 현재는 사상누각에 불과하다고 하였다.

대학교육에서 이런 사고의 경직성은 노예적 사고에 불과하며, 이는 비판적 사고를 하는데 걸림돌이 된다고 하였다. 베트남 역사에서 오랜 시간동안 전쟁을 경험했고 그런 것들이 누적되어 사고의 경직성을 낳았다며 현행의 기득권 세력에 날을 세웠다. 대학에서 행정가들은 서로 다른 세계의 서로 다른 견해들이 있을 수 있다는 사실을 인정해야 하는데 보스십에 익숙하여 세상 변화 흐름을 놓치고 있다는 것이었다. 한 마디로 사고의 경직성이 누적되어 자유롭게 사고하는 지성을 키워낼 수 없다고 하였다.

이런 대학교육에서 젊은이들의 미래를 어떻게 보장하며, 또 베트남의 미래는 어떤 모습을 보일 것인지에 대해 걱정이 된다는 것이었다. 바로 그 대안이 자녀의 유학에서 찾는 부모들이 늘어나는 것으로 나타난다고 했다. 자신도 자녀를 미국에서 공부시키려 하며, 마침 아들이 공부를 잘해 내년에 미국학교에서 장학금을 받고 유학을 갈 것이라고 하였다. 자신만 그런 것이 아니라 비교적 괜찮은 여건에 있는 친구 몇 명도 외국학교에서 자녀를 공부시키려 하고 있다고 했다. 어느 사회든 비판적 지성이 있어야 발전할 수 있으며, 또 그런 비판이 있을 때 새로운 사회로 나아가기 위한 발판을 마련할 수 있을 것이라는 생각에 미치게 되었다.

제5장
한국–베트남, 대학생과 청년문화

1. 소풍을 통해 바라본 대학생의 삶

(1) 소풍1: 동물원, 역사박물관

이번 소풍은 마이(Mai)가 주도하였고 이위, 김치, 도안, 튀넌, 응안, 따오, 짬안이 같이 했다. 마이는 한국대학에 교환학생 경험이 있어 한국어를 잘 하며 한국 상황을 잘 알고 있다. 마이와 이위 학생이 오토바이를 타고 숙소에 와서 모임 장소인 타오 캄 비엔(Thao Cam Vien Sai Gon) 동물원으로 갔다. 숙소에서 멀지 않았고 학생들이 다니는 학교에서도 아주 가까웠다.

타오 캄 비엔 동물원은 식물원도 겸해 있었다. 악어, 공작, 호랑이, 그 밖의 이름을 알 수 없는 여러 동물들이 있었다. 어린아이들을 둔 부모들이 많이 찾았다. 날씨가 상당히 더웠는데 곳곳에 많은 사람들이 동물원 구경을 즐겼고, 외국 관광객들도 여럿이 보였다. 왠지 우리의 7, 80년대 동물원 같았으며 그때의 가족애와 형제애, 그리고 동료애를 나누었던 모습이 연상되었다.

학생들은 틈틈이 동물원에 얽힌 이야기를 들려주었지만, 잘 이해가 되지 않았다. 그중에서도 인상적이었던 것은 베트남의 국화에 얽힌 이야기였다. 베트남 국화는 연꽃이라고 하였다. 연꽃은 가장 낮은 곳에서도 예쁘게 피어나 사람들에게 많은 기쁨을 주기 때문에 국화가 되었다는 것이다. 베트남 국가에서 연꽃을 국화로 정한 이유를 나름대로 생각해보며 인민에 늘 최우선을 두었던 호치민 정신과도 일맥상통하는 것으로 보이기도 했다. 어디까지나 상상에 불과한 해석이며 확인해보지 않았다. 동물원 내 연꽃을 심은 연못 주변에 개구리상 두 개가 있었는데 재미있는 모습이었다. 개구리가 손으로 턱을 바치며 깊은 사색에 빠진 형상이었다. 연못에 핀 연꽃을 바라보며 개구리는 깊은 사색에 잠겨 있다. 연못, 연꽃 그리고 개구리는 아주 잘 어울리는 구도였다. 어떻게 잘 어울려 살 것인지에 대해 깊이 사색함으로써 상호 공존을 모색하는 것으로도 느껴졌다.

학생들은 김밥, 베트남식 라면, 망고 등의 과일과 음료수를 준비해왔고 우리는 적당한 그늘을 찾아서 간단하게 요기를 했다. 마이와 응안 둘이서 어제 저녁에 김밥을 직접 만들었다고 한다. 두 학생은 농촌지역 출신으로 호치민에서 하숙을 하고 있는데 오늘 소풍을 위해 한국식 김밥을 만들었다는 것이다. 그리고 도안은 오늘 소풍을 온다고 해서 어머니가 직접 베트남식 라면요리를 준비해주었다고 한다. 학생들은 오늘 행사를 위해 돈을 내서 음료수와 물, 입장료 등을 준비했다.

서로 음식을 나누어 먹으면서 웃고 떠들고 한다. 한낮이어서 제법 더웠는데 더위에 단련이 되어서인지 더위 불평을 하지 않는다. 서로 주고받고 권하면서 먹는 모습이 보기에 좋았다. 이렇게 점심을 먹은 뒤 학생들은 사진을 찍으며 즐거워한다. 그들끼리 이런저런 모습으로 여러자세를 취하며 추억을 만들어갔다.

동물원 구경을 마치고 우리는 인근에 위치한 호치민시 역사박물관으로 향했다. 크게 두 영역으로 전시되어 있었는데 한 영역은 베트남 관련 역사흔적을 보관한 곳으로 선사시대에서부터 응우엔 왕조까지의 역사유물을 전시하고 있었고, 다른 한 영역은 베트남 남부지방 및 여러 아시아 나라들과 관련되는 유물들을 전시하고 있었다. 어느 나라 역사든 비슷한 형태를 보이며 일정한 발전단계를 거치면서 발전해온 것 같았다. 선사시대, 고대와 근대에 이르는 과정에서 어느 나라 박물관에서도 보았던 느낌과 비슷했다. 중국의 여러 박물관들, 한국의 박물관들, 그리고 이곳 베트남 역사박물관에서 보아왔던 유물들에서 역사발전은 정도의 문제이지 유사한 형태를 보인다는 생각을 해보았다. 전시해놓은 모습도 비슷했고 또 인접 지역과의 상호교류를 통해 새로운 문물을 받아들이며 번성기를 누렸던 형태에서도 유사했다.

학생들에 의하면 베트남은 크게 세 개의 문명권이 있다고 하면서 북부는 동서문화, 중부는 상원문화, 남부는 옥에오(Oc Eo) 문화가 발달되었다고 했다. 각각 다른 형태로 발전하였던 세 문화를 토대로 하여 오늘의 베트남 문화를 형성하였다는 것이다. 그래서 베트남은 동일한 토대 위에서 발전하였다기보다 서로 다른 문화를 근거로 발전하였기에 다름에 대해 잘 인정할 수 있다고도 한다. 특히 베트남 남부지역 문화는 북부지역 문화와 상당히 다른 형태를 띤다고도 하였다. 중국의 유교문화에서 많은 영향을 받았던 북부와 중부와 달리, 남부지역은 이웃 나라인 캄보디아의 앙코르 문화로부터 많은 영향을 받았다고 알려주었다. 그런 점에서 남부베트남 문화는 좀 더 색다른 측면이 있으며, 현재도 북부지방과 다른 특성을 보이는 점이 있다고도 한다. 그들이 들려주는 베트남 고대문화 이야기는 상당히 흥미로웠고 재미있었지만 그들이 전하려했던 바를 잘 이해할 수 없었다.

지금까지 학교 역사공부 과정에서 베트남을 비롯한 남부아시아에 대해 공부했던 적이 별로 없었다. 중국과 일본의 역사는 피상적으로나마 알 수 있었지만 베트남 역사에 대해서는 문외한에 가깝다. 이곳에도 이런 긴 역사가 있고 세련된 문명을 열었는데 우리에게는 잘 알려지지 않았다. 토기, 도자기, 의복, 불교유물들, 그리고 그밖의 각종 전시물에서 번창했던 남부베트남 역사를 읽을 수 있었다. 역사박물관에 미라를 원형 그대로 보관하고 있는 모습에서 잠깐 놀라기도 하였다.

학생들과 함께 베트남 지도를 보면서 그들로부터 각 지방의 유명관광지, 유물, 특산물 등에 대해서도 재미있게 들었다. 학생들은 지방출신으로 호치민에 유학을 와 공부하는 중이어서 각자 자기 지방에 대해 설명했고, 기회가 되면 같이 방문하자고 제안을 했다. 람동(Lam Dong) 지역에 달랏이라는 유명한 도시가 있는데 대성당을 꼭 가봐야 한다고 권했고, 또 어느 학생은 빈딘(Binh Dinh)지역을 가봐야 한다고 했다. 빈딘 지역은 베트남에서 가장 유명한 술이 생산된다고 하면서 꼭 마셔보라고 권했다. 이 지역에서만 만들어 파는 지역특산물이라고도 했다.

베트남의 남쪽 바다에 푸꾹(Phu Quoc)이라는 큰 섬이 있는데 한국의 제주도와 같이 아름다운 곳이라고 하였다. 그런데 슬픈 역사도 함께 있다고 하면서 남북 간 통일이 된 뒤 정치범들을 이곳에 가두었던 감옥 섬으로 알려져 있다고 하였다. 남쪽 동해

쪽으로는 콘손(Con Son)이라는 섬이 있는데 이곳도 감옥으로 유명하다고 하였다. 이 섬은 프랑스 식민지 때 독립운동을 했던 베트남인들을 이곳에 보내 감옥살이를 하도록 한 곳이었다고 했다.

학생들로부터 이런 각 지역에 얽힌 이야기를 듣는 것이 아주 흥미있었고, 무엇보다 남부베트남 지역을 이해하는 데 도움이 되었다. 자기들도 역사에 대해 잘 모른다고 하면서 자기들이 학교에서 배웠던 내용의 일부만을 들려줄 수 있다고 했다.

역사박물관 가장 중심부의 좋은 장소에 호치민 동상이 서 있다. 베트남에서 호치민이 차지하는 위상이 어느 정도인지를 이곳 박물관에서도 확인할 수 있었다. 죽은 호치민이 오늘의 베트남을 통치한다는 이야기가 있을 정도로 호치민 정신의 중요성을 엿볼 수 있으며 국부로서의 존경을 한몸에 받고 있음을 알 수 있었다.

이곳 학생들 대부분은 아르바이트를 하고 있었다. 타오는 한국 학생들에게 베트남어를 가르치며 생활비를 해결한다고 했다. 베트남에 온 한국 부모들은 자녀들에게 베트남어를 가르치고자 하는데, 그런 아이들을 대상으로 베트남어 교사를 하고 있다고 했고, 자기처럼 이런 과외를 하는 학생이 여럿 있다고 알려주었다. 마이는 베트남 학생의 한국어 교사를 한다고 했다. 베트남 학생 중에서 한국어에 관심이 있고 앞으로 한국유학에 뜻이 있는 학생에게 한국어를 가르친다는 것이다. 오늘 소풍을 했던 8명 중 7명이 과외를 하면서 용돈을 해결하고 있었다.

학생들이 소풍에 초대해주었기에 맛있는 저녁을 사겠다고 학생들에게 제안했다. 어떤 음식이든 맛있는 음식을 추천해보라고 하였다. 그때 한국인이 운영하는 BBG라는 식당을 추천하였다. 우리는 오토바이로 한국식 식당으로 이동했다. 식당은 호치민 시청을 지나 호치민에서 가장 번화한 곳인 1군 지역에 있었다.

학생들과 재밌는 한때를 보냈다. 통닭과 부대찌개, 그리고 야채사라다 등을 주문하여 푸짐하게 먹었다. 베트남에서 대학생활을 두고 여러 가지를 토론했는데, 그중에서도 베트남 학생들은 알바를 하며 생활비를 해결하는 것이 인상적이었고, 또 자유롭게 남녀교제를 즐길 수 있다고 했다. 그렇지만 아직은 한국 학생들만큼은 아닐 것이라고 알려주었다. 한국 막걸리가 몸에 좋은 것으로 알려져 있는지 막걸리를 마시자는 제안을 했다. 왜 그렇게 생각하는지 물었더니 그런 소문이 많이 나있다고 알려주었다. 막걸리가 몸에 좋은지 그렇지 않은지에 대해서는 잘 알 수 없지만, 영화와 드라마의 영향으로 그렇게 듣고 있다고 하였다.

상당한 무더위였는데 학생들은 밝은 모습을 잃지 않았다. 그들은 싫은 기색을 하지 않았고, 웃고 떠들면서 좋아하였다. 음식을 먹을 때도 맛있게 먹고 고맙다고 깍듯하게 인사를 하였다. 각자가 일이 있으면서도 숙소까지 데려다주었으며, 호치민에서 생활하다가 어디에 갈 곳이 있든지 불편한 점이 있으면 자신들이 안내해주고 해결해 주겠다고 한다.

우리의 8. 90년대 대학생활에서 볼 수 있는 의리를 지키고 정을 나누는 문화를 볼 수 있었다. 아직은 관계성이 살아 있으며 함께 어울리며 동료애를 나누는 삶을 살아가는 듯 보였다. 자본의 힘은 마력과 같아서 언제까지 이들의 관계성을 유지하도록 할 것인지는 의문이 든다. 모든 것을 돈의 가치로 매기는 자본주의가 심화되면 이들의 관계성에도 영향을 미칠 것이다. 같은 학년의 동료들끼리 자발적으로 소풍을 준비하여 함께 즐기는 모습이 보기에 좋았으며, 앞으로도 이런 관계성이 유지될 수 있기를 바랄 뿐이다.

⑵ 소풍2: 랜드마크 81

호치민시 빈탄지역에 위치한 랜드마크 81빌딩을 찾았다. 랜드마크 81은 81층짜리 아파트를 중심으로 대단지의 주거공간을 형성하고 있었다. 몇 대의 오토바이를 타고 이동했고 아파트 주변에 위치한 사이공 강을 배경으로 조성된 야외공원을 같이 거닐었다. 잔디와 열대나무, 분수대와 그밖의 몇몇 조형물들이 조화롭게 배치되어 있었다. 한낮이어서인지 주변이 한가하게 보였지만 저녁이면 주민들이 몰려나와 사람들로 붐빈다고 한다. 우리는 사이공 강가에 설치된 의자를 중심으로 편안하게 앉아 베트남 대학생 삶과 관련된 이런저런 이야기를 나누었고, 학생들은 자기들끼리 놀이를 곁들어 재미있는 한때를 보냈다. 학생들이 노는 사이에 의자에서 20여 분 정도를 잠깐 졸았다.

이렇게 1시간여를 보냈고 랜드마크 81빌딩의 실내로 이동했다. 주변에는 아파트만 있는 것이 아니라 고급주택가도 군데군데 보였다. 이곳에 산다는 것만으로도 부자로 인정받을만한 지역으로 보였다. 실내에는 아이스링크 장을 비롯하여 슈퍼마켓과 고급식당 등으로 잘 꾸며져 있었다. 지상에서 몇 층까지는 여러 명품점들이 입점해있었다. 이곳저곳을 살펴본 뒤 우리는 5층 커피숍에 들렀다.

커피숍에서 학생들과 현지 대학생들의 연애관계에 대해 이야기를 나누었다. 대체로 자유로운 이성교재를 원한다고 하였고 이미 몇 명의 학생들은 남자친구와 사귄다고 했다. 부모들도 그런 남녀교제에 반대하지 않으며 둘 사이의 관계가 좋으면 결혼으로 이어진다고 하였다. 함께 소풍을 온 여학생도 남자친구를 사귀고 있는 데 보통 일주일에 두 차례 정도 만난다고 했고, 아직은 결혼 생각까지 하지 않고 있지만 좋으면 결혼해도 괜찮을 것이라고 했다. 학생들에 의하면, 남녀 간에 자유롭게 만나며 서로 좋으면 교제하는 것을 대학생 삶의 전유물로 바라보았다. 현지학생들은 남녀학생을 구분하지 않고 비교적 잘 어울리고 있었고, 친밀한 스킨십을 나누며 좋은 관계를 맺고 있었다.

2019년 9월 졸업을 앞두고 있는 학생들로서 결혼보다 취업이 더 중요한 과제라고 했다. 한국학과여서 한국계 기업에 취업하기를 원했고, 이를 위해 우선 호치민에 진출해 있는 한국계 대기업에 인턴원서를 넣어둔 상태라 하였다. 그런데 한국계 대기업에서 인턴을 하는 것이 쉽지 않다고 하였다. 한국학과 학생들은 한국계의 대기업에 취업하는 것을 가장 선호하였는데, 이 이유는 전공을 살릴 수 있다고 했고, 또 다른 이유는 일반 베트남 기업에 비해 더 많은 임금을 받을 수 있기 때문이라고 했다. 호치민에는 한국의 몇몇 대기업들을 비롯해 많은 중견기업들이 진출해있는데, 막상 취업하기란 그렇게 쉽지 않다고 했다.

대학생들은 SNS를 사용하여 서로 간에 소통하고 있으며 그들끼리의 생각을 교류하고 있었다. 베트남 대학생들은 주로 페이스북을 통해 생각을 나눈다고 했고, 한국의 카톡과 같은 역할을 하는 Yalo를 통해서 끼리끼리의 삶과 문화를 즐긴다고 알려주었고, 알로 앱을 다운 받아 함께 사용하도록 주선까지 해주었다. 작은 일 하나라도 있으면 이런 매체를 통해 의견을 나누며 정보를 교환한다는 것이다. 어느 사회든 SNS의 위력은 대단하며 이런 매체를 통해 의사소통을 열면서 살아가는 세상이 되었다.

이곳 대학생들은 노래방 문화를 아주 즐긴다고 했다. 이곳 학생들은 끼리끼리 만나 노래방에 가서 베트남의 인기가요를 즐기며 한국노래도 종종 부른다고 하였다. 아직은 동전노래방보다는 음료수와 맥주를 마시며 자신들이 직접 선곡해 부르는 전통적 노래방을 더 좋아한다고 하였다. 학생 입장에서 노래방, 가라오케에 가는 것이 조금은 부담이 되는데, 가끔씩 기분전환을 할겸 노래방을 찾아 즐긴다고 들려주었다. 베트남인들의 노래 사랑은 각별하다고 하면서 베트남 사람들은 남녀노소의 누구나 그리고 어느 지역에서든 노래를 좋아하며 노래를 즐긴다고 하였다. 농촌 지역에서까지도 가족이나 친구 혹은 마을행사가 있으면 노래방기기를 주문 · 설치하여 함께 노래를 부르며 즐긴다고 했다.

베트남 학생들에게 요리해먹기도 좋은 취미라고 알려주었다. 마음 맞는 몇 명의 친구들이 끼리끼리 모여 요리를 직접 해먹으며 재미있는 시간을 보낸다고 했다. 그들은 시장에서 재료를 직접 사서 좋아하는 몇 가지 음식을 만들면서 친교를 즐긴다는 것이었다. 이위라는 남학생이 있는데, 이 학생의 집에 학생들이 모여 함께 요리를 자주 해먹는다고 하였으며, 다음 기회 때 초청하겠다고 하였다. 이 학생의 어머니는 여학생들이 와서 요리하는 것을 잘 이해해주어 그 집이 좋은 요리공간이 된다고 했고, 대부분의 베트남 부모들이 이런 모습에 상당히 수용적이라고 하였다.

베트남 대학생들이 겪는 문제는 우리보다 적어 보였고, 대학생활 그 자체에서도 부담을 크게 느끼지 않는 듯 보였다. 자퇴률에서도 우리보다 훨씬 낮아 보였다. 일단 대학에 들어오면 공부를 마칠 때까지 대학을 다녀야 하는 것으로 보고 또 그렇게 받아들인다는 것이다. 그리고 대학에서 공부를 마치면 일자리가 보장될 수 있다고 보며, 실제로 그럴 가능성도 큰 것으로 보였다. 우리의 대학생들이 대학생활 중에서 경험하는 삶과 비교하여 비교적 수월하고 무난하다는 생각을 해보았고, 또 고뇌와 번민에서도 훨씬 적어보였다.

학생들끼리의 관계성에서도 상당히 유기적이었다. 우리처럼 성적과 점수경쟁을 그렇게 세게 시키지 않기에 동료애가 살아있다. 밥을 먹어도 같이 모여서 나누어 먹고 혼자 하는 놀이보다는 같이 모여 함께 놀고 즐긴다. 자잘한 것을 가지고도 웃고 소리를 지르고 손뼉을 치며 좋아한다. 공부에 대해서도 우리만큼의 압박감을 받지 않는다. 균형학점에 의한 서열화된 평가제도에 대해서는 무슨 의미인지에 대해 잘 모르는 것 같았고, 학생에 의한 교수자 평가에 대해서도 생각조차 할 수 없는 것으로 받아들이고 있었다. 편입을 위해 다니던 학교를 자퇴하고 학벌을 세탁하는 경우도 잘 들어보지 못했다. 취업시장이 그렇게 녹록한 것으로 보이지는 않았지만 우리의 대학생들이 겪는 상황과는 비교될 수 없었고, 대체로 동료와의 원만한 관계 속에서 비교적 여유 있는 대학생활을 누리고 있는 것 같았다.

2. 한국 젊은이, 호치민 체류이야기

〈체류기 1〉

호치민시 인문사회대학에서 한국 대학생 최○○ 씨를 만났다. 만난 계기는 간단한 곳에서 시작되었다. 인사대 부근에 원룸촌이 있다고 해서 그곳을 갈 예정이었다. 인사대에 많은 외국인 학생들이 몰려들면서 원룸촌이 형성되었는데 그곳에 많은 젊은이들이 모여드는 곳이라 해서 어떤 곳인지가 궁금했다. 인사대에 들릴 일이 있으면 꼭 한번 구경하면 좋을 것이라는 추천을 받았다. 한국 사람 같아서 혹시 원룸촌 위치를 아는지 물었는데 직접 안내해주겠다고 하였다. 그것이 계기가 되어 이 학생과 한참 동안 이야기를 나눌 수 있었다. 현재 한국의 어느 대학에서 경제학을 전공하고 있는데 호치민 인사대학에 교환학생으로 온 것이 계기가 되어 일 년간 베트남어를 배웠으며, 그런 경험을 토대로 지금은 베트남 현지방송국에서 인턴십을 하고 있다며 자신을 소개했다.

베트남을 알게 된 계기는 지자체 공모프로젝트인 문화 ODA 사업에 교수 1명과 학생 2명이 한팀을 구성해 응모하였는데, 그 프로젝트가 당선이 되어 베트남에 올 수 있었고, 그것을 계기로 베트남 사회에 본격적으로 관심을 갖게 되었다고 하였다. 베트남에서 프로젝트 수행차 온 것이 계기가 되어 새로운 인생이 시작되었다고 했다.

그는 현재 호치민에서 제일 큰 방송국인 VTV에서 3개월간 인턴십을 하는 중이라고 했다. 그가 하는 일은 유튜브 채널을 만들어 한국과 베트남 간의 문화체험 프로그램을 제작하는 것이었고, 이를 통해 문화간 이해를 돕는 것이라고 했다. 이 밖에도 베트남 사회 관련의 여러 다큐멘터리 기획물을 만들어 유튜브로 알려서 한국과 베트남 간 문화영역에서의 관계 증진에 이바지하고 싶다고 했다.

공모사업을 위해 호치민에 왔다가 베트남 사회에 대한 관심이 커지면서 다시 베트남을 찾게 되었고, 그때부터 본격 베트남어를 배우기 시작하였으며 이런 베트남어에 대한 이해를 통해 베트남 사회문화를 공부하려는 의지를 갖게 되었다고 했다. 그에 의하면, 우리의 대학생들은 왜 미국, 유럽, 일본 등과 같은 선진국에 가서 공부하려 하는지를 잘 이해할 수 없다고 하면서 자신은 앞으로 더 많은 발전 가능성을 가진 베트남 사회를 공부하려 한다고 했다. 현재는 다니던 대학을 휴학하고 인사대 베트남어 어학원에 등록하여 베트남어를 공부하면서 인턴을 하고 있다고 소개했다. 베트남어를 공부하는 과정에서 상당수의 학생들이 중도에 포기하는 것을 보았는데 자신은 대학 인근의 원룸촌에 방을 얻어놓고 이를 악물고 베트남어를 공부했다고 한다. 그러면서 여러 베트남 친구를 사귈 수 있었고 그들과 어울리면서 베트남어를 숙달할 수 있었다고 하였다. 요즘은 웬만큼 베트남어를 할 수 있으며 일상생활을 하는 데 어려움이 없을 정도로 베트남어를 숙달할 수 있었다고 했다.

호치민 생활 중에서 여러 학생들과 잘 어울리면서 좋은 관계를 맺는 것에도 공을 들여 현지의 여러 친구들을 알게 되었으며, 따라서 호치민 생활에서 별 어려움을 겪지 않고 생활할 수 있게 되었다고 했다. 이렇게 베트남어 숙달이 되면서 호치민의 어느 방송국에서 몇 가지 프로젝트를 같이 하자며 제안을 받을 정도로 능력을 인정받게 되었다고 하였다.

현재는 메콩지역 주민들의 고달픈 삶을 본격적으로 취재하여 유튜브로 방송하겠다는 뜻을 갖고 있다고 한다. 메콩의 13개 프로빈스는 3모작이 가능할 만큼 풍요로운 지역으로 농산물 생산량이 많아 인구밀접 지역이라 한다. 그런데 최근 홍수, 가뭄, 그밖의 현상에 따른 기후변화가 심해지면서 지역주민의 삶이 어려움에 빠지게 되었다고 한다. 이 지역주민들 중에서 돈을 벌기 위해 여러 가지 시도들을 하고 있다고 한다. 호치민, 껀터 등의 국내 대도시로의 이주를 포함하여 20대 초반의 여성들이 외국남자들과의 국제결혼을 시도하는 경우가 상당하다고 하였다. 여성들의 이런 경향으로 인해서 그곳 지역 남성들의 상당수가 결혼할 짝을 찾지 못하여 독신으로 살아야 한다. 국제결혼 이외에도 돈을 벌기 위해 매춘업으로 진출하는 경우도 많다고 한다. 보통 35만원 정도의 월급을 받는데 매춘으로 큰 돈을 벌고자 시도하는 경우도 있다고 한다. 메콩지역에서 남성의 경우, 폐선박을 하루 종일 수리하면 그 댓가로 한국 돈 일만원 정도를 받을 수 있다고 한다. 이처럼 여건이 어려운 지역에서 여성의 경우는 상황이 많이 다르다는 것이다.

여성들은 대도시나 외국에 진출하여 좀더 쉽게 돈을 벌 수 있는 기회가 많다는 것이다. 외국의 나이 많은 신랑과 결혼하려 하는 데에도 부모님 집의 살림에 보탬을 주겠다는 생각이 강하다고 한다. 도시에 진출하여서도 어떤 식으로든 돈을 벌어 부모님 삶을 좀 더 나아지게 하는데 관심을 갖는다는 것이다. 그러면서 왜 한국의 시부모들은 젊은 베트남 신부들이 본국으로 돈 송금하는 것을 이해하지 못하는지 의아하다고 했다. 바로 문화의 차이일 것이다. 좀더 관용적으로 바라보면 문제해결이 쉬워질 것인데 오랫동안 익숙했던 문화적 틀에서 벗어나기 쉽지 않은 것 같다고 하였다.

겉으로 봐서 평온한 것처럼 보이지만 조금만 관심을 갖고 사회 안으로 들어가면 많은 사회문제를 안고 있는 것으로 보인다고 했다. 베트남 사회의 경우, 여성들은 남성을 위해 몸을 희생하면서까지 생계를 위해 돈을 벌어야 한다는 생각을 하는 것 같다고 했고, 여성이 남성을 위해 더 많은 희생을 해야 한다는 사고도 의외로 강하다고 하였다. 심지어 어떤 카페에 가면 손님에게 '밥을 떠먹여 주는 식당'도 있다. 대낮인데도 손님을 받기 위해 거의 몸을 노출한 채 커피와 차 서비스를 하는 곳도 성행한다. 이렇게 여성들이 가족을 위해 자신을 희생하는 것이 인정되는 것에 마음이 아프다며 이를 세상에 알려 더 나은 사회적 조건을 만드는 데 조금이라도 기여하고 싶다고 하였다.

베트남인들은 가족 간 및 이웃 간 유대의식이 상당한 것 같다. 그래서 가족이나 친구 중의 한 명이 잘되면 연쇄적으로 자신과 비슷한 일에 추천하여 같이 잘 살려는 경향을 갖는다고 했다. 그래서 결혼이주여성의 경우도 특정인이 결혼하여 잘산다고 싶으면 자신의 동생이나 친한 이웃에게 소개하며, 그렇게 연쇄적 관계를 형성하며 살아가는 경향이 강하고 했다. 나름대로 정확한 관찰로 보인다. 이런 베트남 사회가 갖는 특성을 살려 유튜버로 방송하여 사회적 여론을 형성하는 것이 꿈이라고 했다.

이런 메콩지역이 당면한 다양한 현실을 다큐멘터리로 담아내어 이 지역의 현안을 유튜브 채널로 제작하여 알리겠다는 포부를 갖고 있었다. 한국의 대학생으로서 감히 시도하기 어려운 과제에 도전하고 있다. 이 얼마나 멋진 포부이며 당찬 각오인가. 이런 식으로 해외인턴을 마치면 자신을 불러줄 곳이 있을 것이라고 하였다. 이는 단순히 취업을 넘어서서 인류애의 실현으로 보인다. 메콩지역 주민들이 당면한 삶의 굴레를 잘 드러내어 현안으로 이슈화할 때 새로운 대안을 만들 수 있기 때문이다.

<체류기 2>

호침시 사범대학에서의 특강 후 바로 인근에 있는 사이공대학을 방문하였고 나오는 길에 한국에서 온 젊은 도전가들인 박○○, 김○○를 만났다. 어느 어류브랜드 사장의 후원으로 같은 집에 살면서 유튜브 방송 ○○박을 운영한다고 했다. 방송국을 개국하여 운영하는 것이 꿈이라고 하였다. 그런 방송국을 준비하기 위해 카메라를 메고 이곳저곳을 다니며 촬영하고 있었다.

그는 고교 졸업 후 대학에 합격하였는데 대학을 포기하고 현지사회를 찾아다니며 경험과 체험을 통해 현장사회를 공부하려 한다고 했다. 굳이 대학에서 이론공부를 해야 할 필요가 있느냐며 반문했다. 베트남 이곳저곳을 다니면서 베트남 사회를 몸으로 공부하고 있다고 했다. 이렇게 현지 사회공부를 하던 중 어류회사를 경영하는 사장을 만나게 되었고, 그와 뜻을 같이 하게 되었다고 했다.

김○○는 아프리카 케냐에서 국제학교를 다녔고 그런 과정에서 국제적으로 생각하고 살아갈 수 있는 힘을 갖게 되었다. 국제학교에 다녔던 덕분에 영어를 잘 할 수 있게 되었다고 했다. 케냐에서의 경험에 비추어 주로 제3 세계에 대한 관심을 갖게 되었으며, 이런 제3 세계 사회를 배경으로 자신의 미래 꿈을 펼쳐보기로 했다는 것이다. 이런 생각을 갖고 베트남에 왔는데, 베트남에서 박○○를 만나게 되었고 지금은 그와 같이 베트남 사회 관련 체험을 하고 있다고 하였다.

이들 젊은이들은 베트남 현지인을 한 명 고용하여 호치민 곳곳을 다니면서 유튜브 방송의 소재를 취재하여 그것을 방송으로 내보내고 있었다. 나름대로 재미있는 기획이면서 생생한 역동성을 지닌 현지사회를 관찰하며 카메라로 담아내면서 살아있는 공부를 하는 셈이다.

두 젊은이는 한국인들이 갖고 있는 국제화 경향에 문제를 제기했다. 특히 한국의 기성세대는 제3 세계 사람들을 너무 함부로 대한다는 것 같다고 불평을 하였다. 김○○는 케냐에서 몇 년을 살았는데, 케냐에서 한국인은 현지인을 사람답게 잘 대하지 않았다고 했다. 언어표현에서도 너무 저속한 표현을 쓰며 그들을 대하였고, 또 실제의 행동에서도 현지인을 무시하고 낮추어 바라본다고 하였다. 그런 모습이 베트남에서도 비슷한 형태로 나타났다고 했다. 푸미흥 지역에 한국인들이 많이 사는데 그들은 현지인에게 케냐에서 보았던 바와 너무 흡사한 모습 같았다고 했다. 현지사회에 나와서 사업을 하고 적응하여 살아간다는 것은 현지인들과 함께 잘 어울릴 수 있어야 하며, 현지문화를 수용하고 인정해야 할 것인데 그렇지 못한 것 같다고 불평을 했다.

한국인들에게는 돈이면 최고이다라는 생각과 행동이 여전히 강하게 들어 있는 것 같다고 한다. 기성세대에서의 그런 모습에

실망을 드러냈으며, 그래서 국제적 시각에서 세상을 바라볼 수 있는 인식을 갖도록 하는 것이 중요하다고 했다. 자신은 어떻게 하면 글로벌 세상에 걸맞은 시각을 갖도록 할 것이냐에 대한 관심을 갖고 있으며, 여력이 되는 대로 그런 문화콘텐츠를 제작하여 방송으로 알릴 것이라고 했다.

역시 젊은이들다운 문제의식이다. 왜 한국인은 선진국에 대해서는 수용적 태도를 취하면서 제3 세계 사람들에 대해서는 군림하려는 태도를 갖는가? 일본이 했던 정신대에 대해 사과하고 배상하라고 하면서 우리의 제3 세계를 바라보는 인식에서는 어떤 문제점이 있는지에 잘 돌아보지 않는 것 같다고 한다. 글로벌 세상의 진전에 따른 글로벌 시민의식을 어떻게 갖도록 하며 그런 시민의식을 실천으로 드러나도록 할 것이냐를 방송내용으로 잘 담아내어 사람들에게 울림을 줄 수 있도록 하겠다는 포부를 밝혔다.

한국사회에서 흔히 볼 수 있는 이런 이중성, 곧 선진국 출신에게는 친절하고 존중하려는 경향이 있고 제3 세계 나라 출신에게는 군림하고 낮추어보려는 자세에 문제제기를 하였고, 이런 경향에 대한 강한 불만을 드러내면서 베트남에서의 경험을 중심으로 취재하여 세상에 드러내려는 포부를 갖고 있었다. 이들 젊은이들은 유튜브 방송을 통해 이런 한국인의 이중성을 드러내고 두 나라 문화 간의 가교역할을 하려는 희망을 갖고 있었다. 세계화 시대에 어떤 문화수용 자세가 중요하며, 어떻게 상호공존의 삶을 살아갈 수 있느냐에 대해 취재하고 방송하여 문화간극을 줄이도록 하겠다고 하였다. 그러면서 베트남 현지사회에서 어떤 아이템을 찾아내 사업에 성공시킬 수 있도록 하느냐에도 관심이 있다고 하였다.

그들이 그리는 세상이 어떤 모습이며 어떤 식으로 그들의 꿈을 펼쳐갈 것인지에 대해서는 불투명 그 자체로 보인다. 그래서인지 자신들도 자신들의 미래가 어떻게 열릴 것인지에 대해 잘 알 수 없다고 했다. 다만 유튜브 방송을 매개로 베트남 현지사회에서 자신들만의 브랜드로 민간방송국을 개국해 어떤 결과를 얻을 수 있는지를 실험해보겠다는 꿈을 펼치고 싶다고 하였다.

그들은 즉석에서 유튜브 촬영을 요청하였다. 베트남 사회의 특징이 무엇이며, 한국과 어떻게 다른지에 대해 물었다. 베트남 사회는 한국에 비해 관계지향성이 강하다고 했다. 유치원, 초등학교 교육 때부터 타인과 함께 사는 연대성 속에서 자라나며, 가족과 친구, 친척, 마을 등으로 이어지는 관계망이 상당히 강한 것 같다고 하였다. 그리고 여성들의 생활력이 강하며 자녀에 대한 모성애가 유독 강한 것 같다는 원론적 이야기를 하였다.

한국인은 DNA가 아주 강한 것 같다. 호치민에 의외로 많은 한국인들이 다양한 영역에서 활동하고 있었다. 한국인에게 호치민은 기회의 땅처럼 보이는 것 같다. 많은 유학생들이 나와 있으며, 사업을 모색하기 위해서도 많은 사업가들이 호치민에 몰려들고 있다. 한국은 이미 포화상태라고 인식해서인지 호치민에서 새로운 삶의 활력을 찾으려는 시도들이 있음을 볼 수 있었다. 오늘 만났던 두 젊은이들 이외에서도 몇 명의 한국 젊은

이들을 만났다. 그들은 모두 베트남을 무대로 그들만의 꿈과 이상을 펼치려 하였고 베트남에서 인생의 새로운 반전을 찾으려 하고 있었다.

3. 베트남 대학생의 시각에 비친 한국사회

'한국사회, 어디로 가는가'라는 주제로 베트남 학생들과 토론을 벌였다. 현재 한국사회가 당면한 10가지 이슈를 중심으로 이야기를 시작했다. 현재 한국사회는 초저출산 · 초고령화, 불평등성, 미래사회 삶의 불안정성, 고용불안, 생태위기, 사이버 범죄, 에너지 및 자원고갈, 북한과 안보/통일문제, 기후변화 및 자연재해, 저성장 등 몇 가지 현안을 안고 있다. 이런 이슈들이 현재 한국사회에 왜 중요한 현안으로 부각되는지에 대해 그 배경과 맥락을 간략히 설명을 하였다.

한국사회를 둘러싼 개념이어서 그 의미를 쉽게 풀어서 설명하여 알아듣기 쉽도록 하였고 특히 구체적 사례를 들어서 이해시키려 했다. 베트남 학생들은 대체로 우리 학생들에 비해 체구가 작아 보였으며 몸도 왜소하였다. 얼굴에는 미소를 띠고 있었으며 무엇에도 친절하며 예의 바르게 대답하였다. 그리고 대체로 수줍음을 많이 타며 의견을 잘 드러내지 않는다. 이런 점에서는 우리의 학생들과 비슷한 점이 있다. 일반적으로 교수자의 설명을 잘 받아 적으며 집중하여 경청하는 편이다. 한국어로 하는 수업이어서 중요한 개념을 설명하고 그 개념을 같이 소리 내어 크게 따라하도록 하여 익히도록 도와주었다. 10대 이슈에 대한 용어를 설명하였고, 이어서 학생들과 이런 현안의 주제를 놓고 토론을 하였다.

학생들의 수업 풍속도는 우리와 다른 점이 많다. 학생들은 아침 일찍 나오는 관계로 집에서든 가게에서든 아침 대용으로 간식을 준비해온다. 오전 휴식시간이면 몇 명씩 군데군데 모여 앉아 음식을 나누어 먹는다. 학생들끼리 음식을 함께 나누어 먹는 것은 베트남 학생문화에 큰 영향을 주는 것 같다. 키동초등학교에서는 아침 등교하면 바로 학급끼리 음식을 나누어 먹었고, 그 이외의 대학수업에서도 학생들이 음식을 나누어 먹으며 같이 즐기고 우정을 나누는 장면을 여러 차례 보았다. 학생들은 음식을 나누어 먹으면서 웃고 떠들며 그들끼리의 친교를 맺어가고 있다. 우리의 학교문화에서 잘 찾을 수 없는 현상이다.

〈수업을 마치고〉

이렇게 잠깐의 휴식 뒤 후반부 학생들과 본격 토론을 벌였다.

오늘 수업의 주제는 '베트남 학생들의 입장에서 바라볼 때 한국사회는 어떤 장점과 단점을 갖는가'에 대해서 의견을 말하는 밝히는 것이었다.

베트남 학생들의 눈에 비친 한국사회의 장점은 대체로 다음과 같았다. "한국은 경제가 발전되어 생활이 편리하고 특히 은행, 관공서, 학교 등에서 행정이 효율적으로 잘 처리된다. 회사는 역동적이며 현대적 시설을 갖추고 있고 능력 있는 사람을 잘 키울 수 있다. 인터넷 속도가 빠르며 문화예술에서 아주 앞서 있다. 도로와 항만, 철도 등에서 사회 인프라가 잘 갖추어져 있다. 위계질서가 잘 잡혀 있어 사회가 안정되어 있다. 교육시스템을 비롯한 엔터테인먼트 산업이 발달하여 세계문화를 선도한다. 빨리빨리 문화가 있어 IT 등의 산업에서 변화를 이끌어가고 있다."

반면에 학생들은 한국사회의 단점에 대해서도 지적했다. "외국인의 입장에서 물가가 너무 비싸다. 직장과 학교에서 경쟁이 너무 치열해서 인간답게 살아가기가 어렵다. 취업이 어렵고 결혼이 쉽지 않다. 환경오염이 사회문제가 된다. 너무 바쁜 삶을 살아서 행복이 보장되지 않는다. 사회가 너무 딱딱해서 사람들의 관계가 피상적이다. 학교폭력이 심하며 심지어 자살자가 많다. 빈부 차이가 심하며 독신으로 사는 여성이 많다."

학생들 대부분은 인터넷 검색을 통해 한국사회를 바라보고 파악하려 한 것 같았다. 그것이 인터넷 검색이든 스스로의 생각이든 찾아보고 발표해보는 것 자체로 의미가 있다. 특히 외국어로 하는 수업에서 외국어로 답하는 것이 쉽지 않을 것인데 나름대로 시도를 한다는 것이 인상적이었다. 약 1/3 학생들은 어떤 의견을 내지 않고 조용히 경청하였다. 자신의 의견을 내는 것을 부끄럽게 생각하는 것은 한국 학생들의 모습과 비슷한 것 같다.

4. 세계여성의 날 행사: 동료애가 빛나다

3월 8일은 세계여성의 날이다. 호치민에서는 여성의 날에 큰 의미를 부여하고 있었다. 여성들은 평소보다 옷을 깔끔하게 잘 입었고, 대학에서도 여성의 날 행사를 성대하게 진행했다. 교실에서는 Happy Women's Day를 기념하여 여학생에게 간단한 선물을 주는 행사를 진행하였으며, 여 교직원에게도 선물을 하면서 하루를 의미 있게 보내는 것 같았다.

선물고르기 행사에서 추첨에 당첨된 학생들은 아주 좋아하며 기뻐하였다. 선물도 공책 한 권, 엽서 한 장, 과자 하나 등이 포장 속에 들어 있었는데 그것을 받고도 좋아했으며 그 즐거움을 동료와 같이 나누었다. 동료와 함께 나누는 것을 좋아하였다. 작은 행사인데도 참여도가 아주 높았고, 거기에서 즐거움과 기쁨을 나누는 것으로 볼 수 있었다. 학생들의 표정에서 구김살을 찾을 수 없었고 모두가 환한 얼굴에 웃음이 가득했다. 그들이 웃고 기뻐하며 함께 나누는 모습이 아주 인상적이었다. 잘 살면서 기쁨을 누리지 못하는 것보다 평범한 일상을 살면서 함께하는 기쁨을 나누는 것에도 의미가 있음을 보았다.

우리 또한 이런 모습이었을 것이다. 초등학교, 중학교 다닐 때 동네행사와 학교행사 등에 모두 참여하며 나누었던 옛 추억이 있었을 것이다. 어렸을 때 마을행사에 참여하여 남녀노소가 함께 즐겼으며, 초등학교의 운동회 때 학생은 물론이고 동네 어른들까지 모두가 참석하여 즐겼던 모습을 떠올릴 수 있었다. 우리의 잃어버린 신명을 내면서 주민들 모두가 함께했던 마을단위 축제모습을 베트남 여성의 날 행사에서 볼 수 있었다.

이곳 교직원들과 점심을 같이 해도 그들끼리 무엇을 그렇게 많이 이야기하고 즐기는지 신기할 정도이다. 남녀, 노소, 직책 등에 관계없이 이야기를 나누면서 좋아하고 환한 모습으로 천천히 즐긴다. 우리처럼 빨리빨리에 익숙한 상태에서는 적응이 쉽지 않을 것 같다.

3월 8일 세계여성의 날을 맞이하여 호치민시 경제대학에서는 성대한 행사를 개최하였다. 오전은 각 학과별로 학생들이 여학생과 여성교수를 위한 행사를 개최하였으며, 이때 작은 선물을 준비하여 전달하였다. 이곳 학생들은 작은 선물을 나누면서도 즐거워한다. 여성교수들은 한 개에서 몇 개의 선물을 받고 기뻐하였다.

오후에는 학교단위에서 여성의 날 행사를 공식적으로 열었다. 이 대학은 교직원이 200여 명이며, 대학생 수는 6,000여 명인 중소규모의 대학이다. 교직원 대부분이 강당에 모여 남성교직원들이 여성교직원들을 위해 화장을 해주는 행사를 진행하였다. 작년 3월 8일 세계여성의 날 행사에서는 여성교직원 한

명에게 남성교직원 두 명이 맛있는 음식을 만들어 대접하는 행사를 열었다고 하였다. 이렇게 매년 여성의 날에 맞추어 남성들이 여성들에게 특별한 이벤트를 준비하여 행사를 연다고 했다. 남성과 여성의 관계 증진에 도움이 될 뿐만 아니라 사회통합 차원에서 어떻게 조화롭게 살 것인가에 대해 실천으로 보여주는데 의미를 둔다고 한다.

교수와 교직원 간의 간극도 크지 않아 보였다. 단지 오늘 행사만 그런 것이 아니라 교수요원들과 교직원 사이의 관계가 유기적으로 잘 이루어지는 것 같았고, 또 여러 형태로 구성된 교수진 사이에서도 함께 잘 어울리며 사는 것으로 보였다. 우리의 대학풍경과 사뭇 다른 모습이었다.

한 시간 정도 메이크업이 진행되었다. 강당에는 참여자 모두에게 다과를 제공하였고, 15쌍 정도의 메이크업 커플들이 단상의 화장에 참여하였다. 메이크업은 1시간 정도 진행되었고 이 시간 동안 여러 사람들이 메이크업 진행상태를 보면서 서로 코칭하며 떠들고 웃으면서 다과를 즐겼다. 여성들의 헤어스타일까지 남성들이 교정해주고 난 뒤 1부 행사가 끝났고 15쌍들이 무대로 올라가서 메이크업 소감을 발표하였다. 어떤 커플은 20년 젊게 보이도록 화장색을 조정했다고 하여 관객을 웃겼으며 각 참가팀별로 자신들의 메이크업에 담긴 스토리를 소개하였다. 이어서 채점위원들이 채점을 하여 수상팀을 발표하였고 몇 팀에게 상금을 전달하였다. 작은 봉투에 적은 돈을 넣어 우승을 기념하는 상징으로 활용한다고 했다.

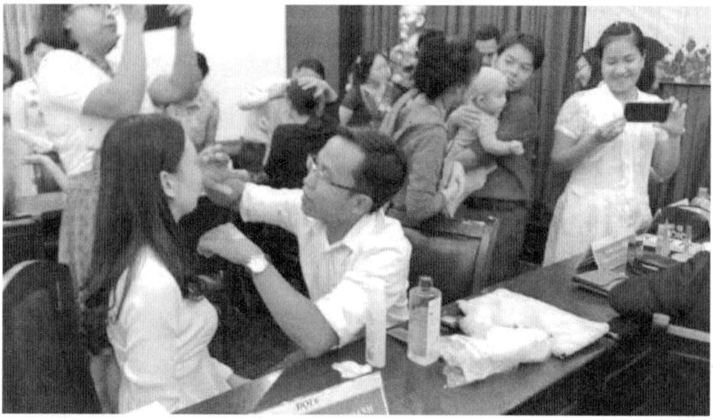

〈세계여성의 날 행사: 호치민시 경제대학 강당〉

이렇게 약 2시간여에 가깝게 행사가 진행되었다. 베트남에서는 일 년에 두 차례에 걸쳐 여성의 날 행사를 개최한다고 했다. 오늘 3월 8일 세계여성의 날에 맞추어 행사를 하며, 또 10월 21일 베트남 여성의 날을 정해 여성을 위한 행사를 연다고 했다. 주로 노동조합 차원에서 여성의 날 행사를 주관하는 것이 일반적이라고 한다.

이런 행사에 대학구성원의 대부분이 참여하며, 또 함께 즐긴다. 우리로서의 잘 이해될 수 없다. 교수와 교직원, 심지어 파트 타임 교수까지 참석하여 행사에 함께 한다는 것이 우리에게는 상당히 낯설다. 물론 우리처럼 대학규모가 크지 않으며 구성원 수도 적다. 조직을 구성하는 방식과 원리가 다르며 관계성을 맺어가는 양식에서도 차이가 클 것이다.

이날 그랍의 택시요금도 평소보다 2배 가까이 높게 매겨졌다. 평소 35,000동으로 갈 수 있는 거리가 73,000동까지 올랐다. 그 이유가 궁금했다. 주소를 잘못 입력해서 그런 줄 알았는데 세계여성의 날 행사로 도시전체에 교통체증이 일어나서 그렇다는 것이었다. 이곳 사람들의 여성의 날 행사에 대한 관심을 엿볼 수 있는 대목이다.

이런 행사를 통해 구성원 간의 통합에 관심을 두는 것 같다. 우리 같으면 불가능하며 구성원 대부분이 참여하지 않을 것이며, 동료남성으로부터 메이크업을 받고자 하는 여성도 많지 않을 것이다. 그것은 삶의 방식이 다르고 세상을 받아들이는 양식이 다르기 때문에 충분히 있을 수 있을 것이다. 다만 이런 형식으로도 조직구성원들의 뜻을 모으고 공동체 가치를 추구해나간다는 것이 중요한 것으로 보였다.

사람들끼리 맺는 관계성에서 비교적 촘촘한 유기체성을 찾을 수 있다. 나이와 성별, 위계에 따른 간격을 잘 찾을 수 없다. 그들끼리 맺는 관계성이 상당히 수평적이고 자연스럽게 보인다. 편안하게 소통하며 원활한 관계를 맺으며 살아가는 것 같다. 관계에서 오는 갈등이 우리보다 훨씬 적어보인다. 명절에 친척이 찾아오면 한동안 같이 살아간다는 이야기를 이해할만하다. 사람과 부대끼며 같이 산다는 것에 대해 거부감이 크지 않은 것처럼 느껴진다. 관계성 형성에서 오는 갈등으로 혼자 살고자 하는 우리사회와는 확연히 다른 모습이다.

세계여성의 날 행사를 통해 내내 느낀 점이 그들끼리 맺는 관계성이며, 이에 의한 공동체 가치를 유지해가는 것이었다. 별

다른 의미를 부여할만하지 않았지만 작은 이벤트를 통해 관계성을 형성하여 유지하려는 모습이 아주 인상적이었다. 이런 관계성이 유지된다는 것은 사회저변의 공동체 가치가 중요하다는 것을 의미할 것이다. 어린 시절부터 관계성을 잘 맺는 것에 사회적 의미를 부여하는 것 같았다.

베트남 대학생들은 관계성 속에서 살아가는 것 같다. 나홀로족을 찾기 어려웠다. 무엇이든 같이 하는 것이 일상적이다. 밥을 먹을 때도 같이 먹고 놀 때도 같이 놀며 끼리끼리 잘 어울린다. 남녀학생들 간에도 격의 없이 어울리며, 학교에서도 여러 가지 행사를 통해 남녀 간의 소통을 장려하며 잘 지낼 수 있도록 행사를 개최하고 있었다. 학교에서 개최한 세미나 주제가 인상적이다. '그 여자, 그 남자 말을 알 수 있다'의 슬로건을 걸고 학생들을 참가시켜 젠더 감수성을 키우고 있었다. 그래서인지 남학생과 여학생들이 서로 잘 어울리며 친하게 지내고 있었다. 수업에서 혼자이거나 외톨이인 경우를 잘 찾을 수 없었다. 어떤 식으로든 서로 간의 관계를 맺으며 연대성 속에서 살아가는 것으로 보였다.

5. 동성연애, 어떻게 볼 것인가

태국, 베트남, 필리핀, 라오스, 캄보디아 등 5개국은 매년 동성연애 관련 학회를 개최한다. 그만큼 이들 사회에서 동성연애는 중요한 사회적 이슈로 부각되고 있다. 베트남에서도 동성연애는 사회문제화되고 있다고 한다. 왜, 어떻게 그런 문제가 생기는지에 대해 구체적으로 알 수 없지만, 상당수준까지 문제가 되는 것만은 확실한 것 같다. 학자들이 이 문제와 관련하여 학회까지 개최하여 다룬다는 것은 동성연애가 현안의 사회적 이슈로 등장하기 때문일 것이다.

베트남에 연수 중인 최○○는 호치민에서 1년간 베트남어를 배웠고 베트남 VTV에서 인턴십을 하면서 경험했던 동성연애 상황을 자세하게 들려주었다.

호치민에는 게이들이 많이 모여든다고 했다. 같은 남성끼리 연인관계를 맺는데 거리에서 쉽게 만날 수 있다. 남자 중에서 좀 화장을 하고 다니며 옷차림에서도 약간 여성스럽게 다닌다 싶으면 대체로 동성연애자일 가능성이 있다는 것이다. 자신은 몇 차례 게이로부터 대화하자는 제안을 받았다고 하였다. 실제로 게이와 함께 여행을 한 적이 있는데 몸을 더듬는 경험을 받았다고 했다. 자신은 여성을 원하지 남성을 원하지 않는다고 단호하게 거절하였다는 이야기까지 들려주었다.

동성연애의 원인에 대해서는 몇 가지 입장이 있다고도 했다. 동성연애자들이 입양하여 자녀를 키우면 동성연애자가 될 가능성이 있다는 설도 있다. 그밖에도 부모의 성역할 수행에 따라 자녀들이 남성적 성정체성, 여성적 성정체성이 아닌 제3의 성으로서 동성의 성정체성을 형성할 수 있다고도 했다. 그런 점에서 가정환경을 비롯한 후천적 환경이 성적 정체성에 영향을 미칠 수 있을 것이다. 베트남에서 들은 이야기로는 동성의 성적 정체성이 열대과일의 영향을 받을 수 있다는 설도 있었다. 베트남을 비롯한 태국, 필리핀, 캄보디아 등과 같은 열대지역에서 동성애자들이 많은 데서 연유할 것이다. 태국의 경우는 동성연애자를 제3의 성으로 인정하며 동성연애를 상당히 관대하게 바라보고 사회적으로 인정하는 분위기가 있다고도 한다.

베트남의 다른 지역은 동성연애자에 대해 좋은 감정을 갖고 있지 않지만 호치민에서는 비교적 이들을 관대하게 대하고 어느 정도까지 인정하는 흐름이 있다고 했다. 그래서인지 호치민 시내 곳곳에 게이들이 살고 있으며 좋아하는 상을 한 남자가 지나가면 같이 차 마시고 맥주 한잔하자는 제안을 한다는 것이다. 그들이 좋아하는 남자상이라고 하면서 자신에게 여러 차례 그런 제안을 하였다고 했다.

그들은 사무실 생활과 직장생활에서 크게 차별을 받지 않는다고 알려주었다. 일부의 한국기업에서는 이런 게이들을 채용하는 데 크게 개의치 않는다고 했다. 그들은 보통의 남성들보다 일 처리를 더 섬세하게 하며 세밀하게 잘 하는 경향이 있다는 것이다. 여성적 기질이 있기 때문에 일반 남자들이 하는 것보다 일을 더 꼼꼼하고 실수 없이 잘 한다는 것이었다. 그런 점에서 기업은 게이라는 사실을 알면서도 채용을 꺼리지 않는다고도 한다. 또 일상생활을 하는데 어떤 어려움이 없고 단지 성적으로 이성이 아닌 동성에 끌린다는 것이다.

이렇게 이야기를 들은 것이 어제였는데, 오늘 이곳 교직원 한 분과 점심을 한 이후 그 교직원의 친구를 만났다. 성적 구분을 할 수 없었다. 여성인듯한데 남성의 옷차림을 하고 있었다. 외형적 모습으로는 남자와 똑같이 하였는데 왠지 여성스럽기도 하다. 호칭을 부르는 데 She라 부른다. 그녀는 아주 섬세하고 예술적 재능을 가진 것 같았다. 직업은 전기회사에서 엔지니어로 일하고 있는 데 좋아하는 취미로는 사진 찍기를 비롯하여 영화, 드라마, 그림 그리기 등이라고 하였다. 20세 때는 베트남 곳곳을 여행하면서 아름다운 세상을 사진으로 담아내려 했다고도 했다.

바로 어제 학생들로부터 동성애를 하는 남성이 상당히 섬세하며 부드러우며 일을 꼼꼼히 하여 직장에서 좋아한다고 들었는데, 동성애 여성도 아주 감성적이며 예술적 감각을 가진 것으로 보였다.

성적 정체성 형성은 그것이 선천적이든 후천적이든 남성성, 여성성, 양성성, 동성성 등이 다양하게 가능할 것 같다는 생각을 해보게 되었고, 호치민에서 이런 동성의 정체성을 가진 사람들이 많다는 사실에 새삼 놀라게 되었다. 그래서 학회 차원에서도 이런 문제를 본격 논의하고 있으며, 이에 대해 학문적 차원에서 다양하게 접근하려 하는 것 같았다.

성적인 감수성을 적절하게 갖는 것이 중요하다는 사실을 알게 되었다. 남성이 여성의 성적 정체성을 이해할 수 있어야 하고, 또 여성이 남성의 성적 정체성을 이해할 수 있어야 하며, 그리고 동성애의 성적 정체성에 대해서도 이해할 필요가 있을 것으로 보았다. 호치민에서 성적 정체성을 어떻게 이해할 수 있어야 하느냐에 대해 새로운 인식을 할 수 있었다. 어떤 연유에서 그런 성적 정체성이 형성되었는지에 대해서는 잘 알 수 없었으나, 나 혹은 우리와 다른 상대방의 성적 정체성을 어떻게 잘 이해하여 조화롭게 살아갈 수 있느냐에 대해 다시 한번 생각해 볼 수 있는 계기였다.

제6장
베트남, 전통의 의미

1. 베트남, 전통은 어떤 의미인가

베트남과 한국은 문화적 측면에서 유사한 점이 많은 것 같다. 3월 말 한국을 일주일간 방문하였다가 돌아온 호치민 경제전문대학 부설의 한국어센터 부소장인 ○○ 교수는 한국과 베트남 문화에서 너무도 비슷한 점이 많았다며 놀라워했다. 한국 몇몇 지역을 돌아볼 기회가 있었는데, 한국의 전통생활방식이 베트남의 전통과 너무도 비슷하다고 하였다. 그녀의 표현에 의하면 '한국 속에 베트남이 있고, 베트남 속에 한국이 있다'고 하였다. 남이섬을 방문할 기회가 있었는데 장독과 항아리를 사용했던 한국문화에서 베트남의 전통을 보았다고 하였고, 전통가옥의 부엌을 보고 과거의 베트남 모습을 연상할 수 있었다고 했다.

자신은 어릴 때 시골에 살았는데 장독을 이용한 살림을 살았었고, 우리의 전통 부엌과 똑같은 환경에서 요리하며 생활하였다고 했다. 지금도 베트남의 시골에서는 여전히 이런 모습으로 삶을 살아간다고 하였다.

과거 한국인의 삶이 베트남인과 너무 비슷했다면 사진으로 많이 담아왔다고 했다. 베트남 현지의 학생들에게 한국사회를 이해시킬 수 있는 자료로 활용하겠다는 것이었다. 현대화된 한국에서 과거의 삶의 모습을 재현해놓은 것에도 놀라워했다. 한국에서 모든 것이 현대화되어 베트남의 시골풍과 많이 다를 것이라고 생각했는데 아주 의외의 경험을 하였다고 했다. 현대화된 한국에서 왜 과거의 삶의 모습인 전통을 복원하려 하는가에 대해 궁금해했다.

베트남에서도 한국의 옛 모습과 비슷한 점을 볼 수 있었다고 했다. 우리의 옛날 할머니들이 머리에 비녀를 꽂고 생활하였던 모습을 이곳 베트남에서 볼 수 있었다는 사례를 들려주었다. 아침에 키동성당에 가면 어김없이 나오시는 할머니 한 분이 계시는데 작으마한 체구에 머리에 비녀를 하고 있어 옛날 한국에서의 할머니와 똑같았다는 경험담을 들려주었다. 우리의 할머니들에서 보아왔던 면과 너무도 흡사했다고 했다. 시골에서 농사짓는 방식에서 유사한 점이 많았다. 특히 벼농사 경작에서 농기구의 형태라든지 소를 이용하여 농사 짓는 방식에서 상당히 비슷한 것 같았다.

최근 한국에서는 전통문화의 의미를 재조명하고 현대적 차원에서 재해석하여 삶으로 드러내려는 노력이 이루어지는 것 같다고 하였다. 특히 경제성장에 총력을 기울이는 베트남의 여건에서 한국의 경우를 거울로 삼을 필요가 있다고 했다. 한국의 경우 근대화를 추진하는 과정에서 전통의 의미에 대해 잘 생각하지 않았으며, 전통을 구식으로 바라보고 서구의 신식문화를 일방적으로 추구했던 역사가 있었다고 했다. 이런 점을 헤아려 발전과 성장에서 베트남식 전통을 이어받고 그 정신을 계승하면서 새로운 문명을 받아들여야 할 것이라고 했다.

베트남은 한국과는 다르게 그들의 전통을 잘 놓지 않았다는 생각을 해보았다. 이곳은 곳곳에 그들 고유의 문화가 있으며, 그렇다고 서양이 만들어놓은 것을 쉽게 파괴하지도 않았다. 호치민 곳곳에 있는 유서 깊은 건물의 대부분은 서구, 특히 프랑스 통치 때 지워졌던 것으로 볼 수 있다. 그런 건물들을 그대로 두면서 또 그들의 삶과 문화로 이어가는 것이 베트남식으로 보였다. 그렇다고 베트남식 가치를 버리지도 않는 것 같았다.

베트남식 전통에 덧붙여서 서양문화를 덧입혔고, 그것이 역사로 누적되면서 베트남 문화로 쌓여가고 있었다. 호치민의 이름난 건물 대부분은 프랑스 식민지 때 지어졌던 것이고 지금도 보수를 거치면서 호치민의 역사가 되고 있다. 호치민 시청사와 인접에 있는 오페라하우스가 그러하며 노틀담 성당과 우체국 건물이 그러할 것이다. 그 이외에 대부분의 프랑스 통치 때 건설되었던 건물들은 베트남의 전통문화가 되었고 지금은 수많은 관광객들이 그런 건물과 문화를 보기 위해 방문하고 있었다.

이런 베트남식 전통문화 계승은 종교현상에서도 잘 볼 수 있다. 현지 분들의 이야기에 의하면 베트남은 종교현상에서도 독특한 점이 있다고 하였다. 현지 베트남인 대부분은 삼신 신앙을 믿는다고 한다. 금전을 관장하는 신과 건강을 주관하는 신, 그리고 행운을 부르는 신을 모신다고 하였다. 대부분의 가정과 기업, 그리고 상점에서는 재신과 토지신을 중심으로 행운을 가져다주는 신을 모시고 있다. 삼신을 잘 모시기 위해 제당을 지어놓고 이런 신들 앞에 쌀통, 소금통, 물통으로 재물을 바치며 소원성취과 무사안녕을 기원한다. 거기에 향을 피우며 가정에 축복을 가져다주기를 기원한다고 했다.

서양세력이 들어와서 100년 통치를 하였고 이후 공산화와 미국과의 전쟁, 그리고 글로벌화에 따른 개방의 흐름이 물밀듯이 밀려왔지만 이런 베트남식 전통종교는 여전히 강한 영향력을 발휘하고 있다. 대부분의 가정과 사업체 등에서 삼신을 믿고 소원을 기원하며 자신의 전통방식으로 살아간다는 것이다.

베트남인들은 종교에서도 그들의 전통에 바탕하여 서양 종교를 받아들였으며 이를 통해 베트남식의 종교를 만들어내었다. 까오다이(Cao Dai)라는 종교가 있는데 불교과 기독교의 성격을 반반씩 받아들였으며, 거기에 베트남의 전통종교의 특성까지도 가미하였다고 한다. 기존의 베트남식 고유신앙과 불교의 전통에 덧붙여 서양의 기독교를 혼합한 베트남의 독특한 종교로 볼 수 있다. 롱안성 지역을 방문하면서 건물은 교회 내지 성당 형태의 기독교적 형태였는데 건물 꼭대기에는 십자가가 아닌 불교에서 사용하는 사찰표시가 되어 있었다. 몇 군데에서 비슷한 형태의 건물이 있어 상당히 궁금했다. 이처럼 베트남식 종교현상에 대해 이해할 수 있게 되면서 어느 정도 그 궁금점이 해소되었다.

이런 종교현상에서 보듯이 다른 세계에서 들어온 사상이나 문화현상을 유연하게 받아들이면서 자신들의 사상과 문화현상에 맞게 융합할 수 있는 포용성이 있었던 것 같다. 수많은 외세와의 관계를 맺으면서 외국문화를 수용하는데서도 그렇게 큰 거부감을 보이지 않았던 것 같았으며, 그렇다고 자신들의 전통문화를 버리지도 않았던 것 같다. 상당한 문화적 포용성을 갖고 외국문화를 받아들이면서 자기화로 이어가는 듯한 모습을 볼 수 있었다.

이런 개방화와 자기화의 두 가지 기조는 지금도 여전히 이어지는 베트남식 방식으로 볼 수 있을 것 같다. 개방화를 통해 수많은 외국계 기업을 받아들여 경제발전을 견인해 가면서도 자생적 성장을 통한 베트남 사회의 발전을 도모하고 있었다. 역사 속에서 그러했던 바와 같이, 상당한 자신감을 갖고 그런 정책을 밀고 나가는 듯 보인다.

4월 12일은 베트남 국경일이었다. 베트남의 초대 임금인 홍(Hung) 왕을 기리기 위한 기념행사가 각 기관별로 열렸다. 호치민시 경제전문대학에서도 홍왕을 기념하는 행사가 개최되었다. 국화인 연꽃을 배경으로 왕의 사진을 장식한 제단을 만들고 음식으로 제사상을 차리고 향을 피우며 초대 왕을 기리는 행사를 거행하였다. 부총장이 행사를 주관하였고, 보직교수와 교직원, 그리고 학생들이 강당을 가득 메웠다.

간단한 리허설로 공연을 하였다. 두 차례의 서로 다른 팀들이 나와서 공연을 하였고 이윽고 부총장의 인사말이 있었으며, 참가자 전원이 차례로 돌아가면서 향을 피우며 절을 올렸다. 한국에서 잘 볼 수 없는 행사방식이었다. 베트남을 열게 한 초대 왕의 기일을 기념하여 제사의식을 재현하는 것이 좀 색다르게 보였다.

행사에 참여한 교직원과 학생들의 참여도에서 놀랄 수밖에 없었다. 강제로 동원하지 않는데도 자발적으로 행사에 참여하는 것이 일상적이라 한다. 100여 년 동안의 프랑스 식민통치를 경험하였고 그 전에는 중국으로부터 1000년 지배를 받았으며 그밖에도 일본의 통치에 이어, 미국과의 전쟁을 치러 승리하였다. 이런 오랜 고난의 과정에서도 베트남의 전통을 지켜내면서 외세를 능동적으로 받아들였던 모습이 인상적이었다. 그러면서도 그들의 전통과 문화를 후대로 이어가려는 강한 의지를 엿볼 수 있었다.

〈흥왕 제사차림〉

〈행사 참여자들〉

2. 전통이 미래자산이 되다

달랏을 2박 3일간 방문하였다. 호치민에서 출발한 지 8시간 만에 달랏에 도착할 수 있었다. 쉬지 않고 달려도 가기가 쉽지 않았다. 바우럭 기술경제대학 바로 앞의 어느 식당에서 점심을 먹은 것을 빼고 별로 쉬지 않았는데 도착하는 데 오랜 시간이 걸렸다.

달랏에서는 전통이 살아있음을 보았다. 도시 전체가 프랑스 식민지 때 지었던 건물형태를 하고 있었고 새로 짓는 건물도 그런 틀에서 짓고 있는 것으로 보였다. 도시는 관광객 천국이다.

어디를 가나 호텔과 숙박시설이 들어차있고 식당과 상점이 대부분이다. 손흥호수를 중심으로 수많은 호텔이 들어서 있고, 달랏 중앙시장의 밤거리는 말 그대로 인산인해였다. 어디에서 그렇게나 많은 사람들이 오는지 궁금할 정도였다.

고지대에 위치한 도시로서 날씨가 연중 서늘하고 랑비엔 산자락을 배경으로 경치가 수려한 것에서 그 이유를 찾을 수 있겠지만 더 중요한 것은 전통의 재조명에서 찾을 수 있을 것 같다.

달랏 역전 건물은 1930년대 프랑스 식민지 때 건설되었다고 한다. 외관부터 유럽식 건물이며 건물내부도 그때 그대로의 모습이다. 심지어 증기기차 형태도 그 시대 그대로였다. 일종의 시간여행을 하도록 하는 셈이다. 기차카페를 열어 관광객을 모으고 있다. 당시 프랑스인들은 시원하고 쾌적한 이곳의 기후환경을 배경으로 일종의 휴양도시를 건설했던 것 같았다.

베트남이 잘 살 수 없었을 때 이곳은 아담했고 쾌적한 도시였다고 했다. 어디를 가든 정감이 있고 고풍스런 느낌을 가질 수 있었다는 것이다. 베트남이 잘 살고 세계인들에게 달랏이 알려져 수많은 사람들이 찾아오게 되면서 옛 정취를 잘 찾을 수 없다며 아쉬워한다. 지금은 상업적 모습으로 많이 변했다고 같이 했던 베트남 현지인이 이야기해주었다. 자신이 대학을 다닐 때 여자친구가 달랏대학을 다니고 있어서 오토바이를 이용해 호치민에서 달랏까지 왔었는데, 그때 달랏은 로맨틱 그 자체라고 할 만큼 예쁜 도시였다고 했다.

지금은 도시 곳곳에 호텔과 숙박시설이 꽉 들어차 있다. 손흥

호수 주변가의 핵심지역에 수많은 호텔이 들어서 있다. 도심의 중심가에만 그런 것이 아니고 외곽으로 이르는 곳곳에 호텔과 숙박시설이 꽉차있다. 그만큼 이곳을 찾는 사람들이 많아졌다는 뜻일 것이다. 저녁 무렵 도로 곳곳은 차가 꽉막혀 아수라장이다.

도시는 프랑스 건물을 그대로 옮겨놨다 할 정도로 고풍스럽다. 이곳은 전통이 곧 유산이며, 돈인 셈이다. 공산국가 베트남에서 전쟁을 통해 프랑스를 몰아냈고 싫어했는데 지금은 그런 프랑스 유산이 관광객을 끌어모으는 자산이 되고 있다.

달랏 역전청사는 바로 그런 전통이 도시를 한층 활력적으로 만드는 전형적 모습을 보여준다. 1930년대 지어진 건물 그대로 간직하면서 지금도 열차를 운행하고 있다. 그리고 수많은 사람들이 이곳 역전을 방문하고 있었고, 실제로 옛날방식의 기차체험을 하고 있었다.

〈달랏 역전 앞면〉

〈달랏 역전 뒷면〉

달랏대성당의 경우도 비슷하다. 프랑스 식민지시대 지어졌던 그대로 지금도 성당으로 사용하고 있다. 방문했을 때가 마침 일요일이어서 많은 사람들이 미사에 참석하였고, 심지어 성당밖의 야외에서 미사에 참여하였으며, 그리고 많은 관광객들도 성당의 이곳저곳을 관람하고 있었다.

〈달랏대성당〉

〈달랏대성당 미사모습 〉

바오다오(Bao Dao) 왕의 별장도 프랑스 스타일의 건축이다. 모두 프랑스시대 처음 지어졌던 그대로의 모습으로 지금까지에 이르며 보존상태도 아주 좋아 보였다.

〈바오다이 궁〉

〈바오다이궁 내부〉

이런 형태의 건물들은 모두 역사를 갖고 있다. 베트남은 프랑스와의 독립전쟁, 내전, 미국과의 전쟁, 중국과의 전쟁 등을 거치면서 경제발전의 계기를 잘 마련할 수 없었다. 1975년 통일베트남을 하게 되었고 이어서 도이모이 정책을 통해 개방의 길로 나서게 되었다. 이런 거대한 변화의 과정에서 기존의 것을 부수고 새롭게 짓기가 힘들었을 것이다. 아마 그것보다는 타문화를 받아들이는 포용정신이 우리보다는 확실히 강한 것 같다는 생각을 해보았다. 호치민이든 달랏이든 프랑스가 남겨준 유물들을 그대로 간직하면서 자신들의 문화로 활용하는 것을 볼 수 있었다.

이처럼 전통을 잘 간직하여 활용한다는 것이 지금의 베트남 경제에 큰 활력을 줄 수 있다는 것을 누가 어떻게 예측을 했을 것인가? 우리처럼 옛것을 부수고 새로 짓는 것을 잘 하지 않는 것 같았다. 전통을 간직하고 보존했다는 것이 지금 베트남의 주요한 관광자원으로 활용되고 있으며, 그것이 베트남의 상징으로서 베트남 문화의 한 축을 담당하며 많은 관광객들을 끌어들이는 원동력으로 이어지고 있었다.

3. 프랑스를 포용하다

남부베트남 지역 관련 역사를 잠깐 볼 수 있는 기회가 있었다. 호치민시 중심에 위치해 있고, 프랑스 때 지어진 고풍스런 역사박물관 건물에서였다. 남부베트남 지역에서 어떤 삶을 살아왔는지에 대해 엿볼 수 있었고, 특히 1930년대 공산당이 이곳 지역에 들어온 이후의 역사에 대해 자세하게 전시해놓고 있었다. 공산당이 이곳지역에서 어떻게 활동하여 지금의 베트남 정부로 이어지고 있는지를 역사적 유물로 보여주고 있었다.

전시되어 있는 유물에서 전쟁의 흔적을 볼 수 있었다. 전쟁에서 승리를 통해 지금의 평화를 누릴 수 있음을 보여주고 있는 듯했다. 1930-1954년간 베트남에서 있었던 혁명적 투쟁에 대해 유물전시를 통해 알려주고 있었다. 1930년 2월 3일 공산당은 프랑스 식민주의자들에 대한 저항에서 대대적 승리를 거둘 수 있었다. 그 뒤 2차세계전이 발발하였을 때인 1939년 11월 제6차 중앙회의에서 국가해방을 위한 투쟁 전략을 재조정하는 지침을 마련할 수 있었다.

1945년 프랑스 식민주의자들이 재침함에 따라 1945년 9월 사이공 인민들은 남부베트남에서 저항, 곧 광범위한 스트라이크, 비협조, 장애, 적을 파괴할 수 있는 주기적 급습 등을 시작하게 되었다. 다양한 노동자들이 벌인 정치투쟁을 통해 허수아비 정권인 짬트롱 킴(Tran Trong Kim)과 미국의 개입에 담대하게 저항할 수 있었다. 1946년 12월 19일 호치민 의장은 국가적 저항을 명령하였다. 남부지역에서 도시중심의 투쟁을 하고 있는 사이에 북부지역은 위대한 운동을 시작하였고, 그에 따라 1954년 5월 7일 디엔비엔 푸(Dien Bien Phu)에서 엄청난 승리를 거둘 수 있었다. 이로써 프랑스 식민주의자들에 대한 저항전쟁에서 종지부를 지을 수 있었다.

공산주의 혁명을 위한 정치집회를 통해 민중의 참여를 독려하는 정치집회를 열 수 있도록 하였고, 심지어 승려들까지도 결연한 의지로 사회참여를 선언하였으며, 그리고 시가행진을 하면서 프랑스지배로부터 벗어나려는 데 힘을 모을 수 있었다.

〈호치민시 박물관 전시품〉

〈호치민시 박물관 전시품〉

프랑스 식민지배로부터 벗어나서 베트남 독자정부를 만들어 나가는 일련의 과정에 대해 유물전시 형태로 보여주었고, 이를 역사교육장으로 활용하려는 듯 보였다. 프랑스 식민지배에서 어떻게 벗어날 수 있었느냐를 역사적 사실에 근거해 보여주는 것 같았다. 특히 인상적이었던 점들은 스님들이 길거리에서 정치적 집회를 열어 제국주의 미국에 맞서 베트남의 독립을 쟁취해야 한다는 그림을 전시한 데서 찾을 수 있었다. 공산당을 중심으로 정치집회를 열어 민중의 뜻을 모아나가는 모습도 인상적이었다. 당시의 상황에서 이곳 지도자들이 그렸을 세상 모습이었을 것이다.

프랑스 식민통치에 저항하면서 승리로 이끈 전쟁의 유물들이 프랑스 때 지었던 건물에서 전시되고 있었다. 베트남 공산당은 치열한 투쟁과 싸움을 통해 프랑스를 몰아냈을 것이다. 그렇게 몰아냈던 프랑스였지만 프랑스가 남겨준 수많은 건물과 문물에 대해서 상당히 관대하게 받아들이고 있었다. 호치민에 있는 수많은 프랑스 유물에서 그런 점을 볼 수 있지만, 전쟁을 승리로 이끌었던 베트남의 가치영역까지도 프랑스가 설계하고 건설했던 건물에 전시해놓고 있다.

베트남인들의 실용정신을 엿볼 수 있다. 프랑스가 건설했던 건물도 그들의 중요한 문화재로 받아들이는 것 같았다. 베트남의 여력이 되지 않아서 그럴 수도 있겠지만 그들이 지향하는 정신에서 타문화를 관용적으로 바라보는 자세와 관련 있을 것이다. 외형적 모습에 의미를 두기보다 베트남이 추구해야 할 정신적 가치영역에서 포용력에 토대한 베트남식의 문화가치를 실현하는 데 의미를 두는 것으로 보였다.

호치민시 박물관에서 멀지 않은 호치민시 미술박물관을 둘러보았다. 역시 프랑스 때 지었던 건물에 현대미술이 전시되어 있었는데, 전쟁과 관련되는 그림이 많았다. 왠지 얼굴이 굳어 있고 단호한 인상이다. 결연한 의지가 드러나 보인다. 부드럽고 온화하며 따뜻하게 다가가는 얼굴과 거리가 있다. 왠지 섬뜩한 느낌을 들도록 하는 그림이었다. 프랑스 식민통치를 물리치려는 결연한 의지를 드러냈으면서 정작 그 많은 그림들은 프랑스 때 지었던 건물에 보관하고 있었다. 그들의 한결같은 실용주의 정신을 엿볼 수 있다. 프랑스를 물리치고 독립을 염원했으면서도 그런 미술품들을 프랑스가 지웠던 건물에 보관해야 하는 아이러니에 대해 별로 개의치 않으며, 모든 것을 실용의 가치로 바라보는 그들의 실사구시 정신이 돋보였다.

〈호치민시 미술관〉

〈미술관의 전쟁독려 그림〉

4. 식민유산, 관광자원화하다

호치민은 작은 유럽, 특히 작은 프랑스의 한 모습을 하고 있다. 통일궁을 비롯한 호치민시청, 오페라하우스 등 수많은 프랑스식 건축물을 접할 수 있다. 그밖에도 박물관, 미술관, 성당 등의 유서 깊은 건축물은 물론이고 대학과 고등학교, 각종 관공서 등이 프랑스 때 지어졌다. 호치민 중심가의 관광객이 주로 몰리는 곳은 프랑스 식민지 때 지었던 건축물이라고 해도 과언이 아니다. 노틀담 성당, 중앙우체국, 통일궁 등이 그 대표적 유적들이다. 이런 건축물을 중심으로 수많은 관광객이 모여든다.

통일궁은 프랑스 때 총독이 재임했으며 월남정부 때 대통령이 재임하였으며 현재는 통일궁으로 이름이 바뀌어 남북통일을 상징하는 장소로서 구실을 하는 것 같다. 통일궁은 호치민에서 제일 중심가에 위치해 있으며 통일궁 중심으로 도시가 발전해 간 것으로 볼 수 있다. 프랑스 식민지 때 지워졌던 건물인데 그 시설에서 놀랄만큼 현대적이고 보관이 잘 되어 있다.

당시 프랑스 건축술이 어느 정도였는지 가늠해볼 수 있다. 지하 벙커시설에서부터 2층의 대통령집무실과 대회의실을 비롯한 시설이 웅장하면서 화려하다. 3층은 비상시에 대비한 헬리콥터장까지 갖추고 있다. 겉으로 보는 모습보다 안은 훨씬 화려하고 멋지다. 프랑스 식민시절 베트남의 위상을 알 수 있을 듯하다.

그때 유럽은 어느 정도의 경제사회적 능력을 갖고 있었는지를 알 수 있을 것 같고, 또 공산주의로 통일하고서도 자본주의의 상징이었던 건물들을 지금까지 잘 보관하고 관리하여 중요한 관광자원으로 활용하는 것이 놀랍다.

통일궁을 비롯하여 많은 건물들이 프랑스 식민지 때 지어졌다. 그뿐만 아니라 도시전체를 프랑스 식민지 때 설계하여 지금의 모습으로 만들어주었던 것으로 볼 수 있다. 도시 곳곳에 공원을 만들었고 길을 내었다. 중요한 공공시설의 상당부분은 프랑스 때 만들었던 건물들을 그대로 사용하고 있으며 도심의 중요시설도 그때 모습에서 큰 변화가 없는 듯 보인다.

세월이 지나면서 이런 전통이 새롭게 각광을 받고 많은 사람들로부터 새로운 흥미를 불러일으키고 있다. 통일궁을 찾는 수많은 사람들은 군데군데에서 관광안내원으로부터 설명을 듣고 있었고, 통일궁 곳곳을 사진으로 담아가려 하고 있었다. 전통이 다시 살아나는 현상을 이곳에서 볼 수 있었다. 사람들은 과거에 어떤 일이 있었는지에 대해 알고 싶으며 그런 과거를 통해 내일을 예측하려 한다.

에펠탑을 설계했던 바로 그 에펠에 의해 설계되어 지워졌던 노틀담 성당 옆의 중앙우체국에도 많은 사람들이 찾는다. 우체국 직원들은 밀려드는 관광객들 속에서도 우편업무를 보고 있다. 우체국으로 사용하면서 관광객을 받고 있다. 관광객들은 누군가에게 엽서를 쓰고 부치며, 상점들에서는 각종 기념품을 판매한다. 1886-1891년 동안 프랑스에 의해 지어졌던 중앙우체국에서 현재의 베트남은 세계인을 대상으로 베트남의 현재 삶을 보여주려는 것 같았다.

〈중앙우체국〉

〈오페라하우스〉

이런 점에서 볼 때 베트남은 그것이 식민지 때의 역사이든 또는 그들의 고유역사이든 간에 그들 삶의 중요한 영역이면서 의미 있는 전통으로 만들어가는 것 같았다. 비록 식민지 때 만들어졌던 유산일지언정 그들의 땅에서 그들에 의해 이루어졌던 전통과 문화의 한 부분으로서 미래세대에 전수해야 할 가치있는 영역으로 이어가려듯 했다. 그들에게 전통과 역사는 그들의 땅에서 있었던 있는 그대로의 모습을 후세로 전해가려는 것으로 이해할 수 있었다.

우리는 근대화 과정에서 부끄럽다고 생각했던 것들을 없애려 하였던 것은 아니었는지 한다. 역사란 자랑스러움과 부끄럽고 수치스러운 것이 함께 하는 것일 것이다. 자랑스럽고 좋은 것만 남긴다는 것은 온전한 상태의 역사라 할 수 없을 것이다. 역사 속에서는 자랑스러운 것이 있지만 부끄럽고 감추어야 할 것도 있을 것이다. 좋은 것만 남기고 그렇지 않은 것을 분칠하여 없애는 것으로 감추어질 수 없을 것이며, 무엇보다 그런 역사인식은 후세에도 바람직한 모습이 아닐 것이다.

세계화 시대를 맞이해서 각국이 살아왔던 역사를 있는 그대로의 모습으로 후손들에 전해주는 것은 커다란 의미를 가질 것이다. 세계화는 각자의 독특성에 근거한 다양한 이야기를 만들어갈 때 의미를 띨 것이다. 호치민은 프랑스가 물려준 수많은 전통문화를 간직하고 있다. 이런 역사 속에서 남아 있었던 흔적들을 지우지 않고 보존한 결과 그것이 지금은 엄청난 관광자원으로 활용되고 있다. 우리처럼 식민지 때의 흔적으로 바라보고 모두를 지웠다면 호치민은 지금처럼 많은 관광객이 찾아오지 않을 것이며, 도시 자체도 황량한 회색도시로 변했을 것이다.

〈통일궁 대회의실〉

〈통일궁 헬기장과 폭탄 맞은 두 지점〉

5. 중국, 애증이 엇갈리다

한국과 같이 베트남도 중국과 특수관계를 맺고 있는 것 같다. 베트남인은 중국과의 1,000년 전쟁시대를 떠올린다. 1세기에서 10세기에 이르는 긴 세월동안 중국으로부터 통치를 받았으며, 또 1971년 중국의 베트남 침공에 대해 좋은 감정을 갖고 있지 않는 것 같았다.

지도상으로도 베트남 중북부 깊숙한 곳의 앞 바다에까지 하이난 섬이 뻗어 있으며, 중부의 다낭 앞바다에 위치한 여러 섬에까지 중국과의 영토분쟁이 일고 있다. 심지어 베트남 동해 남쪽 앞의 깊숙한 바다, 일명 남지나해라는 이름이 붙은 지역까지 영유권을 둘러싼 갈등이 벌어지고 있다.

역사적으로 중국과의 관계에서 지배와 독립, 그리고 전쟁과 영토분쟁까지 얽여서 좋은 관계를 맺기가 쉽지 않아 보이며, 지정학적으로도 서로 인접해있기 때문에 갈등의 소지를 안고 있다. 그 중에서 긴 바다를 국토로 가진 베트남은 자신들의 앞바다를 동해로 부르며, 같은 바다를 중국에서는 남해로 부르면서 갈등을 빚고 있다. 한국과 일본이 한쪽에서는 동해, 또 다른 쪽에서는 일본해로 부르며 갈등을 벌이는 것과 닮은꼴이다. 베트남은 정치적으로 공산당 일당지배체제를 하고 있고, 또 사회주의 이념을 공유한다는 점에서 중국과 협력관계에 있지만 역사와 영토문제 등에서는 얽히고설킨 구원이 깊숙이 자리 잡고 있는 것처럼 보였다.

인도차이나 반도에서 베트남은 캄보디아와 라오스를 자신의 영향력에 두고 통제하려 하고, 중국은 베트남을 그들의 영향권 아래 두면서 캄보디아, 라오스까지 통제하려 한다. 이런 것이 국제역학 관계인 것 같다. 곧 힘의 의한 관계로서 덩치가 크고 힘이 센 나라가 약소국가를 자신의 영향력 아래 두려 한다. 국제관계는 인권과 평화가치에 의한 조화로운 관계 설정이 만만치 않을 것이다.

베트남이 처한 이런 상황에서 베트남인은 중국에 대해 상당한 저항감을 드러냈고, 중국을 제국주의의 연장선으로 바라보는 것 같다. 문화적으로는 많은 것을 공유한 것 같은데, 현실적으로는 중국에 대해 좋은 감정을 갖고 있지 않았다. 여기에 비해 프랑스에 대한 감정은 사뭇 다르다. 드러내놓고 크게 좋아한다고 하지는 않았지만 그렇다고 싫어하지도 않았으며 오히려 상당한 선의를 갖고 프랑스를 바라보는 것 같았다. 100년 식민통치를 받았고, 남북전쟁과 분단의 원인이었음에도 프랑스에 대한 감정은 확연히 다른 것 같았다.

베트남에서 중국과 프랑스에 대한 감정은 왜 그렇게 다를까?

프랑스의 100년 식민통치는 어떻게 행해졌고 어떤 시각에서 이루어졌는가에 대해서 생각해볼 필요가 있다. 현재 호치민의 고풍스럽거나 멋진 건물의 대부분은 식민통치 때 지어진 것이라 해도 과언이 아니다. 프랑스는 베트남을 식민통치하면서도 이곳의 특성을 인정하였고, 또 일정부분까지 자치권을 부여하면서 부드러운 통치를 한 것으로 보인다. 프랑스는 식민지를 다룰 때 영국의 직접통치 형태와 달리 현지식민지역의 대표를 통한 간접통치 형태를 취하면서 현지문화의 상당부분을 용인하였던 것과 관련 있을 것이다. 물론 제국주의의 발톱을 드러내면서 각종 세금을 거두어들였고 압제를 행했을 것이지만, 일정수준까지 베트남의 고유성과 독특성을 인정하면서 통치를 했던 것으로 볼 수 있다.

프랑스는 민주주의 측면에서든 경제적 측면에서든 당시 베트남에 상당한 시사점을 던졌을 수밖에 없었을 것이다. 정치적 측면에서 왕조국가 형태였던 베트남에 민주공화제가 갖는 의미를 제공했을 것이며, 경제적 측면에서도 선진 자본주의의 의미를 받아들이게 하였을 것이다. 그밖에도 의술, 건축술, 교육 등의 영역에서 근대문명을 베트남에 이식시켜 받아들이도록 함으로써 서양문명을 접할 수 있는 계기를 제공했을 것이다.

프랑스문화관을 방문하였을 때 담당 공무원은 많은 젊은이들이 찾아와 프랑스 유학을 꿈꾸고 있으며, 그리고 프랑스에 대한 감정이 나쁘지 않다고 알려주었다. 놀라운 점은 프랑스 때 지었던 수많은 건축물을 지금까지 잘 유지하면서 베트남의 역사의

한 부분으로 수용하고 있다는 사실이었다. 프랑스의 지배를 그렇게 큰 치욕으로 생각하지 않으며 부정해야 할 역사로 바라보지 않는다고도 한다. 자랑스럽지 않지만 그렇다고 부정해야 할 역사로 취급하지 않는다는 것이다.

중국에 대한 감정은 프랑스와는 단연 다른 것으로 보였다. 프랑스와의 관계는 정리된 관계이며 중국과의 관계는 현재진행형의 모습이다. 강대국으로서의 위상을 펼치려는 중국은 과거 종주권 행사 때와 같은 야욕을 드러낸다. 여러 차례 외세에 맞서 독립을 쟁취한 경험이 있는 베트남으로서는 이런 중국의 야욕에 쉽게 양보할 수 없다는 자세를 취한다. 베트남인들이 바라보는 중국은 제국주의이며, 영토 팽창주의를 일방적으로 내세우는 것으로 본다.

역사박물관 방문 때 학생들은 어떤 악기를 보여주며 이 악기는 베트남 고유의 것인데 중국 때문에 그런 주장을 할 수 없다고 안타까워했다. 베트남인이 만들고 베트남에서 많이 유행하여 사용되었는데, 그 악기를 만든 사람이 만년에 중국에 살았다는 이유로 중국에서는 그 악기가 중국의 것이라고 주장한다는 것이다. 외줄로 된 악기로서 이 세상에 하나밖에 없으며, 그 소리가 아주 애절하다고 알려주었다. 작은 악기를 둘러싸고 베트남과 중국 간에 얽힌 역학관계를 상징적으로 보여준다.

중국은 이처럼 작은 악기 하나를 두고도 국가이익을 위해 양보하지 않는다. 이런 사실로 인해 어린 학생들까지도 중국을 바라보는 시각이 국가주의 중국을 두렵게 바라보고 반중국 감정을 갖도록 한다. 한국이 일본을 바라볼 때 흔히 '가깝고도 먼 나라'라고 하였다. 베트남과 중국의 관계도 비슷한 것 같다. 두 나라는 영토를 맞대고 있으며 넓은 바다를 두고 영토분쟁을 벌이고 있다. 정치와 역사문화 측면에서 많은 것을 공유하면서도 깊은 갈등을 안고 있는 듯 보였고, 당분간 해결될 수 없는 국제관계의 한 모습으로 볼 수 있었다.

〈역사 박물관 소재 외줄 악기〉

6. 종교기관을 통한 지역공동체 활성화를 보다

숙소 옆에 키동(Ky Dong) 성당이 있다. 서양인으로 보이는 성인상이 있는 것으로 보아 프랑스 식민지 때 설립된 성당으로 보인다. 설립이 언제인지 잘 알 수 없으나 1700년대쯤으로 거슬러 올라갈 것 같다. 숙소에서 걸어서 3분 정도에 갈 수 있는 곳이어서 마땅히 갈 곳이 없던 차에 즐겨 찾았다. 하루에도 몇 차례

씩 미사가 열린다. 아침 4시 30분이면 어김없이 종소리가 울리며 미사시작을 알린다. 오래 전 상트 오틸리엔 수도원(독일 뮌헨 부근)을 방문하였을 때 받았던 느낌과 비슷했다. 종소리가 들리면 일어날 시간이고 이어서 미사시간이 시작되며 다시 식사시간임을 알려주었는데, 그때의 느낌과 흡사하였다.

일요일은 아침 5:30 시작으로 저녁 8:00까지 8차례에 걸쳐 미사가 진행된다고 알려주었다. 이곳 사람들에게 키동성당이 얼마나 큰 사랑을 받는지를 알 수 있는 대목이다. 성당 앞 성모상 앞에도 끊이지 않고 사람들이 모여들어 기도를 올린다. 일요일 10시 미사에 참여하였다. 좀 일찍 갔던 관계로 앞줄의 넓직한 좌석에 앉을 수 있었다. 미사가 시작 때 실내 의자가 꽉찼고 이어서 측면에 열려진 간이의자 쪽으로도 많은 사람들이 들어왔고 심지어 성당 밖에서 서서 미사에 참여했다. 마침 혼인성사가 있는 날이어서 신랑신부측 가족들이 앞좌석에 앉았다. 혼인성사에 맞게 미사를 집행해가는 것 같았는데 어떤 내용으로 어떤 의미를 전달했는지는 잘 알 수가 없었고, 다만 형식에서 사제가 축복을 하였고 신랑신부가 하느님 앞에서 서로의 약속을 하는 것 같았다.

영성체는 여러 명의 사제들이 이곳저곳 나누어서 한 관계로 빨리 끝났다. 많은 사람들이 있는 곳곳으로 직접 찾아가 영성체를 하였다. 미사는 한 시간이 채 걸리지 않아 끝났다. 혼인에 참석했던 분들도 몇 장의 사진을 찍었고 특별하게 행사를 하지 않고 간소하게 끝났다. 혼인에 참석한 하객들이 그렇게 많지는 않았다. 미사의 한 부분에 혼인성사가 있었을 뿐이고 다른 행사를 찾아볼 수 없었다. 미사 뒤 가족들끼리 사진 몇 장을 찍었으며, 양가의 가족들도 그렇게 많아 보이지 않았고, 옷차림에서도 아주 수수했다.

일요일은 하루 종일 미사가 열리며 많은 사람들이 모인다. 오후 4시경 열린 청소년 미사 때문 초등학생부터 고등학생까지 교복을 입은 채 수천 명이 모여 미사를 하였고, 부모들은 성당 밖의 마당에 간이의자를 놓고 미사에 참여했다. 미사가 끝난 뒤는 군데군데 모여 친교와 사귐을 나누었고 각자에 따라 성인상, 성모상에서 조용히 기원하는 모습이었다.

밤 미사 때는 더 많은 사람들이 몰려들었다. 부근의 차가 막힐 정도로 사람들로 북적거린다. 이렇게 10시까지 미사가 진행되며, 그 때마다 수천 명 내지 만 명도 더 되는 신자들이 몰려들었다. 이른바 키돔성당은 교회의 원뜻에 맞게 사람들이 모여드는 장소로서의 의미를 톡톡히 수행하는 것 같았다. 지금까지 많은 성당을 가보았고, 미사에 참여해보았지만 만남과 사귐의 장소로서 키돔성당 만한 곳을 보지 못했다. 이곳의 가톨릭 신자들은 키돔을 배경으로 만나고 친교를 나누며 생활하고 있었다. 키돔성당은 단순히 기도하는 장소로서의 의미를 넘어서서 지역민들에게 사귐의 공동체로서 역할을 하며 다가서고 있음을 볼 수 있었다. 성당을 중심으로 수많은 단체들이 모임을 열고 있었다. 어린 학생에서부터 성인들, 그리고 노인들까지 실로 많은 각종 행사들이 진행되었다. 키동성당은 항상 개방되어 있으며 이렇게 개방된 공간을 활용하여 지역민들이 찾았으며, 지역민의 연대성을 살리는 데 큰 역할을 하는 것으로 볼 수 있었다. 이른바 성당이 중심이 된 지역문화센터의 좋은 모델을 볼 수 있었다.

지역의 가톨릭 신자들뿐만 아니라 지역민들은 키돔을 배경으로 모이며 이곳을 토대로 함께하며 서로간의 연대성을 나누는 삶을 살아가는 것으로 보였다. 베트남에서 대단한 교회공동체를 보게 되었고, 덧붙여 지역문화센터로서 역할이 어떠해야 하는지를 볼 수 있었다. 지역에서 그곳이 법당이든 교회이든 혹은 또다른 형태의 종교기관이든 간에 지역민의 마음을 모으면서 지역민으로부터 사랑받는 공동체가 있다는 것이 이렇게 중요하다는 사실을 키동성당을 통해 실감할 수 있었다.

키동성당에서 기도하는 인간존재의 근원성에 대해서도 생각해볼 수 있었다. 인간 존재성의 근원에서 기도는 어떤 의미를 띠며, 왜 중요할 것일까에 대해 생각해보았다. 이곳을 찾는 사람들은 곳곳에서 기도를 드린다. 그 기도 내용이 무엇인지 알 수 없지만 절대자 앞에서 나약한 인간 모습을 드러내고 뭔가를 갈구하는 것만은 틀림없을 것이다. 지금처럼 잘 살아온 것에 대한 감사의 뜻도 들어 있을 것이다. 그리고 앞날의 무탈함과 더불어 더 많은 성취를 기원할 수도 있을 것이다. 이런 기도하는 존재로서의 인간모습이 인간성의 한 중요한 특징일 것이다. 이곳 성당에서 그런 인간성의 모습을 잘 볼 수 있었고, 마음을 다해 뭔가를 갈구 내지 기원하는 듯하는 모습을 볼 수 있었다.

키동성당은 여느 성당과 달리 하루 종일 개방되어 누구도 쉽게 다가설 수 있으며 그렇게 화려하지도 않고 위압적이지 않다. 편하게 찾아와서 각자의 기원을 드리며 마음의 평화와 위안을 찾는 것 같았다. 성당은 제단을 배경으로 양 측면에 각각 6개의 문이 있고 들어오는 통로에 문이 있다. 총 13개의 문이 늘 열린 상태로 있고, 또 접근하는 데도 높이가 거의 없다. 누구나 쉽게 들어갈 수 있으며 아주 편안한 상태로 하느님, 성모님께 접근할 수 있다. 미사가 끝나면 곧바로 몇몇 사람들끼리 모여 편안하게 합창을 하며 노래로 기도를 드린다.

성당 곳곳에는 각종 다양한 단체들이 활동한다. 학생들끼리 클럽활동을 하며 성인들대로 모임을 갖는다. 성물 관련 상점은 늘 사람들로 북적거린다. 그냥 상점의 의미를 넘어서 일종의 성당관련 전문 백화점이라 할만하다. 지금까지 그 어느 곳에서도 그렇게 많은 성물을 갖추고 있는 곳을 보지 못했다. 늘 사람들로 북적이며 많은 사람들이 각자에게 편안한 성물을 구입하고 있었다.

잘 알지 못하지만, 세상의 모든 사람에게 다 내게로 와 편안과 안식을 얻으라고 했던 예수님의 뜻에 가장 가깝게 다가서는 곳이 이곳 키동성당인 것 같다. 성당이 지역거점이 되어 지역민의 마음을 얻고 지역민에게 따뜻하게 다가가는 모습이 참으로 인상적이었다. 지역주민이 수시로 들려서 기도드리며 이를 매개로 이웃과 대화를 나누고 함께 뜻을 모아가고 있는 것에서 큰 감동을 받았다.

〈키동성당 내 어린이 활동 모습〉

제7장
베트남, 노인과 복지사회

1. 베트남, 노인사회가 도래하다

호치민시 경제전문대 사회복지과 꾹안(Quac Anh)은 베트남 노인들이 처한 경제사회적 상황을 설명하였다. 베트남은 젊은 국가여서 노년에 대한 체계적인 자료나 연구를 잘 찾아볼 수 없다고 했다. 2014년 노년 관련 조사가 있었고 5년마다 한 번씩 조사를 하는데 아직 최근 자료는 발표되지 않았다고 했다.

베트남에서 노년관련 조사는 노령화 지수, 노인문제의 상황, 노인복지 지원 등의 형태로 발표된다고 했다. 지금까지 노령문제에 관심을 갖지 않았는데 2017년 고령인구가 1,000만 명에 도달했고, 2030년 노인인구가 전체 인구의 20%에 이를 것으로 예상된다는 발표가 나오면서 현안의 과제로 등장하고 있다. 기대수명도 2030년 78세, 2050년 80.4세가 될 것으로 예상하고 노령사회에 대한 본격적 연구와 정책개발의 필요성을 느끼고 있다고 했다.

베트남에서 노인문제는 심리정신, 일상생활, 체육, 생활환경 등의 차원으로 바라보고 있으며, 최근 가족과 지역으로부터 고립된 외톨리형 노인들이 증가하면서 새로운 형태의 노인문제가 제기되고 있다고 하였다. 이런 노인일수록 돈이 없고 보험에 가입되어 있지 않으며, 또 지역공동체에도 참여하지 않는다. 외톨이형 노인일수록 가정과 지역공동체에서 멀어져서 더욱 외롭고 쓸쓸하게 살아간다고 했다. 가족, 친구, 일 등에서 멀어진 노인들은 고독에 빠져 심한 정신적 어려움을 겪고 있으며 심지어 자살을 시도하여 뉴스거리가 되고 있다고 하였다.

이런 외로운 노인들 관련하여 흥미 있는 연구물이 있다고 했다. 외로움과 고독감에 빠진 노인들은 얼굴표정과 체형에서도 변화를 보인다고 하면서 구체적으로 어떤 변화형태를 보여주는지를 실증적 데이터로 보여주었다고 했다. 그들과의 실제 인터뷰에서도 외로움에서 오는 스트레스를 호소하였고, 특히 퇴직이나 실직 이후 할 일에서 벗어나 심리적 충격에 빠지기도 하며, 급기야 대인기피증에 걸려 집에서 칩거하다가 자살을 시도하는 경우가 있다고 했다.

최근 호치민시 어느 병원 노인과에서는 노인성질환에 대해 조사하였고 노인들이 어떤 종류의 질병에 주로 많이 걸리는가를 연구하여 발표하기도 하였다. 이 즈음에서 지금까지 젊은 국가 베트남으로 알려져 있었는데 고령화가 급속도로 진행되고 있음을 알 수 있다. 이런 고령화 현상에 즈음하여 고령화에 어떻게 대응할 것이냐에 대해 경제사회적 및 의료보건적 준비를 진행하고 있음에 대해서도 알 수 있었다. 이미 베트남에서도 고령화는 현안의 사회과제이며 어떤 대응책을 모색해야 할 것인지에 대해 나름의 사회적 합의를 보고 있는 것으로 볼 수 있었다.

실제 얼마 전 신문기사에서 노인자살에 대한 보도가 크게 실린 적이 있다고 하였다. 베트남의 어느 시골 마을에서 독거상태로 살고 있는 아버지가 있었는데 도시에서 살아가는 아들이 거의 찾지 않아 외로움을 느낀 나머지 아버지가 자살하는 사건이 일어났다는 것이다. 뒤늦게 후회한 아들이 부모를 돌보지 않고 내가 이렇게 살았다는 회한에 빠져 후회하는 글을 올렸고, 그것이 커다란 화제를 몰고 왔다는 사실을 소개했다.

실제의 조사에서 대부분 부모들은 자식과 같이 살기를 원한다는 답이 가장 많았는데 실제 사회현상은 이런 추세를 따라가지 못한다고 했다. 농촌의 경우 아들, 딸과 같이 사는 경우가 많은데 비해 도시의 경우 부부 혹은 독거상태로 살아가는 것이 일반적이다. 노인들은 죽은 후 자신을 어떻게 할 것인지에 대해 걱정을 많이 한다고 했다. 베트남은 가족주의 문화가 발달해있고 여러 가지 사회적 행사들이 가족단위로 이루어진다. 우리에 비해 가족친화적 삶이 일반적인데 현지인들은 그런 가족주의 문화가 많이 후퇴한 것으로 바라보고 있었다.

60세 이상 노인들 중에서 연금수령자는 27.5%에 달해 전체 인구 1억 명 중에서 300만 명쯤에 해당된다고 한다. 2015년 실시된 노인경제 상황관련 조사에서 96국가 중에서 70위를 차지했다는 발표도 있었다. 대체로 베트남에서 노인들은 가난하며 힘들게 살아가는 것으로 볼 수 있다. 전체적으로 베트남 노인들의 57%정도는 연금 없이 살아가는 상황이라 했다. 80세에서 84세 사이 노인들의 19.9%는 연금을 받지 못하며, 85세 이상 노인들 중에서 15%가 연금혜택을 받지 못한다. 이처럼 나이가 높아질수록 연금이 적어 노인빈곤이 심해지고 있다고 했다.

국가에서는 요양원을 보충하고 새로 만드는 등으로 노인문제에 대처하려 하고 있다. 이에 대한 노인들의 반응은 그렇게 신통치 않다고 했다. 베트남 노인들은 가능한 요양원에서 노후를 보내려 하지 않고 가족과 함께 보내려는 경향이 있어서 요양원이 텅텅비는 현실이 벌어지고 있다고 했다. 요양원을 굳이 설치해야 하느냐에 대한 의문이 일고 있을 정도로 아직은 요양원이 생소하게 느껴진다고도 했다.

노인복지 차원에서 퇴직연령의 재조정이 언급되고 있다고 한다. 현재 베트남의 퇴직연령은 남성 60세, 여성 55세인데 이를 어느 선까지 조정할 것인지를 논의 중에 있다고 했다. 여성의 경우 석박사 학위가 있으면 60세까지 정년을 늘이도록 하겠다는 발표도 있었다. 일본에서의 정년이 70세까지 연장된 것에 영향을 받아서 정년연장이 초읽기에 들어간 느낌이라고 한다. 점점 증가하는 노년인구 상황에서 은행권에서는 노인사업을 장려하기 위해 자금을 빌려주는 제도를 만들어 노년사회에 대비하고 있다. 특히 호치민시의 경우 사회복지와 연계한 대출시스템을 구축하여 노인사업 활성화를 유도하고 있다.

그밖의 다양한 형태의 노년복지 체계에 대한 연구를 하고 있는데, 그 대표적인 것이 베트남 중부지역의 하이중과 남부지역의 메콩강 유역을 중심으로 노인복지 국가정책 시범사업을 실시하고 있다. 이런 시범사업을 추진해본 결과에 따라 좋은 성과가 나면 국가전체로 노인복지 정책을 보급하려는 계획을 갖고 있다.

한국에서 노인교육을 실시할 때 재원을 어디에서 마련하느냐에 대해 관심을 표명했다. 노인교육을 통한 노인역량 강화가 중요한 것으로 교육의 필요성을 느끼고 있다고 했다. 문제는 교육에 필요한 재원을 어떻게 확보하느냐에 있다고 보고 한국의 경우를 벤치마킹할 필요가 있을 것이라고 했다. 한국의 경우 다양한 형태로 노인교육을 실시하고 있으며, 재원은 국가지원과 참여자의 자부담 형태로 진행되는 것으로 알고 있다고 했다. 이에 대해 베트남의 여건에서 정부 영역의 예산지원이 쉽지 않으며, 그렇다고 교육참여자 부담도 어렵다고 하면서 아직은 노인교육을 통한 노인의 역량강화가 쉽지 않을 것으로 본다고 하였다.

다만 베트남 정부에서도 노인담당 부서를 만들어 돈 없는 노인들에게 국비보조를 실시하고 있다고 했다. 특히 가난한 노인을 위한 요양원을 만들어 운영 중에 있으나 요양원에 들어오는 노인들이 많지 않다고 했다. 오랫동안 살고 있는 집과 지역을 떠나 요양원에 들어가려 하지 않는다는 것이었다. 국가에서는 요양원 입소 노인을 위해 생일축하 파티와 그밖의 몇 가지 액션플렌을 만들어 대응하고 있으나 노인들의 반응은 크게 좋아지지 않고 있다고도 했다. 철저한 연구에 기초하지 않고 형식만 갖추어 시행하는 정책으로 실효성이 떨어진다고 하였다.

현재까지 노인문제가 사회적 현안이 되지 않았던 관계로 제대로 된 노인정책이 없었다고 하면서 베트남에서 노인문제는 아직은 사회문제로 이슈화되지 않고 있다고 했다. 농촌에서는 공동체가 살아 있어 마을단위로 같이 잘 지내며 함께 놀고 일하여 외로움을 덜 느끼고 있지만 도시에서 돈이 없는 노인의 경우 할 일이 없고 즐길 수 있는 오락도 없어 훨씬 더 큰 고립감을 느낄 수 있다고 했다. 그래서 도시지역에서 복권을 팔며 하루를 연명하려는 노인들이 많다고 알려주었다. 이런 상황을 아는 일부 사람들은 노인들에게 복권을 팔아주며 그들의 생계에 보탬을 주려한다고도 하였다.

정부에서는 5년에 1회씩 노인관련 실태조사를 진행하는 차원에 머물러 있다. 베트남 경제여건이 좋아지고 고령화가 더욱 진행된다면 정부영역에서의 본격적 대응이 있을 것이라고 했다. 현 시점에서 베트남 노인은 자신의 노년기 삶에 대해 스스로 책임지고 해결을 찾아야 할 상황이라고 했다. 다만 학교차원에서는 노년관련 다양한 연구를 진행하면서 고령사회의 도래에 준비할 필요성이 커지고 있다고 하였다.

베트남에서 노인들은 풍족하다고 할 수 없지만 몇 가지 복지혜택을 받고 있다고 했다. 정년이후 60-69세의 노인들은 월 40만동의 연금을 받으며, 80세가 넘으면 54만동, 특히 독거노인인 경우 80만동까지 받을 수 있다. 그밖에도 노인의 경우 대중교통 15%와 관람료 20%까지 할인을 받으며 장례비로 최대 300만동까지 지원받기도 한다.

어느 조사에 의하면, 베트남 노인의 30% 정도는 자녀로부터 경제적 지원을 받는다고 답하였고, 일을 통해 스스로 해결하는 경우가 70% 정도였다. 농촌에서는 노인이 되어도 계속 일을 하여 자신의 생계를 해결할 수 있지만 도시의 경우 적절하게 할 일이 없어 62% 정도의 노인들이 경제적 어려움을 경험하고 있다고 하였다.

베트남도 유교적 가치관이 강해서 노인부양을 자녀부담으로 해결했다고 했다. 그런데 세상의 변화와 함께 젊은이들 중에서 노인을 부양하지 않으려는 경향이 커지고 있다. 특히 국내, 국외로의 이민이 많아지면서 노인을 어떻게 부양해야 하는가에 대한 고민도 함께 커지고 있다. 대도시 자녀들의 경우는 일에 집중하는 경향이 커지면서 자연히 부모를 돌보려는 관심이 적어지고 있다. 베트남에서도 효를 바라보는 개념에서 새로운 변화가 나타나고 있다고 했다. 젊은이들은 세계경제체제의 경쟁 속에서 가정의 가치보다 일 중심의 가치를 갖게 되며 동시에 자기중심적으로 살아가는 경향이 커지고 있다고 했다.

가정중심에서 자아중심으로의 가치관 변화 과정에서 노인들은 가장 힘든 상황에 처하게 되었다. 농촌 거주의 노인들은 그래도 아직은 좀 나은 편이다. 농촌은 전통적 가치관이 남아 있으며 또 할 일이 많아서 경제적으로 크게 어렵지 않고 또 이웃이 있어 외로움도 덜 느낀다고 했다. 문제는 자녀들이 공부를 해서 도시로 떠나고 혼자남게 되는 경우인데, 이런 상황에서도 부모들은 대도시 자녀들에게 잘 가지 않으려 한다는 점이다.

경제적 상황이 뒷받침되지 않는 노인들은 물질적 측면에서 어렵고 또 함께 할 수 있는 이웃도 만만찮다. 노인들은 자녀들에게 여러 가지를 제공했지만 자녀들은 먹고살기 힘들고 어려워 노인들에게 줄 것이 별로 없다. 베트남에서도 자녀결혼 때 부모의 부담이 많다고 했다. 결혼할 경우 결혼식도 크게 하여 경제적 부담이 되며, 집과 차, 그리고 살림살이까지 마련해주는 경향이 많다. 이렇게 자녀 몇 명을 결혼시키면 부모의 경제력이 급격히 떨어진다고 했다. 그런데 자녀들은 부모를 잘 돌보지 않는다. 대체로 베트남에서 도시노인은 농촌노인에 비해 더 취약한 상황에 놓여 있다. 자녀간의 관계도 농촌에서보다 더 약하며 그밖의 여러 가지 위험요인에 더 많이 노출되어 있다.

2. 베트남, 노인건강과 현황

호치민시 경제대학 사회복지학과 ○○ 교수는 베트남 노인건강 관련하여 현황이 어떠하며 어떤 대책을 세우고 있는지의 상황에 대해 자세하게 들려주었다. 베트남 정부는 노인에 대한 관심을 표명하고 있으며, 특히 빈곤노인을 위한 복지정책의 필요성을 느끼게 되었다. 2013년 헌법조항에 노인문제 해결에 집중적 관심을 갖고 국가의무 내지 책무를 다해야 한다는 내용을 넣게 되었다고 했다. 이때부터 노인문제가 본격 제기되었고 사회 전반에서 노인을 중요한 국가이슈로 다루게 되었다는 것이다. 가난, 질병, 장애 등의 다양한 유형에 직면한 노인이 경험하는 문제에 대해 국가와 지역정부는 관심을 갖고 돌보아야 할 필요가 있는 것으로 보게 되었다는 것이다. 이는 베트남에서 노인문제를 바라보는 중요한 계기가 되었고 이후 국가차원에서 노인문제를 바라보고 해결해야 하는 과제로 보게 되었다는 것이다.

80세가 넘는 노인의 경우, 검사와 진료 등에서 무료검진과 치료를 원칙으로 하며 2030년 이후 모든 노인들 대상으로 의료서비스를 비롯한 보험을 제공하여 무료치료를 계획하고 있다고 했다. 베트남 보험의 현황은 2018년 96% 노인들이 보험에 들고 있으며 4% 정도만 미가입상태라고 했다. 베트남 정부는 2019년부터 모든 노인들에게 보험혜택이 돌아가도록 하는 것에 목표를 둔다고 했다. 만약 보험으로 돌볼 수 없으면 기업과 그밖의 사회기관 등에서 제공하는 기부형태로 무료의료서비스를 제공하려는 계획을 추진 중에 있다고도 하였다.

베트남 병원체계는 국립병원과 사립병원이 있는데 사회주의 특성상 대부분이 국립병원이며 최근 사립병원이 증가하는 추세에 있다. 베트남 경제상황이 좋아지면서 사립병원이 증가해 20에서 30% 정도에 이른다. 국가의 지원 없이도 자본의 힘으로 병원을 설립할 수 있을 정도로 여력이 좋아지고 있다. 국립병원에서 노인은 무료진료를 받을 수 있으며 사립병원에서도 이런 경향을 나타난다고 했다.

베트남 전국 97개병원에 노인과가 설치되어 있으며 918개 병원에서 노인대상 상담프로그램을 운영하고 있다고 했다. 현재 베트남은 60세 이상의 노인인구가 전체인구의 11%에 달하는데, 97개 병원에서밖에 노인과가 설치되어 있지 않아 상당히 부족한 실정이라고도 했다. 국가로부터의 재정지원이 쉽지 않은 관계로 노인과 설치가 쉽지 않다고 했다. 다만 호치민에서는 노인과를 설치한 병원이 점점 많아지는 경향이 있다고 했다. 대체로 노인과가 설치되지 않은 병원이 많은 관계로 노인을 위한 병실 찾기가 어려우며 그래서 아이와 함께 병실을 사용해야 하는 경우가 많다고 한다. 아울러 노년들의 진료와 치료에서 불편함을 많이 겪는다고 한다. 헌법에 노인과 설치가 규정되어 있으나 농촌지역에서는 노인과 설치가 더욱 쉽지 않다. 시골지역에는 한 지역에 하나의 병원밖에 없는데 노인과가 없어 노인치료에 한계가 많다고 하였다.

베트남의 경우도 환자들 대부분이 대도시 병원에서 치료받기를 원한다. 호치민, 하노이, 다낭 등의 대도시 병원은 늘 만원으로 자리 찾기가 어렵다. 베트남에서 시골지역 병원은 자리가 있고 큰 병원은 자리가 없으며 병원비까지 비싸다. 의사수준도 지역별로 큰 편차를 보인다. 이런 시골지역 병원의 의사 수준을 향상시키기 위해 외국으로 유학을 보내는데 돌아오면 대도시 병원으로 옮기는 사례가 빈번하다는 것이다. 이런 상황에서 시골지역까지 의료의 질을 향상시키는 것이 쉽지 않은 과제라 했다.

베트남 노인들의 건강상황은 좋지 않다. 2011년 조사에서 55%의 노인들은 건강하지 않다고 답했고, 10%의 노인들은 아주 바쁘다고 응답했다. 69세에서 80세에 이르는 노인들의 60% 정도는 암, 심장병과 같은 질병으로 고통을 받고 있었고, 노인 한 명당 2.7개의 병을 앓고 있었다. 노인들의 경우 1950, 60년대 전쟁으로 인해 경제상황이 나빴던 관계로 건강관리를 잘못한 경우가 많으며, 그런 이유에서 질병에 와병되는 현상이 많은 것으로 밝혀졌다. 젊을 때의 건강관리가 노인이 되어서 큰 영향을 미친다고 했다.

베트남에서 노인들은 심장병, 암, 장애 등에서 자유롭지 않으며, 경제상황이 좋지 않은 관계로 건강검진에서도 소홀한 것으로 나타났다. 특별히 경제사정이 좋은 노인들은 베트남이 아닌 외국병원(예: 싱가포르)에서 치료받는 경우가 있는데, 이때는 비싼 돈을 내고 치료해야 한다. 노령인구가 증가하면서 병에 많이 와병되나 노인을 위한 체계적 의료정책을 잘 찾을 수 없는 현실이다. 농촌출신 노인들의 경우 질병에 걸리면 훨씬 어려운 현실에 당면한다. 농촌의 의료시설이 열악하며 그렇다고 호치민과 같은 대도시 병원에서 치료받기도 여의치 않다. 무엇보다도 농촌출신 노인들은 아픈 경우에도 병원 가는 것을 좋아하지 않는다고 한다. 돈이 없어서이기도 하며 또 자식들에게 경제적 부담주기를 싫어하기 때문이라고 했다. 평소 건강에 관심이 없어 건강관리에 신경을 쓰지 않고 있으며 따라서 종합검진과 같은 개념을 잘 알지 못하고 있는 실정이다.

노인들의 경우 전문의 처방 없이 약국에서 약 먹고 끝나는 것이 대부분이어서 병의 원인에 대한 진단이 쉽지 않으며, 그것이 큰 병으로 이어지는 경우도 적지 않다고 했다. 정확한 진단과 처방이 이루어지지 않은 상태에서 약국에서 제공하는 약이 근본적 치료로 이어질 수 없는 한계를 갖는다고 한다. 실제로 베트남에서는 병원보다 약국을 많이 이용하는 편인데, 이런 현실이 베트남의 의료상황을 보여준다고 하였다.

베트남에서는 2030년까지 노인인구가 20%대에 이를 것으로 예측하고 의과대학의 확충 및 보건증진 정책에 관심을 갖고 있다. 그렇지만 그 구체적 정책이나 대안을 잘 찾아보기는 어려운 실정이라고 하였다. 보건증진을 위해서는 양질의 식품관리와 위생개념을 정립할 필요가 있는데, 이에 대한 준비도 여위치 않다고 하였다.

일반 서민들은 주로 재래시장을 이용하여 먹거리를 사는데 이런 식재료에서 건강을 담보할 수 없다고 하였다. 농약을 많이 사용해 키운 식품들이 아무런 제약 없이 값이 싸다는 이유로 마음대로 판매되고 있다. 길거리에 내놓고 파는 이른바 길거리 식품은 먼지와 오염물질에 싸여 암과 같은 성인성 질병을 일으킬 수 있는데, 이에 대한 규제를 잘 찾을 수 없다. 이런 식품들을 주로 서민들이 이용하는데 그런 측면에서 서민들의 위생이 좋지 않으며 그에 따라 그들의 건강상태도 썩 좋지 않다고 하였다. 이에 비해 대형 슈퍼마켓에서는 위생을 고려한 양질의 식품들이 판매된다고 하였다. 부자들의 경우 위생이 보장된 양질의 물건을 사서 생활할 수 있는데 비해 대부분의 노동자와 서민들은 시장과 길거리 음식에 노출되어 좋은 건강상태를 유지하기에 벅차다고 하였다.

어느 사회에서나 비슷할 수 있지만 베트남에서 빈곤은 노인 건강에 직접적 영향을 미친다. 국가로부터의 보호망이 잘 갖추어진 사회와 달리, 베트남에서 노인들은 스스로 건강에 책임을 져야 한다. 그렇다고 건강관련의 좋은 정보나 지식을 갖지 않고 되는대로 살아간다. 호치민과 같은 도시에서와 달리 농촌출신 노인들이 당면한 건강상황은 더욱 여건이 좋지 않다. 이런 점에서 노인에게 있어 빈곤은 생사의 갈림길을 정해준다고 하였다.

3. 복지기관, 너싱홈을 찾다

꾹안(Quoc Anh)과 투이(Thuy)의 안내로 호치민 외곽에 위치한 너싱홈(Nursing Home)을 방문하였다. 꾹안은 베트남 노인사회의 현황을 알 수 있으려면 현지의 너싱홈을 직접 볼 필요가 있다며 방문을 제안했다. 아침 8시에 만나 그랍을 타고 너싱홈으로 이동하였는데 운전자가 길을 잘 몰라 몇 번을 돌아서 겨우 찾을 수 있었다. 호치민 시내에서 그렇게 멀지 않은 교외지역에 위치해 있었는데, 교외지역이어서 네비게이션이 잘 작동하지 않는다는 것이었다. 베트남 현지인이 아니면 도저히 찾아갈 수 없는 곳이었다. 주민들에게 몇 번이나 물어 물어서 너싱홈에 도착할 수 있었다. 호치민 12군에 위치한 곳으로 책임자는 응안 꾹 바오(Nguyen Quoc Bao)였다.

이런 형태의 너싱홈이 베트남의 몇 군에 더 있는데 이곳의 너싱홈은 그 중의 한 곳이라고 했다. 이곳에 너싱홈을 시작하게 된 것은 1년 전이었다고 하였고, 현재 42명의 노인들이 입소해 있다고 했다. 외부기관, 곧 국가나 종교단체 등으로부터 어떤 도움 없이 입소자 가정으로부터의 재정지원을 통해 독립적으로 운영하고 있음을 강조했다. 입소 노인들의 가정에서 등급에 따라 월 300에서 350불 정도의 비용을 받아 운영한다고 했다. 이 비용으로 전담의사 1명과 간호사 3명, 그리고 전담 행정인력의 인건비를 충당하면서 현재까지는 큰 어려움 없이 운영하고 있다고 했다.

책임자인 바오씨에 따르면 너싱홈을 운영할 때 어떤 이윤도 창출되지 않으며 노인에 대한 사랑과 책임감으로 이 일을 한다고 하였다. 상주하는 여의사가 있었는데, 그녀의 월급도 40여만 원 정도에 불과하다고 했다. 여의사는 방문 중에도 노인들을 진료하고 있었는데 독립된 진료공간 없이 행정인력과 함께 사용하는 공동사무실 한 모퉁이의 작은 책상에서 환자를 진료하였다. 함께 했던 꾹안에게 베트남 의사의 급여가 보통 어느 정도인지에 대해 물었다. 베트남에서 의사는 한국의 상황과 많이 다른 것 같았다. 이곳의 현지의사 경우는 물론이고 일반병원에서 의사들이 높은 급여를 받을 수 없다고 했다. 급여가 낮기 때문에 개인적으로 부수적 진료와 치료를 하며 생활비에 보탠다고 한다. 사회주의 특성으로 어느 직업이든 비슷한 임금을 책정하고 있어 의사라 해서 높은 임금을 받을 수 없다는 것이었다.

바오씨는 너싱홈을 운영할 때부터 돈에 개의치 않고 사명감으로 일을 한다고 여러 번 말하였다. 한국에서 전담의사가 파견된 요양병원은 의사에게 많은 비용을 지불해야한다고 했을 때 베트남에서 의사는 어느 곳에서도 그렇게 큰 월급을 받을 수 없다고 하였다. 가능한 국가나 외부기관의 도움 없이 독립적으로 시설을 운영하는 것에 의미를 두고 있으며, 이를 통해 지역의 노인들 삶에 조금이나마 도움을 준다는 것에 보람을 둔다고 거듭 이야기하였다. 성격이 아주 강직한 것 같았고 강한 소신을 갖고 이 일을 하는 것 같았다.

너싱홈 시설을 돌아보았는데 남녀 노인들이 거주하는 숙소

(한 방에 10여명 이상이 거주할 수 있는 침대)와 대형 TV가 설치된 휴게시설이 있었고, 동서양 의술을 갖춘 간단한 재활시설, 그리고 식당 등이 전부였다. 현재의 시설 바로 인근에 새로운 몇 가지 시설을 갖추기 위한 공사가 진행되고 있었고, 이 시설이 완공되면 좀더 여유 있게 시설을 운영할 수 있을 것이라고 하였다. 우리의 기준으로 보면 열악한 곳이지만 베트남에서는 꽤나 괜찮은 곳으로 보이는 것 같았다.

입소 노인들의 가정에서 지불하는 비용으로 너싱홈을 운영하는데 어려움이 없느냐는 질문에 베트남 현재의 상황에서 어느 기관으로부터 물질적 및 인적지원을 기대할 수 없다고 하였다. 국가로부터의 도움도 있을 수 없고 또 기업이나 그밖의 사회적 기관으로부터 도움을 받은 것 자체가 불가능하다고 하였다. 이 일은 점증하는 노인들의 어려운 상황에서 누군가는 해야 할 일이기에 오로지 사명감으로 할 수밖에 없다고 하였다. 상당히 자신감이 넘쳤고 신념을 갖고 추진하다보면 좋은 결과가 있을 것이라고 본다고 하였다.

베트남의 상황은 한국의 현실과 다른 것 같았다. 우리와 같으면 소수의 사회적 약자를 위해 일을 하면 정부차원으로부터 도움을 받을 수 있으며, 기업과 각종 사회봉사단체, 종교기관 등의 여러 기관들로부터 관심을 받을 수 있을 것인데 베트남의 상황에서는 이런 사회적 지원을 기대할 수 없는 것으로 보였다.

〈너싱홈과 책임자〉

함께 했던 꾹안과 투이에게 베트남에서 기업의 사회적 책임은 어떤 상황이냐고 질문을 했는데, 아직은 그런 개념이 없으며 있더라도 사회적 차원으로 일반화되지 않고 있다고 했다. 그들에 의하면, 베트남은 발전해가는 과정에 있기 때문에 그런 개념을 생각할 여지가 없다고 하였다.

너싱홈 주위는 호치민 외곽지역으로 개발구역인지 도로확장이 한창 진행되고 있었고 그 중에서 넓직한 마당을 배경으로 한 멋진 집들을 꽤나 많이 볼 수 있었다. 베트남에서 소수의 부자들은 큰 저택에서 좋은 외제차를 타며 호화스럽게 살 수 있으며, 반면에 많은 가난한 사람들은 싼 임금을 받으며 일할 곳조차 제대로 찾을 수 없는 빈곤한 삶을 살아간다. 사회주의 국가 베트남에서 경험하게 된 계급 양극화의 전형적 모습이었다.

너싱홈에서 나오는 길에 우리는 전통시장을 통과해야 했다.

수많은 가게들이 다닥다닥 붙어 있었고 갖가지 물건들을 전시해놓고 판매하고 있었다. 작은 어물가게에서는 파리 떼가 우글거리는데 주인은 손으로 연신 파리를 쫓으면서 팔 어물을 보호하고 있었다. 어물이 진열된 위쪽의 파리채에 죽은 파리 떼가 함께 진열되어 있다. 베트남 서민들은 이런 시장에서 각종 생활필수품을 사서 먹는다. 시장에 나오는 물건은 도시의 큰 슈퍼마켓의 물건에 비해 위생에 좋지 않다고 한다. 이곳에서 각종 물건은 안전이 잘 보장되지 않는다. 독한 농약을 사용하여 키우며 관리에서도 부실하여 비위생적이라 한다. 어느 정도 중산층이면 시장에 나오는 물건을 사지 않는다고 하였다.

부자들은 돈 버는 것을 당연한 권리로 생각하지 합당한 사회적 책임에 대해 잘 생각하지 않는 것 같다. 큰돈 버는 것을 자신이 잘해 벌었기에 내 마음대로 하면 되는 것으로 보는 것 같다. 수많은 타인들이 없으면 큰돈 버는 것이 가능하지 않을 것인데 그런 생각에 이르지 못하는 것으로 보인다. 성처럼 큰 집을 짓고 타인의 시선에 아랑곳하지 않고 사는 세상처럼 보였다. 하기야 한 때 우리도 이와 비슷한 상황이었을 것이다. 일정수준까지 경제가 발전하면서 사람들은 새로운 인식에 눈 뜰 것이고 그런 상황이 올 때 기업의 사회적 책임과 사회적 기부의 의미를 새롭게 해석할 수 있을 것이라는 생각을 해보았다.

4. 신 라이따이한, 어떻게 대응할 것인가

명예교수인 쭈음(Chu Dung) 교수의 안내로 호치민에 소재한 사회복지 영역의 비정부기관(NGO)인 SDR(Social Work & Community Development Research & Consultancy)를 방문했다. 관리책임자인 쪼홍만(Chau Hoang Man)은 파워포인트를 활용해 기관의 성격과 업무에 대해 일목요연하게 설명했다. 기관은 여성권리 향상, 아동권리, 이민노동, 지역사회, 사회복지와 환경개발 등에 관심을 갖고 있으며, 특히 인간복지, 행복추구, 공동체의 삶의 조건 신장 등에 힘쓰고 있다고 했다.

호치민시 주택가의 깊숙한 곳에 자리잡은 곳으로 찾아가기가 쉽지 않았다. 크지 않은 건물에 특별한 시설을 별로 갖추고 있지 않았고, 몇 명의 직원이 있었다. 기관책임자인 만의 설명에 의하면, 외부환경은 화려하지 않지만 세계의 여러 복지기관과 연결되어 많은 사업을 하고 있다고 했다. 그런데 한국의 사회복지 관련 기관과는 어떤 일도 같이하고 있지 않다고 하면서 복지기관을 소개해줄 것을 부탁했다. 현재 베트남에는 삼성, 포스코와 같은 거대 기업이 진출해 있으며 삼성의 경우는 10만 명 넘는 베트남인을 고용하고 있는 상황을 들려주면서 한국의 복지기관으로부터 어떤 재정지원을 받지 못해 아쉽다고 했다.

SDR 관리책임자인 만은 베트남-한국계 아이들이 겪고 있는 문제에 대해 집중적으로 이야기하였다. 메콩강 주변의 베트남 여성들이 한국남성과 결혼을 많이 하였는데, 그들 사이에서 태어난 2세들이 적절한 보호를 받지 못한다는 것이었다. 한국남성과 베트남여성 간의 결혼이 증가하였고, 또 상대적으로 이혼하는 경우도 많아졌다. 문제는 이혼한 베트남의 어머니가 아이를 베트남에 보내서 키우는 경우가 많은데 여기서 큰 문제가 발생하고 있다는 것이었다.

한국인 아버지와 베트남인 어머니 사이에서 태어난 아이들이 수만 명쯤이 되는데 이들의 경우 한국국적인 관계로 베트남 현지에서 베트남 국민으로서 대우받기가 어렵다는 것이다. 이런 상황에서 친척 호적으로 올리거나 또 다른 방법의 편법과 탈법 상황이 벌어질 수 있으며, 그런 상황이 되지 않으면 국가로부터 주어지는 지원을 받기가 어렵다고 하였다. 이런 경우에 NGO 단체 중심으로 아동권리 신장차원에서 도움을 제공하고 있는데, 많은 한계가 따른다는 것이었다.

베트남 어머니들의 경제력이 열악하여 아이들을 잘 키우기가 쉽지 않으며, 또 초기사회화가 잘 되지 않은 경우는 베트남 현지사회에 적응하기가 쉽지 않다고 했다. 심지어 그런 아이들은 국적까지 제대로 받을 수 없는 상태여서 베트남 정부로부터의 사회적 보호도 어렵다고 하였다. 이른바 그들은 새로운 형태의 라이따이한으로써 복지의 사각지대에 놓여 있다고 했다. 최근 이런 아이들의 수가 부쩍 증가하고 있다고 하면서 베트남 사회복지의 새로운 과제로 떠오르고 있다고도 하였다.

관리책임자인 만은 이런 상황에서 왜 한국정부와 기업들은 가만히 손을 놓고 있느냐에 대해 불만을 드러냈다. 한국이 깊숙이 관여된 문제인데 베트남 복지기관에 그 일을 떠넘기고 있다고도 했다. 그들의 국적문제가 정리되지 않았기에 베트남 정부에서도 이 아이들 문제에 제대로 대응할 수 없다는 것이다. 이런 아이들이 갖고 있는 문제 상황을 잘 알려 한국정부와 관련기관들의 좀 더 적극적 관심과 참여를 바란다고 하였다.

그는 아직까지 베트남에서 사회복지에 대한 인식이 그렇게 확산되어 있지 않으며 또 사회복지 개념이 중요한 현안으로 잘 부각되고 있지 않다고 하였다. 이런 어려운 여건에서도 SDR은 사회 소외층인 노인, 어린이, 여성, 다문화 출신 아동을 포괄하여 복지 일에 전념한다고 강조했다. SDR의 여건은 외적인 환경적 측면과 인적인 구성면에서 상당히 열악해보였다. 회의실을 포함한 3–4개의 공간을 배경으로 3–4명의 직원들이 일하고 있는 것이 전부였고, 이 기관에 관심 있는 몇몇 사람들이 자원봉사 형태로 기관의 일에 참여하고 있다고 했다. 무엇보다 정부에서의 특별한 지원 없이 뜻있는 몇몇 분의 후원으로 기관을 운영하는 것에서 어려움이 많다고 하였다.

5. 복지사회를 준비하다

호치민시 경제전문대 사회복지학과 3학년 대상으로 "우리는 세상을 어떻게 보아야 할 것인가?"에 대해 특강을 했다. 공부의 시작은 변화하는 세상에 대한 관심과 호기심에서 나올 수 있다고 하였다. 베트남과 한국 간의 활발한 교류는 어떤 연유에서 시작하여 어떤 과정을 거치며 어떤 결과를 가져올 것인지에 대해 관심과 호기심을 갖고 바라볼 필요가 있다고 하였다. 수많은 나라들 중에서 왜 한국과 베트남 간의 교류가 활발한지를 눈여겨보고 이에 대한 과학적 설명을 하려는 자세를 가질 필요가 있다고 했다. 이런 호기심을 갖지 않으면 세상의 모든 일은 그냥 그런식으로 당연시될 수 있다. 호기심을 갖고 사회현상을 바라보면 그런 흐름의 원인을 알고 싶고 그에 따른 경과를 추적하게 되며 그래서 그런 현상을 나름대로의 분석으로 설명할 수 있게 된다고 했다.

공부의 시작은 우리 주변에서 일상적으로 일어나는 사회현상을 합리적, 과학적으로 파악하여 분석, 설명하려는 자세에서 비롯됨을 몇가지의 통계수치를 들어가며 설명했다. 공부에 접근하는 자세가 우리와 달라서인지 썩 좋은 반응을 보이는 것 같지 않았다.

아울러, 우리는 국내적 시각에서 벗어나 글로벌 시각으로 세상을 바라볼 수 있어야 한다고 했다. 세상은 우리가 생각하는 것보다 훨씬 빨리 변화하는데 우리가 국내적 시각(베트남의 시각)에 머물러 있으면 세상의 낙오자가 되기 쉽다고 하였다. 글로벌 시대를 맞이하여 국제교류는 한층 증대하며 그에 따른 우리의 대응도 다른 형태를 띠어야 한다고 하였다. 그런 점에서 세상의 흐름이 어디에서 와서 어디로 향하는지를 유심히 보면서 공부해야 한다. 그렇지 않으면 애써 공부한 내용이 현실적 삶에 별다른 도움을 줄 수 없다고 하였다.

이어 베트남 사회에서 사회복지는 어떤 위상을 가질 것인지에 대해 이야기했다. 현재 베트남은 세계에서 가장 빠른 경제성장률을 보이며 급속도로 발전하고 있다. 이런 발전과정에서는 필연적으로 소외계층이 형성될 수밖에 없으며, 동시에 노인인구도 급속도로 증가할 것이다. 그밖에 발전과 성장에 따른 각종 사회문제에 당면할 것이다. 청소년문제, 범죄, 마약, 동성연애, 농촌과 도시문제, 이혼률의 증가 등 선진사회들에서 나타나는 각종의 사회문제가 발생할 것이다. 이처럼 많은 사회문제들이 생겨나면 자동적으로 사회복지에 대한 관심도 커질 수밖에 없다. 그런 점에서 현재 초보단계에 있는 사회복지학도 그 영역이 확대될 것이라고 강조했다.

현재 베트남 대학에서 사회복지학을 개설하여 학생들을 가르치는 곳은 그렇게 많지 않은 것으로 보인다. 이곳 대학에서도 사회복지학을 개설한지 3년 정도 밖에 되지 않았다고 한다. 초기단계여서 교수진도 충분하지 않으며 또 그밖의 시설들도 변변치 않다고 하였다. 무엇보다도 사회복지를 바라보는 사회적 인식이 뒷받침되지 못하고 있다고 하였다. 복지사회에 대한 관심이 형성되지 않았고 복지의 개념과 의미에 대해 일반화되지 않은 상태라는 것이다. 이런 상황에서 대학에서는 사회복지학과를 개설하여 학생들에게 복지학을 가르치고 졸업 후 이들의 진로를 열어줄 필요가 있을 것이다.

베트남보다 앞서 변화를 경험한 한국사회에서 사회복지가 갖는 위상을 잠깐 설명했다. 한국여건에서 사회복지는 가장 현안의 과제라고 하면서 국가예산 중에서 복지예산이 많으며 복지는 필수의 과제로 등장하고 있다는 사실을 이야기해주었다. 선진사회가 된다는 것은 복지사회를 만드는 것과 불가분의 관련을 갖기 때문에 경제가 발전할수록 복지에 대한 관심이 커질 수밖에 없을 것이라고 하였다. 학생들에게 경제발전에 따른 각종 사회문제에 부딪칠 때 복지의 필요성이 더욱 커질 것이라고 하면서 잘 준비할 필요가 있을 것이라고 했다.

베트남 학생들이 이런 말의 의미를 알아듣기 힘들 수도 있겠지만, 그것은 그들 입장에서 경험해보지 않았던 길이었기 때문일 것이다. 늘 그렇듯이 당면현안이 될 때 그것이 문제임을 알고 그때 대응하려 한다. 이런 점에서 사회복지학을 공부하는 학생들은 복지학의 초기세대로서 잘 준비해놓으면 베트남 사회복지의 각 영역에서 큰 역할을 할 수 있을 것이라고 하였다. 몇 명의 학생들은 상당히 수긍하는 태도를 보이는 것 같았다.

학생들은 한국사회에 대해 알고 싶어 하였으며 그래서인지 궁금한 것이 많았다. 한국에서 노인자살이 많다고 들었는데 왜 그런 현상이 일어나는지 질문하였다. 베트남과 다른 현상으로 잘 사는 나라인 한국여건에서 자살이 많다는 것을 잘 이해할 수 없다고 하였다. 또 한 학생은 드라마를 통해 한국에 학교폭력이 많다고 들었다고 하면서 그런 폭력현상이 왜 일어나며 어떻게 사회문제가 되는지를 알고 싶어 했다. 학생들에 의하면 한국드라마는 베트남에서 인기가 많은데 그 때 학교에서의 폭력이 큰 사회문제가 되는 것을 알았다고 하였다. 베트남에서도 학교폭력이 일어나고 있지만 일반적이지 않은데 비해 한국에서는 다른 측면이 있는 것 같다고 좀 더 잘 설명해주기를 바랐다.

베트남에서 동성애자들이 많은데 한국에서 동성애는 어떤 모습인지에 대해서도 궁금해 했다. 호치민에 동성애자들이 많이 모여든다고 하면서 젠더문제를 어떻게 바라보아야 하며 한국에서는 어떤 모습으로 접근하는지에 대해 알고 싶다고 하였다. 그리고 한국은 경제발전이 되어 여러 가지 측면에서 기회가 더 많을 것인데 왜 호치민에 한국인이 많이 오는지에 대해서도 궁금하다고 하였다. 그들이 베트남에서 무엇을 보고 느끼며 경험하는지에 대해서도 궁금해 했다.

학생들은 한국유학에 대해 많은 관심을 표명했다. 한국대학에서 공부하려면 어떤 조건을 갖추어야 하는지, 그리고 어떻게 하면 장학금을 받을 수 있는지, 한국유학 중에서 어떤 어려움에 부딪칠 수 있는지 등등에 대한 질문이 이어졌다. 그들에게 한국은 꿈을 이룰 수 있는 나라로 보이는 듯했다.

한국과 베트남의 관계는 지금보다 더 좋을 수 없다는 생각을 느끼게 할 정도였다. 이렇게 좋은 관계에 있을 때 관계유지에 더 많은 신경을 쓸 필요가 있을 것이다. 경제에서부터 사회문화, 예술체육, 그리고 교육 등의 영역에 이르기까지 협력관계를 잘 발전시킬 필요가 있다. 학생들도 한국교육에 관심이 많으며 한국대학에서 공부할 수 있는 기회를 갖기를 원하고 있었다. 찾아오는 손님들을 잘 받아들이고 좋은 교육으로 응답하여 다시 돌아가서는 베트남 사회발전에 이바지할 수 있도록 할 필요가 있을 것이다.

6. 베트남, 여성에 주목할 필요가 있다

최근 베트남은 한국인에게 가장 핫한 국가 중의 하나로 부각되고 있다. 그런데 그 실상을 들려다보면 베트남 사회를 제대로 아는 전문가를 찾기 어렵다고 한다. 경제적 필요성 때문에 베트남에 대해 관심을 갖고 여행을 위해 방문하는 지역쯤으로 생각한다는 것이다. 베트남에 관심을 가진 많은 사람들이 있는데 그 실상에서 베트남을 제대로 알고 이해하는 전문가를 찾기란 쉽지 않다는 것이다. 베트남의 정치외교 상황이 어떻게 진전될 것인지 및 베트남과 국제관계는 어떤 식으로 열릴 것인지 등에 대한 심층적 연구자를 잘 찾을 수 없다고 한다.

이 내용은 하노이에서 3년 동안 주재하였고 현재 호치민에서 주재관 생활을 하고 있는 어느 베트남 전문가와 나눈 대화였다. 그에 의하면, 현재 한국의 다양한 영역에서 베트남 사회와 관련되는 현상에 관심이 많은데 제대로 된 베트남 관련 연구를 잘 찾을 수 없다고 하였다. 다시 말해, 베트남 관련 다양한 논의들은 많은데 정착 베트남이 추구하는 정치경제, 사회문화 현상을 꿰뚫어보면서 미래지향적으로 전망할 수 있는 고급전문가가 많지 않다고 했다. 특히 종단적 차원에서의 베트남 사회를 추적 · 관찰한 전문가를 찾기 어렵다고 하였다. 한국과 베트남 간의 교류가 활발하게 진행되는 비해 베트남 사회를 제대로 잘 아는 전문가 그룹이 많지 않은 것이 현재의 한계라고 지적하였다. 베트남과의 교류가 활발하고 관광객도 급격히 증가하고 수많은 기업들이 진출하여 사업을 하며, 국가 간 관계증진도 좋아지고 있지만 그 근본에 작용하는 베트남사회와 관련된 다양한 분석과 진단은 잘 이루어지지 않고 있다는 것이다. 몇몇 대학에서 베트남 사회문화 관련 연구를 진행할 뿐이고 베트남 사회를 둘러싼 제반 현상을 종합적이면서 포괄적으로 심층연구를 진행하는 기관을 잘 찾을 수 없다고 하였다.

이어 그는 한-베 관계는 지금까지의 경제적 교류관계를 넘어서서 학문문화 교류로 나아갈 필요성이 있다고 하였다. 특히 베트남 사회에 대한 심층적 연구를 바탕으로 한층 성숙된 관계를 열 수 있어야 한다는 것이다. 이미 경제적 차원의 교류에서는 일정부분에서이지만 베트남을 떠나야 할 시점이 다가오는 것 같다는 이야기가 흘러나온다고 한다. 경제여건에 따라 베트남을 떠나고 새로 들어오는 기업이 있을 것이다. 기업의 경우 여건변화에 따라 흥망성쇠가 다르게 전개될 수 있을 것이다. 그러나 국가 간의 긴밀한 관계증진과 친밀한 교류는 기업영역을 넘어서 두 나라가 함께 할 수 있는 문화적 친화성을 찾아내며 그를 토대로 지속가능하게 협력할 수 있는 영역을 넓혀갈 수 있어야 할 것이다.

이런 점에서 베트남의 정치와 외교, 역사와 문화 등을 둘러싼 학문적 연구를 진행할 수 있어야 할 것이라고 하였다. 이런 학문적 연구과 성과를 토대로 다방면에 걸쳐 심층적이면서 다각적인 상호이해를 모색할 수 있어야 할 것이다. 그것이 더욱 미래지향적이며 발전적 한-베 관계를 형성하는데 밑거름이 된다는 것이다.

베트남과 한국은 비슷한 점이 많은 데 비해 다른 점도 많다고 했다. 음식과 요리방식 등에서 한국과 비슷한 점을 찾을 수 있다. 중국 유교를 영향을 받은 탓에 부모에 대한 효와 조상제사 등에서도 일정부분 유사한 점이 있을 것이다. 베트남인들은 도시, 농촌할 것 없이 가족구성원끼리 좋은 관계를 맺으며 가족친화적인 삶을 살아간다. 오늘날 한국에서는 개인지향적 삶으로 많이 바뀌었지만 베트남에서는 그런 측면들이 아직 상당히 남아 있다고 하였다.

다른 한편에서 속속들이 들어가 보면 양국 간에 문화차이가 많은 것으로 볼 수 있었다고 했다. 시간개념이 다소 느슨한 것 같으며 약속개념에서도 우리와 같지 않다. 겉과 속이 상당히 다른 모습을 하여 겉으로는 좋은 것처럼 하지만 내면으로는 관계성이 뒤틀어진 경우도 많다고 한다. 결혼관에서도 우리처럼 나이를 중요한 기준과 잣대로 삼지 않는다. 실제로 호치민에서 살다보면 곳곳에서 각종 문화차이를 느낄 수 있다. 직장문화에서도 많은 차이를 볼 수 있다. 그들은 주직장이 있어도 부직장을 갖고 생활한다. 대학교직원이든 공무원이든 부업을 갖는다. 이런 형태의 직장관행이 널리 퍼져 있었고, 직장에서도 특별하게 규제하지도 않는다고 했다.

무엇보다도 베트남에서 여성의 역할에 주목할 필요가 있다고 강조하였다. 그에 의하면, 몇 차례 걸쳐 베트남 여성의 특성에 대해 들려주었다. 여성들의 생활력이 강한 편이며 경제사회적으로도 중요한 역할을 차지한다는 것이다. 어떤 기관을 가든 여성들이 중요한 직책에 있다. 공산당이든 정부영역에서든 심지어 군대영역에서도 여성들이 중요한 자리에 있으면서 의사결정에서 큰 역할을 한다는 것이다. 대학에서도 총장, 부총장, 학장 등의 자리에 여성들이 많이 진출해있다.

여성들은 직장에서뿐만 아니라 가정에서도 육아는 물론이고 생계에서도 결정적 역할을 한다고 하였다. 남편이 직장이 없는 경우에도 여성이 가정을 책임지며, 이혼할 경우에도 대부분 아이를 엄마가 책임지고 키운다고 한다. 실제로 주변에서 이혼한 경우를 몇 차례 보았는데 여성들이 육아를 책임지며 직장생활을 잘 해나가고 있었다.

프랑스와의 전쟁에서 여성들은 직접 전쟁에 참전하여 큰 공을 세웠으며, 남북전쟁에서도 사회주의 이념에 따라 여성들이 큰 성과를 거두었다고 한다. 이런 전통이 이어지며 여성들의 정치참여가 활발해졌고 그밖의 여러 영역에서 여성들이 하는 역할이 크다고 한다. 그런 의미에서 베트남 사회를 이해하려 할 때 여성의 성역할에 주목할 필요가 있다는 것이다.

외식이 일반화되어 있어 여성들은 살림에서 상당부분 자유로우며 아이를 위한 육아시스템이 비교적 잘 되어 있어 자녀양육에서도 큰 부담을 느끼지 않는다. 여성들은 남성과 대등하게 경제사회 활동에 참여하며 또 사회참여에서도 적극적이다. 직장을 잡는데도 여성이 남성보다 유리한 점이 많으며 그래서 남성이 살림을 하는 경우도 종종 있다고 한다. 직장이 없는 남성들은 아침부터 카페 등에서 소일하는데 비해 여성은 어떤 식으로든 직장을 마련하여 생계를 책임진다.

이혼을 할 경우에도 비교적 깔끔하게 정리한다는 것이다. 부부로서 정을 느끼지 않으면 쉽게 이혼을 하고 이혼 이후에도 서로간의 관계가 나쁘지 않으며 좋은 관계로 지내는 것이 일반적이라 한다. 이혼을 심각한 현상으로 받아들이기보다 마음에 맞지 않고 더 이상 정상적 부부관계를 맺을 수 없다고 판단되면 이혼을 받아들이며 이후의 삶에서도 부부가 아닌 정상적 관계를 맺으며 잘 지내는 것이 일반적이라 한다. 우리와 많이 다른 모습이다. 소위 말하는 쿨한 관계를 유지하며 잘 지낸다고 하였다.

7. 베트남 문화, 세대 간 대화가 돋보이다

유튜브 채널을 개설하여 베트남 사회문화 관련 방송을 하는 박○○ 씨를 만나 여러 가지 이야기를 나누었다. 자신이 제작한 유튜브 방송의 조회 수가 4–5만 정도 나오는데 한국인과 베트남인의 반응에서 확연한 차이성이 나타난다고 하였다. 베트남인의 경우 방송내용에 대한 댓글에서 부정적 내용을 잘 달지 않는다. 대체로 칭찬성 글을 달며 베트남인으로서도 새로운 사실을 알게 되었다는 고마움을 표현하는 내용이 대부분이라고 한다. 여기에 비해 한국인은 같은 내용에서도 비판성 댓글을 많이 달며 그중에서 어떤 댓글은 거친 막말성의 욕설과 심한 모욕감을 주는 내용을 달아서 상처로 와닿는다고 했다.

왜 이런 현상이 생기는 것일까. 똑같은 현상에 대해 베트남인과 한국인의 반응이 왜 그렇게 큰 차이를 보일까. 베트남 현지 사회 관련 내용이어서 한국인의 입장에서 크게 관련이 없는데도 거친 반응을 보이며 심한 모욕감을 주는 욕설성의 댓글을 단다는 것이었다.

한국인의 타인을 대하는 자세에서 그 원인을 찾을 수 있을 것이다. 우리는 나 아닌 타자 혹은 타인을 늘 경쟁상대로 바라보고 극복대상으로 바라본다. 어릴 때부터 타인을 넘어서도록 하는 교육에 익숙하다. 타자와 함께 하는 교육을 하기 보다 어떻게든 나 아닌 타자를 극복해야 할 대상으로 가르친다. 꼭 그렇게 가르친다고 할 수 없을지라도 그런 환경조성을 하여 그렇게 하지 않으면 안 되도록 하는 환경에서 살아가도록 한다. 학교교육에서 교육의 목적과 가치에 대해서는 잘 가르치지 않으며 대신 점수경쟁에서 이기도록 강요한다. 교육에서의 목적전치 현상이 일어난다. 동반자로서 함께 살아가는 삶의 실천으로서의 교육이 아닌 점수경쟁에서 앞서도록 승부욕을 부추기는 교육에 전념한다. 이념적으로는 아니라 할 수 있겠지만 실제 현실적으로 그런 현상이 일어난다.

교사와 교수는 늘 학생들의 평가대상이다. 우수교사와 우수교수는 학생들로부터 강의에서 좋은 점수를 받아야 한다. 이런 과정에서 학생들은 자신을 둘러싼 반성적 성찰을 찾으려는 노력보다 자신의 잣대로 교수자를 평가하는데 익숙하다. 자신의 지적상황에 대한 반성과 성찰을 하기보다 어떻게 기술적이며 자극적 내용으로 수업하여 재미있느냐 없느냐의 측면에서 평가를 내린다. 이런 기술적, 평면적 평가의 일상화는 타인이 만든 것에 대한 부정적 생각을 표출하는데 익숙하도록 한다. 제대로 된 평가는 지식과 지혜의 영역, 오랜 경륜을 가진 입장에 설 때 가능할 것이다. 평가를 둘러싼 철학적 성찰 없이 졸속으로 도입한 평가제도가 일상화되면서 타자부정하기가 일상적으로 나타나는 것 같다.

베트남의 교육환경에서는 우리와 같은 학생에 의한 교수자 평가를 잘 찾아볼 수 없었다. 학생들의 생활에서도 동료와 함께 하는 삶이 일상화되고 있었고, 교수자에 대한 존경문화가 작동하고 있었다. 베트남에서 학생들은 작은 것에서 큰 것에 이르기까지 동료애를 나눌 수 있었고 또 교수들이 교실에 들어오면 일어서서 작은 예를 표시하는 것을 보았다. 학교에 행사가 있으면 교직원과 학생들이 대부분 참여하여 파트너십을 나누고 있었다. 여러 가지 시설과 장치가 잘 갖추어지지 않았으며 그에 따른 수업환경이 다소 열악해보였지만 교직원과 학생, 학생들끼리 맺는 관계성은 두텁고 연대적임을 볼 수 있었다.

이런 교육사회 환경이 모여서 한국과 베트남의 차이성을 만들어내는 것으로 볼 수 있다. 한국의 교육사회 환경은 경쟁적이면서 자기중심적으로 타자와의 조화와 균형을 찾기 어렵고, 베트남의 교육사회 환경은 협력적이면서 집단중심적으로 타자와의 연대성 증진에 유리한 것으로 보였다.

베트남 사회복지계의 대표적 인물이었던 응웬 티 옹(Co Nguyen Thi Oanh) 여사를 추모하는 기념행사에 참석할 기회가 있었는데, 이런 연대성 중시의 문화를 잘 볼 수 있었다. 이분은 베트남 사회복지계의 큰 어른으로서 사회복지를 처음으로 베트남에 소개하였다. 2009년 타개했는데 이분이 남긴 베트남 사회복지계의 업적을 기리기 위해 호치민 사회복지계에서 일하는 많은 전문가들이 모여 추모행사를 개최했다.

1부 행사는 성바오로 수녀원 강당에서 미사로 진행되었다. 호치민 각 대학 사회복지과의 교수와 학생들, 호치민 사회복지 기관의 대표자들, 수녀님들 등 200여 명 이상이 참석한 것 같았다. 2부는 미사 뒤 옆쪽의 강당에서 간단한 다과회를 열었다. 많은 사람들은 서로 간에 인사를 나누며 친교시간을 가졌다. 3부 메인행사는 전문사회자의 진행으로 시작되었는데 대학생들의 노래와 춤으로 흥을 돋도록 하였으며, 참가한 사회복지계의 전문가들을 일일이 소개하며 사진을 찍으며 서로 간의 근황을 알려주었다. 행사의 마지막은 옹 여사의 생애와 업적과 관련하여 세미나 시간을 가졌다.

가장 인상적인 점은 호치민 소재 사회복지과 대학생들의 상당수를 행사에 참가시켜 베트남 복지의 흐름을 이어가도록 하려하였다는 사실이었다. 호치민 시내 사회복지과 학생들이 한 학교에서 10에서 20여 명씩 참여하였는데 학생들 수가 50여 명이 넘어 보였다. 세미나 발표자들도 옹 여사의 뜻이 자라나는 세대들에게 사회복지의 중요성을 되새기도록 하는데 있었다며 사회복지 영역에서의 세대 간 전달이 중요하다는 뜻을 여러 차례에 걸쳐 강조하였다.

이런 큰 행사에 학부학생들을 참석시키는 것이 인상적이었다. 전문가들과 학생들이 함께 하는 행사는 더 돋보이고 큰 의미를 던지는 것 같았다. 행사에 참여한 학생들은 행사에 적극적으로 동참하면서 행사참여에 자부심을 느낄 수 있을 것이다. 무엇보다도 이런 행사참여를 통해 책을 통해서가 아닌 경험에 의한 공부의 중요성을 새길 수 있을 것이다.

이런 행사참여를 계기로 기성세대와 청년세대는 자연스럽게 어울릴 수 있으며 세대 간 차이와 간격을 좁히는 데도 좋을 것이라는 생각이 들었다. 세대 간 간극이 커서 사회문제가 된다고 주장할 것이 아니라 이를 해결할 수 있는 작은 실천이라도 해야 할 것이다. 이런 행사 때 어른들만 참석하여 그들끼리만 공유할 것이 아니라 젊은 세대들이 편안하게 참여할 수 있도록 할 필요가 있을 것이다. 이런 참여를 통해 학생들은 자연스레 기성세대와 어울릴 수 있으며, 이를 통해 기성세대의 문화를 이해할 수 있을 것이다. 베트남에서 경험한 바로는 세대 간 간극이 우리처럼 크게 보이지 않았다. 학교의 어느 행사에 가더라도 학생들이 참여하는 것이 일반적이었다. 우리의 단군에 해당하는 흥왕의 제삿날 행사에서도 많은 학생들이 참여하였으며 교직원에 이어 참여 학생들 모두가 줄을 지어 제사상에 예를 올리며 행사의 주역으로서 역할을 하는 것을 보았다.

기성세대와 젊은 세대들이 함께 하는 것에서 베트남 문화의 중요한 특징을 볼 수 있었다. 또 이런 세대 간 간극 벗어나기를 기성세대가 담당해야 할 중요한 몫으로 받아들이는 것 같았다. 그래서인지 각종 다양한 외국문화가 들어왔는데도 베트남의 전통과 문화가 쉽게 사라지지 않고 있으며, 그들의 전통과 문화에 토대해 국제교류 시대에 대응해나가는 모습을 볼 수 있었다. 외국의 것이라고 쉽게 배척하지 않으면서 그렇다고 외국의 것에 쉽게 동조도 하지 않으며 베트남식 문화를 열어가고 있었다.

| 에필로그 |

베트남의 미래는 밝아보였다. 특히 베트남 경제는 세계에서 가장 빠른 성장률을 보이며 무섭게 질주하는 모습이었다. 경제가 발전하고 성장한다는 의미가 무엇인지를 가시적으로 알기 위해서는 호치민과 그 인근지역을 가보기만해도 느낌이 다가올 정도이다. 호치민 시내는 골목마다 차와 오토바이, 그리고 사람들로 꽉차 있으며, 조금 한적하다가도 갑자기 오토바이 물결이 몰려든다. 이들이 말하는 호치민 1군지역인 시청광장 주변은 화려한 호텔들이 즐비하게 늘어서 있으며 수많은 관광객들이 붐빈다. 호치민 외곽지역으로 가면 도시가 온통 공사장이라 할만큼 건설 붐이 한창이다. 아파트와 호화주택처럼 보이는 집들을 일렬종대 형식으로 길게 펼쳐 공사중에 있다.

호치민시 인문사회대학에 외국인 유학생들이 몰려든다. 베트남어를 배워 베트남에서 사업을 하기 위해서라 한다. 그중에서 한국학생들이 가장 많다고 한다. 실제로 여러 명의 한국학생들을 만나기도 했다. 인사대 베트남어학과의 부학장은 몰려드는 외국학생들이 많아서 늘 바쁘다고 말하였다. 베트남어가 이렇게 인기 있었던 적이 없었다고 하였다. 인사대에서 가장 큰 학과 중의 하나라고 한다.

아무 일 없이 베트남에서 사업을 모색하고 있는 한국인들도 꽤나 있었다. 젊은이들이 한국에서보다 호치민에서 사업을 구상하는 것이 더 나을 것 같아서 나왔다며 아직은 특별한 일이 없는데 이곳저곳 다니며 상황을 살피고 있다고 하였다. 이처럼 호치민은 여러 사람들에게 기회의 땅으로 보이는 것 같았다.

다른 한편에서 호치민 사회가 안고 있는 근본적 문제점도 동시에 안고 있었다. 그 가장 중심에 시민으로서의 역량에서 부족함을 느꼈다. 어느 사회든 시민사회를 이루었느냐에 대해서는 보완할 점이 많을 것이다. 호치민이 더 좋은 사회로 거듭나기 위해서는 경제적 측면에서 잘 사는 것에 더해서 시민적 역량을 갖춘 필요가 있다는 생각이 들었다. 이 때 시민이란 거창하게 정치적 결정을 하며 부자로서의 문화를 향유한다는 차원이 아니다. 일상생활 차원에서 교양미를 갖춘 사회공동구성원으로서의 자질과 능력을 말한다.

교통질서 차원에서 신호를 준수하며 일정 수준까지 질서를 지킬 수 있어야 할 것이다. 차와 오토바이, 사람이 뒤섞여서 자칫하면 큰사고로 이어질 수 있다. 이런 모습으로 사회를 계속해 갈 것인지, 새로운 질서형태를 세울 것인지에 대해 정책적 결정이 필요하며, 무엇보다도 학교교육에서의 역할을 통해 계도할 필요가 있을 것이다. 차를 타고 가다보면 음료수와 물을 마시고 빈 음료수통을 그냥 거리로 내던지는 경우도 몇 차례 목격하였다. 호치민 외곽지역으로 가면 왕복 2차선의 좁은 길에서 위험한 앞지르기와 중앙선을 넘어오며 반대편 차를 위협하는 경우를 여러 차례 보았다. 이런 것이 베트남식의 교통문화라고 한다면 할 말이 없지만 인간의 기본권 차원에서 다시한번 생각해보야 할 것이며, 특히 수많은 외국인이 왕래하는 글로벌 차원에서는 재고의 필요성이 있을 것이다.

위생차원에서도 새로운 접근이 필요할 것이다. 일부식당들에 들어가면 바닥에 쓰레기를 마구 버린다. 사용한 티슈, 요지, 그밖의 것들을 식당과 길거리에 그냥 버린다. 모두가 지저분하고 불결하다는 것을 느낄 것인데, 왜 이런 식의 행동들이 계속되는지 알 수 없다. 식당에 쓰레기통 몇 개를 놓아두고 몇 번의 계도와 주의를 주면 쉽게 해결될 수 있을 것이다. 국가당국에서도 위생질서 정립을 위해 조금의 노력을 한다면 고쳐질 수 있는 문제라 여겨진다. 쓰레기 분리수거개념도 없다. 분리수거할 수 있도록 제도를 만들고 이를 위한 규정을 제정하여 계도하면 생활화로 이어질 수 있을 것으로 보인다. 이런 노력이 있는지 없는지에 대해 묻지는 않았지만 이에 대한 사회적 성찰이 필요할 것이다.

환경과 생태차원에서도 사회적 성찰 내지 반성의 영역을 열 필요가 있을 것이다. 성장과 발달과 같은 경제에 초점이 맞추어져 있는 관계로 생태적 삶에 대한 관심이 아직은 덜함을 느꼈다. 우선 도시의 생태환경 조성부터 관심을 가져야 할 것이다. 수량도 많으며 곳곳에 멋진 하천이 있는데 강물은 탁하고 강 주변은 비닐봉지와 갖가지의 생활용품들이 널려 있다. 이 멋지고 좋은 강들을 어떻게 관리해야 할 것인지는 사람들의 생태환경을 바라보는 시각에서 나올 것이기 때문이다. 도심이나 도로 곳곳에 심한 매연을 내뿜으며 달리는 트럭들도 쉽게 볼 수 있다. 뒤편에서 쳐다만 봐도 역겨움을 느낄 정도이다.

호치민에서 약속의 의미에 대해서 생각해보게 되었다. 약속은 서로가 맺는 사회적 신뢰장치이다. 서로 간에 약속을 했으면 지켜야하고 부득이 변경하거나 취소할 사항이 있으면 미리 알리고 합당한 이유를 알려서 상대의 양해 내지 수긍을 받아야 할 것이다. 호치민에 있으면서 대학의 몇몇 분들과 이런저런 약속을 하였다. 그런 약속이 대단한 것이 아니라 언제 어디서 만나는 등의 일상적 약속이었다. 그런 약속이 잘 지켜지지 않는다는 것을 알 수 있었다. 사람을 가려서 만나서인지 아니면 무슨 다른 더 중요한 일이 있어서인지는 알 수 없었지만 약속을 취소하거나 변경하는 경우가 많았다. 공적인 약속의 경우도 쉽게 변경되는 경우를 몇 차례 보았고, 어떤 행사에서도 어떤 경우에 어떻게 진행되며 어떤 보상이 따르는지 등에 대해서도 잘 알려주지 않았다. 사회적 자본이 무엇인지에 대해 분명한 성찰이 부족해보였다.

시민역량이란 다른 곳에 있는 것이 아니다. 일상생활 차원에서 좋은 공동체 사회를 이루어가기 위해 개인으로서 어떤 노력을 해야 하는가에 대한 성찰능력이라 할 수 있다. 사회는 개인을 넘어선 공동으로 추구하고 지켜야 할 규범이 있으며 그런 규범을 사회적 약속으로 지킬 때 모두에게 좋은 사회가 열릴 수 있기 때문이다. 어떤 사회질서 체계를 만들고 어떤 식의 공동체 운영시스템을 갖추어갈 것이냐에 대해서는 베트남 지식인들이 많이 고민해야 할 내용이지만 시민으로서의 역량에 대한 충분한 이해가 부족해보였다.

남부사회과학원 발표에서도 현재 베트남 사회에서 가장 필요한 것은 시민교육의 내용을 정비하고 체계화하여 가르치는 것이라고 하였다. 초등학교에서부터 대학교육에 이르기까지 교양시민이란 무엇을 뜻하며 어떻게 조화로운 공동체를 이루어가도록 할 것이냐에 대해 깊이 고민할 필요가 있을 것 같다. 베트남 사회의 미래가 밝다고 하는 것은 교육에 대한 관심이 남다르다는 것에서 찾을 수 있었다고 이미 지적했다. 교육열이 강한 베트남인들이 지금처럼 경제위주의 효율성 교육에 집중한다면 그것은 또 다른 영역에서 많은 문제를 낳을 것이다. 경제교육을 하더라도 교양시민을 키워낼 수 있는 교육적 준비를 할 필요가 있을 것이다. 이런 점에서 베트남의 미래는 교양시민적 능력 갖춘 시민을 육성해낼 수 있느냐 그렇지 않으냐와 직결될 수 있다.

베트남의 미래는 중간계층을 어떻게 키워낼 수 있느냐와 밀접히 관련됨을 볼 수 있었다. 핵심지역인 호치민을 중심으로 수많은 기업들이 들어와 활동하고 있으며 이런 기업들이 내는 과실을 주변지역으로 확산해가는 것에 관심을 두는 것으로 보였다. 이처럼 외국자본에 의한 경제성장은 소수의 부자들에게 더 많은 혜택이 돌아갔으며 그런 성장이 중산층의 육성으로 잘 이어지지 않는 것으로 볼 수 있었다. 푸미흥과 빈탄 등의 고급주택가는 일반서민들의 세상과 다른 별세상이다. 주택가 주변에 대형마트와 고가의 외제차, 그리고 그밖의 잘 가꾸어진 호화시설이 갖추어져 있다. 랜드마크 81이 위치한 곳은 사이공을 배경으로 산책하기에도 멋진 환경이다. 호치민에서 가장 큰 부자는 건물주들이라 한다. 한국에 비해서 집세 값이 만만찮다고 하였다. 이들이 누리는 부는 상상을 초월할 정도라 한다.

경제혜택의 사각지대에 놓인 사람들도 너무 많아 보였다. 하루종일 거리에 서성이는 노인들, 복권을 팔아 연명하려는 아이들과 여성들, 그랍 오토바이의 자격이 없어 성당과 같은 곳에서 오토바이 이용하기를 권하는 무면허의 사람들을 쉽게 볼 수 있었다. 그리고 이른 아침부터 커피숍에 앉아서 길거리 음식을 먹으며 시간을 보내는 실업자들도 많은 것으로 보였다. 근로자들간의 임금격차도 상당하다고 하였다. 외국계 기업을 다닐 때 가장 많은 임금을 받고 공무원, 교사들의 경우 임금이 낮다고 하였으며, 일반 노동자들의 경우 임금이 더 낮아진다고 하였다.

어느 사회에서나 점증하는 양극화는 피할 수 없는 경향일 것이다. 호치민에서 그 간격이 더욱 크게 느껴진다. 중산층을 육성하고 중간계층으로서 살아갈 수 있는 경제사회적 환경을 조성할 수 있어야 할 것이다. 현재처럼 소수의 핵심계층에게 부가 집중되도록 할 경우 미래 베트남 사회의 전망은 밝아 보이지 않는다. 단순하게 잘 살 수는 있겠지만 조화롭고 안정된 사회형태에서는 멀어질 것이다. 중산층을 튼튼하게 자리 잡을 수 있도록 하는 다양한 정책개발이 필요한 것으로 보였고, 그런 경제사회적 여건을 만들 필요가 있을 것으로 보였다.

베트남 인구의 대다수를 수용하는 농촌사회 개발도 베트남 미래와 직결된 것으로 보였다. 베트남 경제성장은 호치민과 같은 대도시와 그 인접지역을 중심으로 이루어지고 있다해도 과언이 아니다. 베트남에 들어와 있는 한국기업은 6,500에서 7,000개쯤 된다고 하는데 그 중에서 호치민에 진출한 기업에서 4,000개쯤에 이른다고 한다. 그만큼 대도시에 집중되어 투자가 이루어지는 것으로 볼 수 있다. 이런 과정에서 베트남에서 대규모의 인구이동, 곧 국내이주 현상이 따른다고 하였다.

메콩델타 지역에서 그런 현상이 전형적으로 일어난다고 했다. 홍수와 가뭄, 메콩수계의 변화 등 환경문제까지 겹치면서 호치민과 껀터와 같은 대도시로의 이주가 일어나며 심지어 국제이주도 잦다고 한다. 산업화의 영향은 농촌마을 곳곳에까지 영향을 미치며 이농현상을 가속화하여 젊은층의 대량도시이주가 가속화하고 있다. 그에 덧붙여 고령화 현상까지 가세하면서 본격적인 농촌문제를 안게 되었다는 것이다. 버림받은 노인들이 나타나고 심지어 자살까지 하는 현상이 나타난다고 한다.

실제로 방문하였던 몇몇 농촌사회에서는 새로운 변화를 감지할 수 있었고 잘 살아가려는 강한 의지를 읽을 수 있었다. 한국 새마을운동을 벤치마킹하여 용과와 같은 과일을 재배하고 있었고 어떤 경우는 밤에 불을 켜서 용과를 재배하여 상업화로 연결시키고 있었다. 새우농장을 조성하여 양식에 성공하였고, 덩달아 마을전체가 큰 소득을 올리는 경우를 볼 수도 있었다. 롱안 지역에서 만났던 지역의 인민위원장은 한국 새마을운동 덕분에 마을 전체에서 소득을 올릴 수 있었고 지역이 한층 풍요로워질 수 있었다고 할 정도였다. 대학 졸업하고 농촌에 와서 용과과일을 재배한 덕분에 포드레인지 차를 타는 농촌 혁신가를 만날 수도 있었다. 판티엣이라는 지역은 전체가 용과를 재배한다고 해도 틀린 말이 아니었다.

이런 성과가 베트남 농촌전체에 미치지는 않을 것이다. 급격하게 진전될 도시화와 그에 의한 탈농촌화, 그리고 고령화에 직면하여 벌어질 농촌문제 등을 볼 때 베트남 농촌사회가 어디로 갈 것인지를 쉽게 예측할 수 없다. 이 지점에서 베트남 정부당국자들의 고민이 깊어질 수밖에 없을 것이다. 몇 차례 세미나 과정에서도 베트남이 안고 있는 농촌사회의 현안을 부분부분 느낄 수 있었다. 왜 한국사회에 관심을 갖는지에 대해서도 엿볼 수 있는 대목이었다. 한국이 베트남의 투자 1위국으로 경제적 협력관계의 측면이 있을 수 있지만 한국은 베트남 사회가 걸어가야할 모델로서의 의미를 갖는 것으로 볼 수 있었다. 베트남 전문가들은 한국농촌의 발전과정과 문제점, 그리고 그에 따른 대응책 등에 상당한 관심을 갖는 것으로 보였다.

마지막으로, 베트남 대학교육을 어떻게 하느냐에 따라 베트남 미래가 달라질 것으로 보였다. 미래사회는 지식집적 사회가 될 것이다. 어떤 지식을 어떻게 창출하느냐가 경제발전에 큰 영향을 미칠 것이다. 대학교육을 지식생산의 창고역할을 수행하도록 하기 위해서는 대학교육의 새로운 재편이 필요할 것이라는 생각이 들었다.

베트남 대학 몇 곳을 방문하고 느꼈던 바로는 대학의 기능이 연구보다는 교육에 있는 것으로 볼 수 있었다. 교수들은 연구실 없이 수업이 있으면 학교에 나오고 없으면 나오지 않는 구조였고, 교수들 중에는 다른 영역에서 부업을 하는 경우도 종종 볼 수 있었다. 연구에 집중할 수 있는 환경으로 보이지 않았다. 무엇보다도 교수가 저서를 출판하기가 쉽지 않다고 하였다. 몇 군데 책 출판이 가능한 기관이 있고 그런 기관을 중심으로 주로 학술서와 그밖의 저서 출판이 가능하다는 것이었다. 이른바 연구를 위한 좋은 환경이라 할 수 없었다. 사회주의인 베트남 상황을 염두에 둘 때 이해될 수 있는 측면으로 교수들이 굳이 책을 출판할 이유가 없으며 그래서 교육기능만 하면 되는 교육 구조로 보였다. 그래서 교수들의 임금도 높지 않으며 경우에 따라서는 부업을 하면서 생계를 책임져야 했다.

이런 대학교육 환경에서 지식의 창출은 쉽지 않을 것이다. 기존의 지식을 답습하도록 교육하는 것은 가능하지만 세상에 없는 새로운 지식생산이 가능할 것인가에 대해 의문이 들었다. 외국에서 공부한 여러 학자들이 돌아온다 해도 이런 환경에서는 풍요로운 연구로 잘 이어지지 않을 것이다. 몇몇 핵심기관에서 일하는 학자들 빼고는 이런 영역에 접근할 수 없다. 다양한 영역에서 색다른 시도가 있을 때 새로운 지식창출이 가능할 것이라보기 때문이다.

개방으로 나아가는 길목에서 훨씬 더 많은 외국자본이 들어올 것이며 그에 따른 산업영역에서 한층 고도화가 진행될 것이다. 이런 산업고도화에 적합한 인재를 어떻게 육성 내지 양성할 것이냐는 베트남의 당면과제가 될 것이다. 지금처럼 산업화 초기단계에 적합한 인재교육 방식으로는 세계적 경쟁력에서 밀릴 수밖에 없을 것이다. 이런 점을 염두에 둘 때 베트남 국내 대학교육 환경을 새로운 연구중심 형태로 재편하는 것이야말로 베트남 미래가 달린 중차대한 과제라 할 수 있을 것이다.

| 참고문헌 |

류항하, 박낙종(2018). 『포스트차이나 베트남』. 도서출판 참.

송정남(2016). 『베트남 사회문화 들여다보기』. 한국외국어대학교 지식문화원.

이종수(2011). "한국과 베트남 음식문화 비교연구". 『사회과학 담론과 정책』 4(2), 67-89.

이준원(2017). "베트남 시장경제 도입과 비시장경제 영역의 출현". 『현대사상』 18. 147-172.

이한우(2011). 『베트남 경제개혁의 정치경제』. 서강대학교 출판부.

전경수(1997). 『베트남 일기』. 통나무.

정용교(2017). "베트남 대상 적정기술 프로그램의 개발과 적용: 대학교육의 새로운 탐색을 중심으로". 『교양교육연구』 11(3), 585-614.

채수홍(2014). "호치민 한인 공장매니저의 초국적 삶: 일터와 거주생활공간을 중심으로". 『비교문화연구』 20(2), 47-94.

최승은(2019). "베트남 출신 결혼이주여성의 가족관계에 관한 상호문화적 해석". 『문화교류연구』 8(2), 143-168.

http://vietnam2day.com/

http://vinahanin.com/

https://www.vinatimes.net/vn/

|지은이 소개|

정용교

현재 영남대학교 사회학과 교수로 재직 중이며, 세계화 시대 다문화현상과 국제교류협력을 시민교육 차원에서 바라보고 풀어내는 데 관심이 많다. 주요 저서로는 『세계 시민교육』, 『지역사회 캡스톤디자인』, 『우리교육의 현실과 청소년 문화』, 『사회과교육의 실천과 대안』(공저), 『한국사회 다문화현상의 이해』(공저) 등이 있다.

베트남 사회문화 교육의 이해: 호치민을 중심으로

2019년 8월 20일 1판 1쇄 인쇄
2019년 8월 25일 1판 1쇄 발행

지은이 : 정 용 교
펴낸이 : 한 정 주
펴낸곳 : 교육과학사

경기도 파주시 광인사길 71
전화: (031) 955-6956~8팩스: (031) 955-6037
Home-page: www.kyoyookbook.co.kr / E-mail: kyoyook@chol.com
등록: 1970년 5월 18일 제2-73호

정가 13,000원

ISBN 978-89-254-1408-9

Printed in Korea.